民生政策研究

迈向中国式现代化：
建构新时代
中国流动儿童关爱保护体系

万国威 著

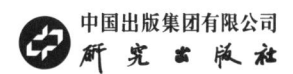

中国出版集团有限公司
研究出版社

图书在版编目（CIP）数据

迈向中国式现代化：建构新时代中国流动儿童关爱保护体系／万国威著. -- 北京：研究出版社，2025.2. -- ISBN 978-7-5199-1809-5

Ⅰ．D432.5

中国国家版本馆 CIP 数据核字第 2025L99A63 号

出 品 人：陈建军
出版统筹：丁　波
丛书策划：王杰秀　张立明
责任编辑：张立明

迈向中国式现代化：建构新时代中国流动儿童关爱保护体系
万国威　著

研究出版社 出版发行

（100006　北京市东城区灯市口大街 100 号华腾商务楼）
北京云浩印刷有限责任公司印刷　　新华书店经销
2025 年 2 月第 1 版　2025 年 2 月第 1 次印刷
开本：710 毫米×1000 毫米　1/16　印张：13.75
字数：189 千字
ISBN 978-7-5199-1809-5　定价：68.00 元
电话：（010）64217619　64217612（发行部）

版权所有·侵权必究
凡购买本社图书，如有印装质量问题，我社负责调换。

前　言

　　流动儿童工作既是当前各级政府兜牢守稳民生保障底线的痛点难点，也是持续落实国家基本公共服务均等化和切实提升人口负增长阶段长期人力资本的关键抓手，因此成为我国迈向中国式现代化进程中必须积极革除的重大隐患。从概念上看，流动儿童是指居住地与户籍所在地不一致且离开户籍所在城市半年以上的未成年人。我国流动儿童具有"总体规模大""跨省占比高"和"年龄分布广"三大典型特征。其中在总体规模上，2020年我国0~17周岁流动儿童的总体规模约为7109万，其中居住在城镇的流动儿童数量约为6407万，显示我国约每三名城镇儿童中就有一人处于流动状态。从地区分布来看，流动儿童最主要的五个流入地为北京、上海、广东、浙江和江苏，山东、河南、广东、四川、湖南、安徽、浙江、江苏和河北等九个省市则为主要流出地；跨省流动儿童的占比虽然在总体上为20.6%，但浙江、广东和江苏等经济发达省份的跨省流动儿童占比已经分别达到了51.2%、40.0%和35.3%。而在年龄统计中，高中教育阶段、义务教育阶段和学龄前阶段的流动儿童占比分别达到了25.2%、47.3%和27.5%，不同年龄流动儿童的分布较为均衡。上述三个人口特征使得我国流动儿童关爱保护体系的构建，对于未成年人保护事业持续拓面、深入落实国家基本公共服务均等化及全面提升国民长期人力资本具有标志性意义。

　　本研究采取量性结合的研究方法，在对上海、天津、苏州、南京、济南、郑州、成都、长沙、合肥、威海等十个城市进行实证调查后，发现当前我国流动儿童面临的突出风险，主要集中在如下四个关键领域：一是流动儿童遭受的暴力、忽视和欺凌等伤害风险不容回避。据调查，

迈向中国式现代化：建构新时代中国流动儿童关爱保护体系

我国有5.2%的被访者在过去一年中经常遭受躯体暴力，经常遭受情感暴力的占比为10.2%，而饮食、衣物、医疗和监护等领域的经常忽视率为4.4%~7.1%，这意味着我国有相当比例的流动儿童面临严峻的家庭监护不当。另外，我国还有4.1%的流动儿童经常遭受校园欺凌，过去一年中"以暴力胁迫拍照"或"强迫录播不雅行为"的严重网络欺凌行为均超过1.0%，高同辈排斥的报告率约为2.3%，其所遭遇的家外伤害风险也日趋严峻。更加令人担忧的是，调查中有1.9%的流动儿童在被伤害后无人求助，他们构成了当前最主要的暴力、忽视及欺凌受害群体。二是解决流动青少年的心理健康问题迫在眉睫。调查证实我国流动儿童自小学高年级阶段起心理健康状况开始急剧恶化，9~15周岁流动儿童罹患重度抑郁症的比例不但已高达2.1%，同比农村留守儿童2.0%的报告率更高，而且有11.8%的被访者存在严重的焦虑症状，7.0%的被访者经常存在自残或自杀的想法。上述数据展现出，流动青少年的抑郁、焦虑等心理健康问题已经相当严重，通过政策手段有效管控流动儿童的多重压力源，并利用挫折教育来缓解其失败感变得极为重要。三是流动婴幼儿的监护照料需求难以得到满足。据调查，我国有26.6%的流动儿童出生于流入地，三岁前就已经来到流入地的比重为52.8%，六岁前来到流入地的比例已达76.7%，这意味着超过四分之三的流动婴幼儿需要在流入地长期生活成长。但实践中，由于近四分之三的流动家庭拥有两个以上子女，且流入地为非户籍人口提供的公共托育等资源较为有限，绝大多数流动家庭只能通过母亲主要照顾、父系祖辈辅助照顾的形式，来解决流动婴幼儿的监护照料问题，为此流动儿童母亲中灵活就业及不就业的比例超过九成，流动家庭迫切需要获得在地婴幼儿公共托育服务。四是流动儿童非义务教育阶段的均等教育权面临挑战。调查证实，在国家"两为主"政策的引领下，各地义务教育政策的落地情况相对较好，流动儿童出现三次以上转学情况的比例仅为2.6%，说明他们获得平等义务教育机会的状况已经得到一定改善。但流动儿童仍然在非义务教育领域，面临公办学前教育入学难、高中均等教育权保障不佳等问题。调查发现，绝大多数被访儿童不能在公办幼儿园就读，约16.4%的流动儿童因不能够在异地中考/高考而被迫选择回流，而超大城市的入学限制是上述风险形成的主要原因。

前　言

　　基于更深层次的制度反思，研究意识到，当前我国流动儿童面临的突出风险，既与我国在政策上严重低估了部分流动家庭的功能障碍有关，也与我国儿童福利长期存续的脆弱性、局限性与边缘性的制度特征密不可分，因而尽快将流动儿童纳入政府关爱保护体系中、持续强化儿童福利制度的拓面提质，以及积极打造富有韧性的儿童福利体系，乃是破解现有制度难点痛点的关键之举。研究建议，我国应当尽快拟定并坚定落实《加强流动儿童关爱保护工作方案》，以基本公共服务均等化为重点，通过普惠和特惠相结合、流入地与流出地相结合、规范市场与国家补贴相结合、家庭尽责与政府监管相结合的四项原则，全面形成"家庭为基础、政府为兜底、机构为补充、社会广泛参与"的流动儿童关爱保护新格局，以流动儿童关爱保护为基点，持续推进我国儿童福利的转型升级。

目 录

第一章 问题的提出 …………………………………………… 1
　一、研究背景 ………………………………………………… 1
　二、研究问题 ………………………………………………… 3
　三、研究意义 ………………………………………………… 4

第二章 文献回顾 ……………………………………………… 5
　一、流动儿童的相关研究 …………………………………… 5
　二、流动儿童的政策安排 …………………………………… 19

第三章 研究设计 ……………………………………………… 34
　一、研究思路 ………………………………………………… 34
　二、研究方法 ………………………………………………… 36
　三、概念操作 ………………………………………………… 37
　四、研究伦理 ………………………………………………… 39

第四章 流动儿童的宏观概貌 ………………………………… 40
　一、个体的基本状况 ………………………………………… 40
　二、家庭的基本状况 ………………………………………… 45
　三、家庭内部伤害状况 ……………………………………… 49
　四、家庭外部伤害状况 ……………………………………… 63

五、心理与行为状况 ·············· 77

第五章　流动儿童的分类比较 ·············· 88
　　一、不同性别的比较 ·············· 88
　　二、不同年龄的比较 ·············· 118

第六章　流动儿童的质性研究 ·············· 144
　　一、监护照顾状况 ·············· 144
　　二、教育保障状况 ·············· 149
　　三、身心健康状况 ·············· 159
　　四、社会保护状况 ·············· 166

第七章　流动儿童关爱保护的制度反思 ·············· 175
　　一、流动儿童风险的制度解释 ·············· 175
　　二、儿童福利制度的转型升级 ·············· 179
　　三、儿童福利建设的国家责任 ·············· 186

第八章　结论与建议 ·············· 193
　　一、研究结论 ·············· 193
　　二、研究建议 ·············· 201

第一章 问题的提出

一、研究背景

"保障妇女儿童合法权益"和实现高质量的"幼有所育"是党的二十大报告做出的庄严承诺[1],也是我国深入践行普惠性、基础性和兜底性民生保障政策,并检验社会保障"织密兜底"能力的关键标准。近年来,在党中央、国务院的坚强领导下,我国儿童福利事业取得了快速进步,不但以《未成年人保护法》《义务教育法》《家庭教育促进法》为代表的相关法律,明确赋予了各级政府在未成年人保护领域的职责使命,将孤弃儿童为主的传统儿童福利保障范围[2],逐步扩展至事实无人抚养儿童、农村留守儿童和其他困境儿童,而且"两个机构改革""一支队伍建设""街道/乡镇社会工作站"等机构人员改革[3],及强制剥夺监护权、强制报告、临时/长期庇护、热线电话、儿童及家庭评估、儿童从业者黑名单等制度创新,也有效夯实了基层儿童福利服务的现代性、组织性和体系性,疏通了儿童福利政策落实的"最后一公里"。站在新的历史潮头,我国仍然面临着儿童福利制度持续拓面、增进民生福祉,以及深入贯彻落实国家基本公共服务均等化的时代挑战,而如何为特定儿童及其家庭提供更

---

[1] 习近平:《高举中国特色社会主义伟大旗帜 为全面建设社会主义现代化国家而团结奋斗》,中国共产党第二十次全国代表大会,北京。

[2] 有部分研究会增加"流浪儿童",但事实上我国流浪儿童的临时救助工作目前放置在社会救助体系中。

[3] "两个机构改革"主要来源于民政部 2021 年联合其他 13 个部门出台的《关于进一步推进儿童福利机构优化提质和创新转型高质量发展的意见》(民发〔2021〕44 号),该意见明确要求推进基层未保中心和儿童福利机构在职能上进行转型升级。"一支队伍建设"主要指民政部近年来积极打造的街道/乡镇儿童督导员、村/居儿童主任这一支基层儿童福利队伍。

迈向中国式现代化：建构新时代中国流动儿童关爱保护体系

充裕、均等且可及的基本公共服务，就成为新时期国家经济社会战略大局中不可忽视的议题。

流动儿童是儿童福利政策亟须拓面的重点人群，因为该类人群不但规模巨大、弱势性明显、社会风险剧增，而且围绕该类儿童的制度建设，直接关系到我国跨城乡、跨区域的重大机制改革，是我国长期以来推进基层治理现代化的难点及实现基层公共服务均等化的痛点；甚至可以说，流动儿童的关爱保护工作，是关系我国经济社会全局发展和实现共同富裕战略目标的标志性民生保障议题，是观察中国式现代化实现质量和实现水平的窗口。从概念上看，流动儿童通常是指居住地与户籍所在地不一致且离开户籍所在城市半年以上的未成年人[①]。由于在流入地由父母监护和在流出地由他人委托监护通常是流动人口的两种主要儿童照顾形式，这决定了我国流动儿童的数量与农村留守儿童一样规模庞大，并会随着我国流动人口的增多而增多。既有研究同样普遍发现，我国流动儿童同比户籍儿童在多个领域表现出了显著的群体弱势性，包括但不限于教育机会缺失[②]、社会适应性不足[③]、家庭融入困难[④]以及情绪调节障碍[⑤]等，这些领域对流动儿童的身心健康和长期发展构成了严重挑战，亟需在政策上予以有效因应。但由于我国主要采取补缺型的儿童福利制度设

[①] 有关流动儿童年龄上限尚有一定争议，有学者将其年龄上限分别设置为14周岁、16周岁和18周岁，但本研究考虑到国务院在《关于加强农村留守儿童关爱保护工作的意见》（国发〔2016〕13号）文件中将留守儿童设置为"不满十六周岁"的标准以及《国务院关于加强困境儿童保障工作的意见》（国发〔2016〕36号）文件中将纳入基本生活保障的困境儿童设置为"未满十六周岁"的未成年人，因而本研究和其保持一致，建议我国流动儿童的标准也应当以"不满十六周岁"作为上限标准，但定义上不明确申明。

[②] 富晓星等：《"教育权利"VS"大城市病"：流动儿童教育获得的困境探究》，载《社会学评论》2017年第6期。

[③] 徐延辉等：《居住空间与流动儿童的社会适应》，载《青年研究》2021年第3期。

[④] 陈丽等：《流动儿童亲子沟通特点及其与心理健康的关系》，载《中国特殊教育》2012年第1期。

[⑤] 韩毅初等：《流动儿童歧视知觉与心理健康关系的元分析》，载《心理学报》2020年第11期。

计逻辑①及主要依赖原生家庭的儿童福利提供方案②，国家在现代儿童福利服务中的作用相对局限且责任后置③，因而目前流动儿童在儿童福利获得领域仍然面临着巨大的福利真空，多元主体在福利提供过程中的责任分配和权力关系转换并不清晰，其弱势性及由弱势性而产生的社会风险很难通过既有制度来加以消弭，因而尚需通过系统的学理研究，来探讨流动家庭保护功能弱化后的政策部署。

二、研究问题

本书研究的核心目标是希望能够为构建及落实流动儿童关爱保护体系提供学理支持，包括但不限于回应流动儿童关爱保护体系建构的目标定位、施政方向和具体策略等。具体而言，本研究以大样本问卷调查和半结构访谈为主要方法，依循"理论回顾-量化研究-质性研究-制度反思-对策建议"的研究路径，来回答四组问题：首先，我国流动儿童的定义及其整体规模大致如何？我国流动儿童在既有研究中展示出了哪些基本特征？我国当前流动儿童关爱保护政策的整体设计如何？我们通过文献法系统总结上述议题。其次，我国当前流动儿童的典型特征是什么？流动儿童面临的主要社会风险集中在哪些领域？风险治理是否具有规律性？流动儿童之间是否展现出重大社会风险上的异质性？在政策设计上应当积极关注哪些类型的流动儿童？我们通过定量技术的使用来分析9～15周岁的流动儿童（具有问卷认知和应答能力），利用针对流动儿童、流动儿童家长、学校校长、社区从业者、政府官员的半结构性访谈来着重分析低龄流动儿童的突出风险。第三，我国流动儿童关爱保护

---

① 万国威等：《迈向儿童投资型国家：中国儿童福利制度的时代转向》，载《社会工作与管理》2019年第4期。

② 岳经纶等：《中国儿童照顾政策体系：回顾、反思与重构》，载《中国社会科学》2018年第9期。

③ 刘继同：《中国现代儿童福利服务体系制度化建设纲要》，载《探索与争鸣》2021年第10期。

体系的建设受到哪些深层制度约束？如何利用流动儿童关爱保护体系的建设来撬动儿童福利的发展？研究主要通过文献研究法对既有儿童福利框架进行分析。第四，我国流动儿童关爱保护体系应当如何进行战略布局？下一阶段儿童福利如何转型升级？我们主要通过理论分析对流动儿童关爱保护体系的实现路径提出政策建议，并注重提炼适应我国经济社会发展水平的可操作方案。

三、研究意义

本研究具有重要的学术价值和实践意义。在学术价值方面，对于流动儿童特定社会风险尤其是"伤害"风险的测量及其操作化，有助于厘清中国情境下儿童伤害的深层次形成逻辑，利用实证调查解构全国多地流动儿童亲子关系、伤害风险及伤害后果的关联，则有利于增强未来儿童福利服务目标瞄准的实践证据，而对现行流动儿童关爱保护体系的制度漏洞及其背后深层次儿童福利制度建设逻辑的探讨，有利于为持续思考国家与家庭、公域与私域的育儿福利关联提供理论论证。在实践意义方面，在《国务院关于加强农村留守儿童关爱保护工作的意见》（国发〔2016〕13号）文件将农村留守儿童纳入儿童福利体系后，我国已经有序建设成了覆盖孤弃儿童、事实无人抚养儿童、困境儿童和农村留守儿童等四种儿童类型的儿童福利制度，儿童福利拓面提质工作有了阶段性发展，但流动儿童等弱势群体尚未被覆盖到儿童福利体系中，成为当前未成年人保护体系中最为脆弱的一环，因而我国在政策上迫切需要针对流动儿童的特定风险构建支持体系。考虑到既有研究对我国流动儿童问题尚没有全面的针对新特征、新变化及新趋势的全面调研，本研究希望紧密依托多个地区的典型经验和具体举措，提炼形成涉及流动儿童关爱保护的操作化建设方案，为国家相关职能部门出台级落实流动儿童专项保护方案提供智力支持。

第二章 文献回顾

一、流动儿童的相关研究

（一）流动儿童的概念、数量与分布

"流动儿童"（migrant children）本质上是由于父母跨区域劳动力迁移而形成的亲子分离儿童（parent-absent children），在世界上他们广泛分布在中国、美国、加拿大、英国、法国、芬兰、意大利、希腊等国家，并成为各国社会政策制订过程中需要着重考虑的一类特定群体。我国"流动儿童"在学术概念上主要具有三重争议：首先是流动距离的争议，部分研究主张采取相对宽泛的界定标准来看待流动儿童，他们通常将"户籍地与居住地在乡镇街道层面的不一致"视为其界定标准[1]，这一表述通常涵盖了一个城市内部的人户分离人口；另有研究则倾向于将市区内人户分离人口予以剔除[2][3]，主张一个地市辖区内的人口迁移不应当作为流动儿童的界定标准，因而是否将"一个城市内的迁移"纳入统计构成第一个学术争议。其次是流动时长的争议，这一问题的争议焦点在于是否应强调迁移时间，一些研究对于流动儿童的定义并无流动时间的限制[4]，

---

[1] 吕利丹等：《流动人口家庭化过程中子女随迁的阻碍因素分析》，载《人口与经济》2013年第5期。

[2] 段成荣等：《我国流动儿童生存和发展：问题与对策》，载《南方人口》2013年第4期。

[3] 国家统计局：《第七次人口普查主要数据》，国家统计局官方网站 http://www.stats.gov.cn/tjsj/pcsj/rkpc/d7c/202111/P020211126523667366751.pdf，最后访问日期：2022年2月20日。

[4] 吕利丹等：《流动人口家庭化过程中子女随迁的阻碍因素分析》，载《人口与经济》2013年第5期。

迈向中国式现代化：建构新时代中国流动儿童关爱保护体系

而多数研究则认为"持续六个月以上的迁移"才能被视为流动儿童[①]，这构成了第二个学理争议。第三个研究的争议点为儿童的年龄上限，部分利用全国普查数据开展的统计基于方便原则将流动儿童的年龄上限设置为十四周岁[②]，也有研究的统计口径为十七周岁[③]，因此在年龄上限方面也存在着界定上的激烈争议。这些相应的学理争议对于剖析及讨论流动儿童的实际规模、所面临的突出风险及有效部署相关的政策安排构成了较大挑战，并促使相关的实证调查难以对全国政策安排提供清晰及统一的指导。

官方或半官方层面有关流动儿童的概念界定也不甚明确。1998 年 3 月，国家教育委员会和公安部联合出台的《流动儿童少年就学管理暂行办法》第三条对"流动儿童少年"曾经做过政策规定，即"流动儿童少年是指 6 至 14 周岁（或 7 至 15 周岁），随父母或其他监护人在流入地暂时居住半年以上有学习能力的儿童少年"，该概念在迁移时间及年龄上限等方面做出了清晰界定，但在人户分离人口的界定上因特定历史的局限而未能有效处置，并随着时间的推移及流动形式的变化而在操作上愈加不适应新阶段的发展格局。目前最新的有关流动儿童界定的概念可以参考半官方性质的由联合国儿基会、国家统计局和联合国人口基金会联合发布的《中国儿童人口状况：事实与数据》。在 2023 年 4 月发布的年度报告中[④]，"流动儿童是指流动人口中的 0~17 周岁儿童。流动人口是指人户分离人口中扣除市辖区内人户分离的人口；人户分离人口是指居住地与户口登记地所在的乡镇街道不一致且离开户口登记地半年以上的人

[①] 段成荣等：《我国流动儿童生存和发展：问题与对策》，载《南方人口》2013 年第 4 期。
[②] 吕利丹等：《流动人口家庭化过程中子女随迁的阻碍因素分析》，载《人口与经济》2013 年第 5 期。
[③] 吕利丹等：《我国流动儿童人口发展与挑战（2000—2015）》，载《青年研究》2018 年第 4 期。
[④] 目前可查询到的最新报告为《2020 年中国儿童人口状况：事实与数据》，联合国儿基会驻华办事处官方网站 https：//www.unicef.cn/reports/population-status-children-china-2020-census。

口。"这一概念较好解决了流动距离、迁移时间和年龄上限等三个问题，可作为概念上的重要参考。但考虑到我国官方政策中有将各类儿童年龄上限设置为"不满十六周岁"的普遍做法[1]，本研究主张在政策上将"居住地与户籍所在地不一致且离开户籍所在城市半年以上的不满十六周岁的未成年人"视为流动儿童[2]，并依据此标准对全国十个城市进行了系统的实证调查。

囿于上述概念争议及近年来我国人口流动趋势的变化，对于流动儿童总体规模和分布格局的估计通常是相当困难的。从总体规模来看，段成荣等学者利用"六普"数据推测出我国2010年0~17周岁流动儿童的规模大致为3581万（其中0~14周岁流动儿童的规模大致为2291万），其同比2000年1982万人口规模增加了80.7%，且儿童流动参与率也从5.7%上升至12.8%[3]。吕利丹等学者的进一步分析显示，2010年至2015年我国0~17周岁流动儿童的总体规模小幅下降至3426万，其下降的主要原因来自适龄儿童总规模下降了约807万，而儿童流动参与率则稳定在12.7%[4]。考虑到儿童流动参与率在近年来较为稳定，而"七普"公布的全国人口普查数据中2020年流动人口数量（37582万人）同比2010年的数量（22143万人）增长了69.7%，且0~14岁人口占比从16.6%增长到了18.0%[5]，因而我们粗略估计全国0~17周岁流动儿童的总体规模超过

---

[1] 例如国务院2016年颁布的《关于加强农村留守儿童关爱保护工作的意见》（国发〔2016〕13号）就将农村留守儿童的年龄上限界定为"不满十六周岁"，而《国务院关于加强困境儿童保障工作的意见》（国发〔2016〕36号）中对于基本生活的保障也设置为"未满十六周岁儿童"。

[2] 这里使用的是"所在城市"的概念，即同一城市不同辖区的人户分离人口不计算入流动儿童。

[3] 段成荣等：《我国流动儿童生存和发展：问题与对策》，载《南方人口》2013年第4期。

[4] 吕利丹等：《我国流动儿童人口发展与挑战（2000—2015）》，载《青年研究》2018年第4期。

[5] 国家统计局：《第七次人口普查主要数据》，国家统计局官方网站 http://www.stats.gov.cn/tjsj/pcsj/rkpc/d7c/202111/P020211126523667366751.pdf，最后访问日期：2022年2月20日。

7

迈向中国式现代化：建构新时代中国流动儿童关爱保护体系

了6500万人（其中0~14周岁流动儿童的总体规模大致为4200万）[1]，如果以"不满十六周岁"作为未来的政策覆盖对象则总量接近5000万。这一总体规模与联合国儿基会等机构在《2020年中国儿童人口状况：事实与数据》中利用"七普"数据测量得来的"全国0~17周岁的流动儿童7109万"的数据比较接近[2]，尤其是其计算的"6407万流动儿童在城镇居住"[3]的数量与本研究的估测结果高度吻合，反映出全国约每三名城镇儿童中就有一人处于流动状态。

从流动儿童的地区分布来看，有学者利用2010年的"六普"数据测算发现我国流动儿童的主要来源地为安徽、河南、四川、湖南和贵州等五个省份，流入地则以广东、浙江、上海、江苏和北京等五个地区为主，跨省流动儿童的占比约为三成[4]。联合国儿基会依据"七普"数据的测算结果证实，2020年上海、北京、天津等直辖市及浙江、江苏、广东等发达省份为我国流动儿童的主要流入地，广东、河南、山东、河北、江苏、四川、浙江、湖南和安徽等九个省市则为主要流出地（上述九个省份的流动儿童数量均突破了300万人），其中跨省流动儿童的占比约为20.6%[5]；但一些发达地区的跨省流动比例明显更高，如数据证实浙江、广东和江苏流动儿童中的跨省流动儿童占比分别达到了51.2%、40.0%和35.3%[6]，展现出流动儿童在发达城市出现集聚的趋势。故在一些超大城市如北上广深，义务教育阶段流动儿童占总体学生的比例被证实已经分

---

[1] 具体而言，我们估测的0~17岁流动儿童和0~14岁流动儿童数量分别为6674万人和4270万人。

[2] 联合国儿基会等：《2020年中国儿童人口状况：事实与数据》，联合国儿基会驻华办事处官方网站 https：//www.unicef.cn/reports/population-status-children-china-2020-census。

[3] 联合国儿基会等：《2020年中国儿童人口状况：事实与数据》，联合国儿基会驻华办事处官方网站 https：//www.unicef.cn/reports/population-status-children-china-2020-census。

[4] 段成荣等：《我国流动儿童生存和发展：问题与对策》，载《南方人口》2013年第4期。

[5] 联合国儿基会等：《2020年中国儿童人口状况：事实与数据》，联合国儿基会驻华办事处官方网站 https：//www.unicef.cn/reports/population-status-children-china-2020-census。

[6] 联合国儿基会等：《2020年中国儿童人口状况：事实与数据》，联合国儿基会驻华办事处官方网站 https：//www.unicef.cn/reports/population-status-children-china-2020-census。

别达到了35.4%、41.4%、47.2%和69.4%①，显示出经济发达城市中已存在规模庞大的在学流动儿童，其中相对流动儿童来自跨省份的大范围流动。而在年龄的统计中，联合国儿基会的统计数据显示婴幼儿阶段、学前阶段、小学阶段、初中阶段和高中阶段流动儿童的占比分别为11.4%、16.1%、32.6%、14.7%和25.2%②，义务阶段流动儿童占比不到一半，各个年龄阶段流动儿童的总体规模相对均衡。综合来看，本研究认为我国流动儿童具有"总体规模大""跨省占比高"和"年龄分布广"等三个人口分布特征，这三个人口分布特征对我国在政策上设计好流动儿童关爱保护体系具有重要参考价值。

（二）流动儿童的弱势性

除了人口规模及特征以外，社会学、心理学、教育学和公共管理学等学科对流动儿童所面临的突出风险也进行了大量的针对性研究，这些研究对于全面还原当前流动儿童的生存和发展状态具有积极意义，对于本研究的后续设计形成了良好的启示。从研究结果来看，虽然也有少量研究认为流动儿童通过积极探索自己的童年生活方式③或建立自主性的社会支持网络④也能一定程度上缓解乃至摆脱流动过程中所面临的困境，但多数研究仍然观察到流动儿童相比本地儿童在教育、伤害、心理、家庭关系和社会融入等诸多领域面临的弱势性，流动儿童与本地户籍儿童在多方面的对比中，也普遍呈现出了明显的群体劣势。

---

① 熊春文：《两极化：流动儿童群体文化背后的教育制度结构》，载《探索与争鸣》2021年第5期。

② 联合国儿基会等：《2020年中国儿童人口状况：事实与数据》，联合国儿基会驻华办事处官方网站https://www.unicef.cn/reports/population-status-children-china-2020-census。

③ 韩嘉玲等：《流动的童年：对农民工子女二十年后的回访研究》，载《民族教育研究》2023年第3期。

④ Wu, J., & Sun, L. (2020). Social support networks and adaptive behaviour choice: A social adaptation model for migrant children in China based on grounded theory. *Children and Youth Services Review*, 113, 104940.

迈向中国式现代化：建构新时代中国流动儿童关爱保护体系

1. 教育领域的弱势性

在教育领域的学术讨论中，研究首先普遍发现，流动儿童在学前教育和义务教育等阶段均同比本地儿童面临着严重的机会不平等。例如，Wang等人的研究表明流动儿童学校质量低劣、流动儿童无法进入公立学校或学费高昂、流动学生的流动性大仍然是制约流动人口子女接受高质量教育的三个主要问题[1]。富晓星等人针对北京打工子弟小学的调查关注到流动儿童教育机会的不平等，他们发现特大城市公办小学的流动儿童虽在政策上具有入读机会，但教育机会的实际获得却有诸多限制，这与地方政府在政策实施过程中的趋利避害行为有关[2]。邢芸等学者发现户籍仍是制约流动儿童幼儿园入园的关键因素，农业户籍、跨省迁移家庭的随迁子女入园机会更低[3]。而熊春文对我国不同地区流动儿童的入学政策也进行了比较，其研究认为尽管中西部城市的入学政策同比华东和华北地区更加友好，珠三角的入学政策同比长三角更为友好，但是流动儿童整体的入学机会同比户籍儿童仍有诸多局限[4]。这一情况在跨国人口迁移中表现得更加集中，来到美国的墨西哥流动儿童同比本地儿童具有入学率上的明显降低[5]。这种教育机会上的显著差别导致流动儿童的受教育程度明显低于城市同龄人[6]，并限制了他们通过教育投资来改变自身和家庭发展境况的潜力。

---

[1] Wang, L., & Holland, T. (2011). In search of educational equity for the migrant children of Shanghai. *Comparative Education*, 47 (4), 471-487.

[2] 富晓星等：《"教育权利" vs "大城市病"：流动儿童教育获得的困境探究》，载《社会学评论》2017年第6期。

[3] 邢芸等：《流动儿童学前教育选择：家庭社会经济背景及迁移状况的影响》，载《教育与经济》2015年第3期。

[4] 熊春文：《两极化：流动儿童群体文化背后的教育制度结构》，载《探索与争鸣》2021年第5期。

[5] Glick, J. E., & Tabiku, S. T. (2016). Migrant Children and Migrants' Children: Nativity Differences in School Enrollment in Mexico and the United States. *Demographic Research*, 35, 201-228.

[6] Ma, G., & Wu, Q. (2019). Social Capital and Educational Inequality of Migrant Children in Contemporary China: A Multilevel Mediation Analysis. *Children and Youth Services Review*, 99, 165-171.

第二章 文献回顾

另一类研究则重点围绕着流动儿童的学习成绩进行了细致讨论。虽然有研究表明流动儿童表现出较高水平的完成高等教育的愿望[1],但多数研究却证实他们的学业成绩也存在一定的落后。其中,来自北欧的一项研究发现在所测量的五个流动儿童群体中,有三个群体的流动儿童表现出了明显的学习成绩劣势[2]。中国的研究也类似,刘在花的研究发现流动儿童的学习投入度同比城市儿童更低,其学习成绩同比本地儿童更差[3];林江泽等人发现流动儿童不但在阅读认知方面更容易在低水平聚集,而且在阅读投入方面其阅读行为也同比本地儿童呈现出低质量[4];而王道阳等人观察到了流动儿童同比本地儿童更差的学习成绩[5]。上述研究似乎得到了一个潜在共识,即使具有入学机会,当前流动儿童的学业成绩似乎也会同比城市本地儿童更为落后。

大量研究还试图揭示流动儿童羸弱学习成绩的原因。数据普遍证实早期智力开发、同伴关系、经济因素、社会资本及父母教养形式等问题可能是其学习成绩较差的深层诱因。其中,一项针对中国两周岁以下流动儿童的研究表明,儿童在出生 12 个月前的迁移使得其在 2 岁时的认知发展降低了 0.3 个标准差,可能的作用机制包括流动家庭减少了饮食的多样性和较少参与刺激活动[6],故早期智力开发的不足,可能对于流动儿童

---

[1] Qiu, H., & Liang, X. (2024). Segmented Assimilation of Migrant Children in Urban Public Schools of China: Impact of Family Resources and School Segregation on Their Educational Aspirations. *Children and Youth Services Review*, 156, 107300.

[2] Vuorenkoski, L., Kuure, O., & Moilanen, I., et al. (2000). Bilingualism, School Achievement, and Mental Wellbeing: A follow-up study of return migrant children. *The Journal of Psychology and Psychiatry*. 41 (2), 261-266.

[3] 刘在花:《流动儿童学习投入现状、产生机制及干预研究》,载《教育科学研究》2021 年第 4 期。

[4] 林江泽等:《8 年级流动儿童阅读素养的诊断与课程对策——基于区域教育质量监测的数据分析》,载《中国考试》2021 年第 12 期。

[5] 王道阳等:《流动儿童自卑与学习自我效能感的关系:情绪调节策略的调节作用》,载《心理与行为研究》2019 年第 1 期。

[6] Yue, A., Bai, Y., & Luo, R., et al. (2020). Parental migration and early childhood development in rural China. *Demography*, 57 (2), 403-422.

的学业成绩具有长期负面影响。另有学者发现流动儿童的同伴受害经历显著影响其学业成绩，由于不良的人际关系及其对心理的干扰，流动儿童的学业成绩通常同比本地户籍儿童更为局限[1]。一项加拿大的研究则观察到，对大多数移徙儿童而言，贫穷能够预测负面的学业成果[2]，迁移人口中较为窘困的经济状况很可能限制了其学业成绩的提高。Ma 等人将其学习成绩的低下归咎于家庭社会资本，家庭资本同比户籍儿童更为局限导致流动儿童的学业成绩明显偏低[3]。还有研究将父母教养形式视为流动儿童学业表现不佳的主要原因，父母在教育领域的投入较少使得其子女的学业具有更为乏力提升空间[4]。而邵景进等人基于631名流动儿童的调查则认为父母的智力卷入和情感卷入与流动儿童的学习成绩高度正相关[5]。当然，也有研究认为流动儿童内部在学业成绩上也存在明显的群体异质性，其中来自农村地区的流动儿童往往在负面同伴效应的影响下而具有较低的学业成绩，而来自城市的流动儿童则没有展现出明确的负面同伴效应[6]。

2. 儿童伤害领域的弱势性

与本地户籍儿童相比，流动儿童通常具有更高水平及更高程度的儿

---

[1] Xie, H., & Cui, K. (2022). Peer victimization, environmental and psychological distress, and academic performance among children in China: A serial mediation model moderated by migrant status. *Child Abuse & Neglect*, 133, 105850.

[2] Gagné, M., Janus, M., & Muhajarine, N. (2020). Disentangling the role of income in the academic achievement of migrant children. *Social Science Research*, 85, 102-344.

[3] Ma, G., & Wu, Q. (2020). Cultural capital in migration: Academic achievements of Chinese migrant children in urban public schools. *Children and Youth Services Review*, 116, 105196.

[4] Zhang, J., Li, N., & Liu, C. (2010). Associations between poor health and school-related behavior problems at the child and family levels: A cross-sectional study of migrant children and adolescents in Southwest urban China. *School Health*, 80(6), 296-303.

[5] 邵景进等：《父母教育卷入与流动儿童的学习成绩、情绪适应：自主感和能力感的中介作用》，载《中国特殊教育》2016年第1期。

[6] Liang, W., Liu, S., & Ye, S. (2019). Internal migrant children in Chinese classrooms: Do they influence students' achievements? *International Journal of Educational Research*, 98, 106-122.

童伤害状况，包括但不限于儿童虐待、儿童忽视、校园欺凌、人际暴力和意外伤害[1][2]。一些直接证据甚至证实了流动儿童和本地儿童在伤害领域的差距，例如来自深圳的调查就发现流动青少年遭受父母心理和身体虐待的可能性分别是本地青少年的1.49倍和1.43倍[3]。在此基础上，一些研究从生态系统视角进一步揭示了流动儿童伤害形成的微观、中观和宏观原因。在微观领域，除了性别、民族、年龄等人口学变量以外，儿童表现因素及家庭支持因素通常是儿童伤害的主要预测原因。数据证实那些未能取得良好成绩及不顺从父母的流动儿童通常会遭遇更为严重的虐待，因为社会经济地位局限的外来父母可能对子女的学业成绩抱有很高的期望[4]。在校园欺凌行为的测量中，研究也发现与非流动儿童相比，流动儿童往往也因较少的家庭支持从而具有更多地被欺凌行为[5]。在中观因素方面，考虑到儿童福利系统可能通过向家庭分配资源和服务的不公平来加剧虐待风险[6]，因此社区基本公共服务的匮乏可能是流动儿童面临较大伤害压力的重要原因。而在宏观领域，美国的研究显示与其他群体相比，由于社会孤立、社会资源不足以及社会/文化融合程度较低，流动家庭中的儿童虐待现象可能更为普遍[7]。而在中国，流动家庭因户籍制度

---

[1] Liang, Y., Zhou, Y., Ruzek, J. I., & Liu, Z. (2020). Patterns of childhood trauma and psychopathology among Chinese rural-to-urban migrant children. *Child Abuse & Neglect*, 108, 104691.

[2] 于音等：《流动儿童被欺负现状及其与社会支持的关系》，载《中国心理卫生杂志》2019年第11期。

[3] Gao, Y., Atkinson-Sheppard, S., & Liu, X. (2017). Prevalence and risk factors of child maltreatment among migrant families in China. *Child Abuse & Neglect*, 65, 171-181.

[4] Gao, Y., Atkinson-Sheppard, S., & Liu, X. (2017). Prevalence and risk factors of child maltreatment among migrant families in China. *Child Abuse & Neglect*, 65, 171-181.

[5] Cui, K., & To, S. (2019). Migrant status, social support, and bullying perpetration of children in mainland China. *Children and Youth Services Review*, 107, 104534.

[6] Nadan, Y., Spilsbury, J. C., & Korbin, J. E. (2015). Culture and context in understanding child maltreatment: Contributions of intersectionality and neighborhood-based research. *Child Abuse & Neglect*, 41, 40-48.

[7] Larson III, O. W., Doris, J., & Alvarez, W. F. (1990). Migrants and maltreatment: Comparative evidence from central register data. *Child Abuse & Neglect*, 14 (3), 375-385.

而无法获得完整的公民身份,在医疗、公共教育和公益性住房等社会福利方面受限可能持续加剧了流动家庭的压力,并进而将这种压力转移为了针对流动儿童的伤害行为①。

3. 心理健康领域的弱势性

心理健康问题也是世界范围内流动儿童普遍面临的顽疾。尽管也有研究声称在控制家庭和学校因素后流动儿童与本地儿童在心理健康方面并无显著差异②,但通常流动儿童被普遍认为同比本地户籍儿童具有更高罹患心理病症的可能性。例如,一项针对北京市流动儿童的调查发现约47.1%的流动儿童经历过创伤后应激障碍(posttraumatic stress disorder,PTSD),6.7%的被访者甚至达到了创伤后应激障碍的临界值③。Shen等人的研究进一步证实流动儿童同比其他类型流动儿童似乎在抑郁和焦虑等领域涌现出了更高水平的心理病症④。另有一项基于11项中国研究的荟萃分析发现,流动儿童在心理健康测验总分以及8个分量表中的7个分量表中均显示出其心理健康状况较城市儿童明显更差⑤。当然与学习成绩上的群体异质性类似,既有研究不但证实流动儿童的心理健康状况因循年龄有所差异,即他们在高年级的心理适应表现优于非流动儿童,但在低年级的测量中流动儿童的心理适应则表现不佳⑥,而且观察到流动儿童

---

① Gao, Y., Atkinson-Sheppard, S., & Liu, X. (2017). Prevalence and risk factors of child maltreatment among migrant families in China. *Child Abuse & Neglect*, 65, 171-181.

② Hu, H., Lu, S., & Huang, C. (2014). The psychological and behavioral outcomes of migrant and left-behind children in China. *Children and Youth Services Review*, 46, 1-10.

③ Liang, Y., Zhou, Y., & Liu, Z. (2019). Traumatic experiences and posttraumatic stress disorder among Chinese rural-to-urban migrant children. *Journal of Affective Disorders*, 257, 123-129.

④ Shen, J., Liu, X., Zhao, J., & Shi, B. (2015). The psychological development of Chinese left-behind children and migrant children in urbanization process. *Psychological Development and Education*, 1, 108-116.

⑤ Zhang, J., Yan, L., & Yuan, Y. (2019). Rural-urban migration and mental health of Chinese migrant children: Systematic review and meta-analysis. *Journal of Affective Disorders*, 257, 684-690.

⑥ Chen, X., Li, D., Xu, X., Liu, J., Fu, R., Cui, L., & Liu, S. (2019). School adjustment of children from rural migrant families in urban China. *Journal of School Psychology*, 72, 14-28.

的孤独感因学校隔离而有所差别,其中在公立学校就读的流动儿童和城市本地儿童在孤独感方面没有什么差异,但被隔离在流动学校的流动儿童孤独感较强①。

一些研究还着重探讨了流动儿童更容易罹患心理病症的深层原因。一些学者发现父母的养育方式是影响流动儿童心理健康问题的重要原因,严厉的教育惩罚通常会带来更多的焦虑障碍②。另一项针对1714名中国被访者的调查显示,当流动儿童面临以冲突程度高、养育程度低为特征的环境风险时,他们更有可能经历情绪困扰和健康状况不佳③。还有研究观察到社会排斥与儿童的心理健康并无显著相关,而高度的学校归属感则与儿童的心理健康状况有关,且学校归属感充分调节了社会排斥对流动儿童心理健康的影响④。另有来自北京的一项研究表明,流动儿童的害羞情绪通常与其领导能力、教师评价能力、学业成绩等适应性指标相关,学校和社会问题容易导致流动儿童的羞怯心理⑤。杭州和嘉兴两地的调研则发现,家庭功能与社交焦虑症状呈双因素显著相关,随着家庭功能的改善,流动儿童的焦虑状况会有明显的好转⑥。而来自昆明

---

① Lu, Y., & Zhou, H. (2013). Academic achievement and loneliness of migrant children in China: School segregation and segmented assimilation. *Comparative Education Review*, 57 (1), 85–116.

② Liu, L., Wang, W., Zhao, J., & Wang, M. (2022). Parental reports of stress and anxiety in their migrant children in China: The mediating role of parental psychological aggression and corporal punishment. *Child Abuse & Neglect*, 131, 105695.

③ Fang, L. (2020). The well-being of China's rural to urban migrant children: Dual impact of discriminatory abuse and poverty. *Child Abuse & Neglect*, 99, 104265.

④ Li, C., & Jiang, S. (2018). Social exclusion, sense of school belonging and mental health of migrant children in China: A structural equation modeling analysis. *Children and Youth Services Review*, 89, 6–12.

⑤ Chen, X., Wang, L., & Wang, Z. (2009). Shyness-sensitivity and social, school, and psychological adjustment in rural migrant and urban children in China. *Child Development*, 80 (5), 1499–1533.

⑥ Ying, L., Shuang, Z., & Jia, X. (2023). Peer attachment and self-esteem mediate the relationship between family function and social anxiety in migrant children in China. *Child: Care, Health and Development*, 49 (3), 563–571.

市的调查也发现,对流入地城市的认同在流动压力与流动儿童抑郁的关系中起部分中介作用,且社会融入对于缓解流动儿童的抑郁情绪具有积极作用①。

4. 家庭关系领域的弱势性

流动儿童弱势性研究中所讨论的第四个问题是其家庭关系。目前少量研究观察到了流动儿童家庭关系的脆弱性。例如,汪传艳的研究则表明超过一成的流动儿童难以融入家庭②,陈丽等学者发现流动儿童同比城市儿童在亲子沟通的频率、时间和主动性方面都有明显降低③,陈立等人的研究显示学前流动儿童可能因早期社会剥夺境遇而出现依恋障碍④,这些研究都显示出流动家庭在亲子关系建设方面似乎同比本地儿童更具难度。多数研究则讨论了不和睦家庭关系对流动儿童身心健康造成的不利影响。其中,Li等人的研究发现,相比农村未迁移儿童,流动儿童的家庭凝聚力能够更多地中介其负面成长经历,家庭情感关系不佳的流动儿童通常面临着更多的童年逆境⑤。邓林园等基于北京流动儿童的调查发现父母陪伴对流动儿童自我价值感的预测作用大于本地城市儿童,且对于流动儿童而言母亲的陪伴作用要明显高于父亲的陪伴作用⑥。另有黎燕斌等基于北京10所小学的儿童和家长调查发现,父母情绪调节困难可以显

---

① Jiang, C., Cheng, Y., & Jiang, S. (2022). Examining the mediator and moderator of the link between Migration-Related stress and depression amongst Chinese migrant children. *Health and Social Care*, 30 (6), 6044-6055.

② 汪传艳:《家在何处:流动儿童的家庭融入及其影响因素》,载《基础教育》2021年第4期。

③ 陈丽等:《流动儿童亲子沟通特点及其与心理健康的关系》,载《中国特殊教育》2012年第1期。

④ 陈立等:《早期社会剥夺的发展风险与儿童依恋障碍》,载《学前教育研究》2020年第10期。

⑤ Li, F., & Jhang, F. (2023). Controllable negative life events, family cohesion, and externalizing problems among rural and migrant children in China: A moderated mediation model. *Children and Youth Services Review*, 147, 106853.

⑥ 邓林园等:《父母陪伴与儿童自我价值感的关系》,载《教育科学研究》2018年第4期。

著正向预测流动儿童精神障碍症状，并进一步通过亲子冲突对流动儿童精神障碍症状产生影响①。栾文敬等人认为虽然流动家庭的社会经济地位对于流动儿童的心理健康并无显著影响，但流动家庭中的不良夫妻关系和亲子忽视对于其情绪与行为问题形成具有促进作用②。而梁文艳等学者的研究进一步表明父母向子女投入时间和精力构建闭合的代际关系是提升流动儿童认知能力的一种重要社会资本③。

5. 社会融入领域的弱势性

社会融入问题亦是流动儿童研究的重点关注领域。部分研究观察到了流动儿童社会融入不足的现状及其危害，例如杨茂庆等人基于贵州省605名青少年的调查发现流动儿童在城市社会融入度上显著低于本地儿童，并主要表现在家庭生活氛围、与父母沟通交流次数、学校学习氛围、同伴交往状况以及自身的课业追求等维度④。张春妹等人也发现流动儿童普遍具有很强的融入城市文化的意愿，且他们同比本地儿童更渴望获得别人的接纳以及不受排挤的融入集体⑤。路锦非观察到城乡/内外双重歧视的户籍制度所形成的公共服务壁垒迫使流动儿童的社会融入程度随年龄提高而递减，呈现出"逆转融入"的趋势⑥。另有韩毅初等学者的研究表明，流动儿童歧视知觉与积极心理健康存在中等程度的负相关，与消极心理健康存在中等程度的正相关，流动儿童获得歧视后的心理健康风

---

① 黎燕斌等：《父母情绪调节困难对流动儿童对立违抗症状的影响：亲子冲突解决方式和儿童情绪调节的作用》，载《心理发展与教育》2016年第2期。

② 栾文静等：《家庭关系对流动儿童心理健康的影响》，载《学前教育研究》2013年第2期。

③ 梁文艳等：《父母参与如何影响流动儿童认知能力》，载《教育学报》2018年第1期。

④ 杨茂庆等：《流动儿童城市社会融入现状与对策研究》，载《教育学术月刊》2021年第10期。

⑤ 张春妹等：《流动儿童的城市文化适应与主观幸福感：一个有调节的中介模型》，载《中国临床心理学杂志》2021年第5期。

⑥ 路锦非：《城市流动儿童的融入困境与制度阻隔——基于上海市的调查》，载《城市问题》2020年第5期。

迈向中国式现代化：建构新时代中国流动儿童关爱保护体系

险会显著上扬①。而张帆的研究发现，随着班级异质性的上升，流动儿童的跨群体朋友数量呈下降趋势，但本地儿童则正好相反②。当然，流动儿童群体是否一定难以融入社会似乎也有争议，即使在跨国流动过程中，来自美国的研究也观察到尽管贫穷的流动家庭在社会网络建设方面存在明显障碍，但他们的子女可以通过学习东道国社会的语言和文化，同时保留其母国的语言、价值观和习俗来克服这些障碍③，因而也不易简单地将流动儿童等同为社会融入的"天然障碍者"。

其余研究则深入揭示了流动儿童社会融入不足的原因，经济贫困、家庭关系、家庭结构及校园氛围被认为是影响其社会融入的诱因。一项中国的研究证实高度的结构性经济排斥预示着高度的社会关系排斥，故流动儿童的社会融入困难来自家庭经济贫困④。王中会等人则通过针对665名北京流动儿童的调查发现，良好的亲子关系可以通过增强心理韧性而强化儿童的城市适应力，构建和睦的亲子关系是应对流动儿童城市适应力不足的重要方法⑤。徐延辉等人的研究发现居住空间对"乡-城"流动儿童社会适应的影响要大于"城-城"流动儿童，对与父母同住流动儿童社会适应的影响要大于不与父母同住流动儿童⑥。向芯等人对广州流动儿童的质性研究发现，他们看似叛逆的行为是结构性压迫之下的自我保护及寻求认同感的策略，是教育体制和民办学校筛选、排斥非户籍"差生"的推力与吸引青年群体的消费社会和互联网经济的拉力双重作

---

① 韩毅初等：《流动儿童歧视知觉与心理健康关系的元分析》，载《心理学报》2020年第11期。

② 张帆：《家庭背景、班级情境与青少年的跨群体交往》，载《社会》2022年第1期。

③ Portes, A., & Rivas, A. (2011). The adaptation of migrant children. *The Future of Children*, 21 (1), 219-246.

④ Jiang, S. & Ngai, S. S. (2022). Effects of structural-economic and socio-relational exclusion on well-being of Chinese migrant children. *Health and Social Care*, 30 (5), 1847-1857.

⑤ 王中会等：《流动儿童的亲子依恋与其城市适应的关系：心理韧性的中介作用》，载《心理发展与教育》2018年第3期。

⑥ 徐延辉等：《居住空间与流动儿童的社会适应》，载《青年研究》2021年第3期。

用的产物①。干伟溢等人则主张流动儿童社会融入障碍源于社会支持不足，家庭和学校支持体系的羸弱性使得流动儿童面临着更高的社会融入风险②。而 Hu 等人则观察到流动儿童社会融入不足的原因具有复杂性，良好的学习环境、家长的严格监督以及与教师的积极沟通都能促进流动儿童更好融入社会③。

二、流动儿童的政策安排

（一）我国儿童保护体系的基本架构

我国流动儿童关爱保护事宜在制度构架上从属于既有的儿童保护体系（child protection system），但中国的儿童保护意涵在学理上通常与西方各国的儿童保护概念具有较大差异，这也影响到了儿童保护体系的制度设计。在普遍坚持广义概念的国际社会，儿童保护通常被认为是儿童福利（child welfare）的一个重要但基础的组成部分，各国出台的诸多儿童福利法案等都明确涵盖了儿童保护的事项内容。例如，日本 2011 年修改的《儿童福祉法》（平成二十三年法律第百五号）之第 25 条不但规定了高风险儿童的发现报告、临时庇护及干预介入等举措，而且对于儿童保护机构及附属人员的权责都进行明文规范，这使得儿童保护事宜被放置在了儿童福利体系的框架内④。另以韩国 2020 年推行的《儿童福利法》（2020 年 17206 号）为例，其内容明确涉及了被虐待儿童的政府保护、残疾儿童的权益保障以及高风险儿童的家庭支持等诸多项目⑤，也反映出其儿童福利的范围要大于儿童保护。除此以外，联合国《儿童权利公约》等国际文件也基本坚持了广义儿童福利的概念表述，如其第三条就明确

---

① 向芯等：《超大城市流动青少年的亚文化生产机制》，载《青年研究》2022 年第 1 期。
② 干伟溢：《流动少年儿童的社会支持研究述评》，载《中国青年研究》2012 年第 5 期。
③ Hu, B., & Wen, W. (2020). Parental support in education and social integration of migrant children in urban public schools in China. *Cities*, 106, 102870.
④ 日本国会：《儿童福祉法》，2011 年（平成二十三年）。
⑤ 大韩民国国会：《儿童福利法》，2020 年。

申明"缔约国需要承担确保儿童享有其福祉所必需的保护和照料"①。但在我国，儿童福利通常被界定为"由特定形态的机构向特殊的儿童群体提供的一种特定的服务"②，并和老年福利、残疾人福利一起在制度上看成社会福利制度的组成部分，因而以《未成年人保护法》《中国儿童发展纲要（2011—2020）》《中国儿童发展纲要（2021-2030）》等为代表的诸多法律或政策都将儿童福利放置在儿童保护框架之中，如新修订的《未成年人保护法》第93条款和96条款均强调现行制度下"儿童福利机构"的角色功能并将儿童福利事宜压缩成为机构内事务，而两个发展纲要则均涵盖有"儿童与福利"专章。如图2-1就显示出了儿童保护与儿童福利的中西方差异。

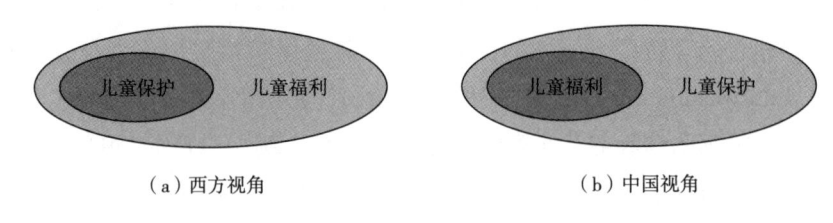

（a）西方视角　　　　　　　（b）中国视角

图2-1　中西方"儿童福利"与"儿童保护"的差异

由于在概念上居于更高位阶，我国当前的儿童保护体系大致形成了以特定人群为保障对象、以特定项目为保障方式的分层次递进式保障形态（如图2-3所示）。其中，第一个层次针对的主要是儿童福利对象，它是儿童保护体系中最为核心、最为底线的制度类型，其主要的瞄准对象为孤弃儿童和事实无人抚养儿童这两类儿童，主要通过社会福利津贴和补缺型社会福利服务的形式来为特定困难儿童提供支持。具体而言，孤弃儿童自20世纪50年代就已经加以覆盖并持续至今，是我国社会保障领域覆盖时间较早、保障效果较成熟的人群，其在今天的代表性政策为《关于加强孤儿保障工作的意见》（国办发〔2010〕54号）。从所覆盖的

---

① 联合国：《儿童权利公约》，第44届联合国大会第25号决议，1989年。
② 周镇欧：《儿童福利》，台北：巨流图书出版社，1996年版。

孤弃儿童数量来看，截至 2023 年第 3 季度末，全国共有 14.6 万名孤儿纳入保障范围，其中集中养育孤儿和社会散居孤儿基本生活平均保障标准分别达 1885.4 元/人·月和 1439.9 元/人·月，分别较上年同期增长 5.2%、6.6%。在此基础上，自《民政部关于进一步加强事实无人抚养儿童保障工作的意见》（民发〔2019〕62 号文件）颁布以来，我国事实无人抚养儿童也被多个省份参照孤弃儿童标准发放福利津贴及提供专项服务。截至 2023 年第 3 季度末，全国共有 38.8 万名事实无人抚养儿童纳入保障范围，平均保障标准达每人每月 1439.9 元。

第二个层次的儿童保护政策着重瞄准社会救助对象，其目标群体主要包括流浪儿童和低保家庭子女儿童群体。其中，我国流浪儿童的兜底保障工作被长期归口为临时救助事务，其使用的词汇为"救助"，所依据的现行政策主要为《关于加强和改进流浪未成年人救助保护工作的意见》（国办发〔2011〕39 号），故其数量难以准确估测。低保家庭子女等贫困儿童也属于我国的社会救助范畴，其所依据的政策主要为《社会救助暂行办法》（国务院令第 649 号）和《特困人员认定办法》（民发〔2021〕43 号）等，所使用的概念称为一般为"救助"。瞄准社会救助对象的此类保障对象通常同比狭义儿童福利制度的保障对象往往要在社会风险方面有所降低，因而其构成了我国儿童保护体系的第二个层次。

第三个层次的儿童保护政策主要关注于残疾儿童和困境儿童，其所使用的官方词汇一般表述为"保障"，同比第一层次和第二层次儿童通常所享有的实际救助、福利津贴和福利服务更少。其中，残疾儿童主要依据《残疾人保障法》和《国务院关于建立残疾儿童康复救助制度的意见》（国发〔2018〕20 号）而被纳入到政府保障范畴，在政策上主要为此类儿童提供专项医疗或康复服务，部分地区还会为特定残疾儿童如重度残疾儿童、家庭经济困难残疾儿童等提供教育资助、重度残疾人补贴、慈善资源链接和社会公益服务。从覆盖人数来看，按照 2017 年全国残疾人人口基础库中登记的持证残疾儿童数量大致为 122 万，但联

迈向中国式现代化：建构新时代中国流动儿童关爱保护体系

合国儿童基金会推测该数据仅涵盖了实际残疾人口的近四分之一①，因此可推测的残疾儿童的数量大致为500万左右；另有距今最近的第二次全国残疾人抽样调查公布中国约有167.8万0~6岁残疾儿童②，由此大致推导的全国0~18岁残疾儿童数量也约在500万左右。困境儿童则依据《国务院关于加强困境儿童保障工作的意见》（国发〔2016〕36号文件）被纳入到了我国政府保障范畴中，在政策上主要覆盖因自身残疾、家庭贫困和家庭监护缺失而导致的生活、就学、就医和社会融入困难儿童，保障手段涉及临时/长期监护、残障康复、医疗保障、特殊教育等诸多内容。

第四个层次的儿童保护政策针对的是关爱保护对象，在政策上主要涵盖农村留守儿童。该类儿童主要依照《国务院关于加强农村留守儿童关爱保护工作的意见》（国发〔2016〕13号文件）被纳入到官方保护体系中，在政策体系中所使用的词汇通常为"关爱保护"。该类儿童在政策上会享受到儿童督导员、儿童主任等基层儿童福利从业者提供的社区寻访、统计报告、家庭教育指导、心理健康指导、留守儿童之家服务等专项服务，但在财政上并未具有专项资金支持和专项福利津贴，且由于相当比例乡镇政府或农村社区的儿童福利从业者数量偏少、专业能力偏低，因而农村留守儿童实际获得的政府帮扶比较局限，多数经济欠发达地区仅能够实现农村留守家庭的社区登记、重大困境风险的发现报告和相关救助政策的资源链接。目前农村留守儿童关爱保护政策主要覆盖人口为"父母双方外出务工或一方外出务工另一方无监护能力、不满十六周岁的未成年人"，其在2016年初由民政部公布的数据约为902万③，至2018年底下降

---

① 联合国儿童基金会：《各类残疾儿童人数，2017年持证残疾儿童和2006年全部残疾儿童对比》，联合国儿基会官网网站网址为：https://www.unicef.cn/figure-113-number-children-disabilities-type-disability-2017-and-2006，最后访问日期：2021年6月15日。

② 张希敏：《中国目前0-6岁的残疾儿童约167.8万》，中国新闻网官方网站 http://www.chinanews.com/sh/2016/04-29/7853961.shtml，最后访问日期：2021年6月20日。

③ 民政部：《全国范围内摸底排查 农村留守儿童902万》，国务院官方网站 http://www.gov.cn/xinwen/2016-11/10/content_5130733.htm，最后访问日期：2022年3月20日。

至697万①，但一些学者从多数实证调查来看留守儿童的数量仍然可达数千万②③，联合国儿基会公布的报告显示截止到2020年我国0~17周岁农村留守儿童的数量仍然达到了4177万④。

除上述三个层次八个类别儿童以外的其他各类儿童构成了我国当前儿童保护体系的第五类层次目标人群，其中超过6500万的流动儿童也包含在其中。根据2020年的第七次人口普查数据，我国0~14周岁的人口数量约为2.53亿，占总人口比例约为17.95%⑤，粗略估计我国0~17岁的此类儿童数量接近三亿。目前针对这些儿童的政策文件所使用的词汇通常为"儿童保护"或"儿童发展"的概念，实践中国家一般不直接提供专项财政支持，但主要有三种支持手段：一是近年来国家为有儿童家庭提供一定额度的个人所得税抵扣，降低家庭在育儿领域的经济压力；二是为普通儿童在母婴保健、疫苗接种、医疗保障、义务教育、营养健康等方面提供相应的基本公共服务，目前在制度领域已经几乎将所有适龄儿童都纳入了保障体系中⑥；三是为

---

① 新华社：《全国农村留守儿童数量下降》，国务院官方网站 http：//www. gov. cn/xinwen/2018-10/30/content_5335992. htm，最后访问日期：2022年3月20日。

② Fan, X., & Lu., M. (2020). Testing the effect of perceived social support on left-behind children's mental well-being in mainland China: The mediation role of resilience. *Children and Youth Services Review*, 109, 104695.

③ Gao, B., Zhao, M., Feng, Z., & Xu, C. (2022). The chain mediating role of cognitive styles and alienation between life events and depression among rural left-behind children in poor areas in Southwest China. *Journal of Affective Disorders*, 306 (1), 215-222.

④ 联合国儿基会等：《2020年中国儿童人口状况：事实与数据》，联合国儿基会驻华办事处官方网站 https：//www. unicef. cn/reports/population-status-children-china-2020-census。

⑤ 国家统计局：《第七次全国人口普查公报（第五号）》，国家统计局官方网站 http：//www. stats. gov. cn/tjsj/tjgb/rkpcgb/qgrkpcgb/202106/t20210628_1818824. html，最后访问日期：2022年7月10日。

⑥ 近年来，我国持续加大了民生保障领域的投资，为我国普通儿童基本公共服务的享有创造了条件。2007年农村最低生活保障制度的建立、2007年城镇居民医疗保险制度的试点和2009年新型农村合作医疗制度的普遍落实为广大城乡儿童的医疗健康和基本生活保障提供了抓手；2006年农村儿童教科书资助政策、2008年城市儿童学杂费免费政策和2011年国家教育资助政策为学龄阶段儿童的教育福利提供了有益扶持；而2011年"免费午餐"计划、2011年消除婴幼儿贫血行动和2012年贫困地区儿童营养改善计划则为儿童的营养保障提供了潜在支撑。

普通儿童在法律保护、社会环境营建等方面提供基础的制度支持，尤其是国家近年来加大了针对儿童侵权行为的打击力度，通过大量的立法有效地保障了普通儿童的基本权利[①]。

(二) 民政视域下的流动儿童

由于我国在政策领域没有针对流动儿童的专属保护制度，而是将其和普通儿童一样放置在了第五层次"儿童发展"维度，因而在实践中流动儿童的关爱保护工作主要是在普通儿童保护的界定范畴下来加以完成的，仅是对其基本需要进行了政策上的强调，这使得政策性的专门保护极为缺乏。具体而言，流动儿童相关关爱保护工作主要是依据《未成年人保护法》《义务教育法》《家庭教育促进法》等法律为基础、以《中国儿童发展纲要（2021-2030）》为方向来加以设计的，它和其他类别儿童一样普遍享有的基本公共服务主要包括但不限于基本医疗保险制度、义务教育制度、婴幼儿保健及免疫制度、社区服务以及有儿童家庭税收抵扣等，尚无独特的专属政策。

在当前的民政体系下，目前主要有六种针对面临特定风险或突发困境的儿童保护制度也适用于流动儿童（如图2-2所示）。一是儿童督导员/儿童主任制度。经过我国民政部门和联合国儿基会多年的联合试点[②]，在新修订的《未成年人保护法》第81条中规定了乡镇和村居两个层级的"专人专岗"，这使得儿童督导员、儿童主任为代表的基层儿童福利从业者在岗位设置上具有了真正的法律依托。基于各地实践，两类基层儿童福利从业者主要具备定期报告、信息采集、家庭监护指导、申请救助、强制报

[①] 近年来国家出台的针对儿童侵权行为的主要政策有《关于依法惩治性侵害未成年人犯罪的意见》《关于依法处理监护人侵害未成年人权益行为若干问题的意见》《关于防治中小学生欺凌和暴力的指导意见》《关于建立侵害未成年人案件强制报告制度的意见（试行）》和《关于在办理涉未成年人案件中全面开展家庭教育指导工作的意见》。

[②] 我国现有的儿童督导员和儿童主任制度一般认为来自"赤脚社工"，这项制度最早于2010年在山西、河南、四川、云南、新疆等地的12个县120个村试点，在取得较好效果后向全国推广。

告和负责管理儿童关爱服务场所等六项核心职能。二是强制报告制度，即特定人员应对疑似伤害尤其是可能遭受虐待的情况及时上报。与西方国家奉行的医职人员强制报告制度不同的是，我国的强制报告制度的人员适用范围更为广泛，《未成年人保护法》第11条明确规定的具有强制报告义务的人员就包括国家机关、居民委员会、村民委员会、密切接触未成年人的单位及其工作人员，故在我国政府公务人员、村（居）委员会成员、医生、教师、儿童照护人员等在发现流动儿童存在重大伤害风险时均具有法定的强制报告义务。三是强制剥夺监护权制度或称强制撤销监护权制度，即对有严重侵害儿童基本权益行为的监护人剥夺或撤销其监护权。在现行政策中，《未成年人保护法》第108条明确规定"未成年人的父母或者其他监护人不依法履行监护职责或者严重侵犯被监护的未成年人合法权益的，人民法院可以根据有关人员或者单位的申请，依法作出人身安全保护令或者撤销监护人资格"，最高法等部门联合颁布的《关于依法处理监护人侵害未成年人权益行为若干问题的意见》也对申请撤销监护人资格的具体程序和适用情形进行了细致规范。四是临时/长期监护制度，即国家对遭受伤害或陷入困境的未成年人提供替代性的临时或长期监护照料。按照新修订的《未成年人保护法》92条和94条之规定，分别有流浪乞讨、监护人下落不明、监护人不履职等七种情形适用于临时监护，另有监护人死亡、丧失劳动能力等五种情形适用于长期监护，两者构成了我国针对特定困难流动儿童监护权的兜底保障安排。五是热线电话制度，即政府设置专门的24小时热线，各类儿童可以通过电话方式进行报告并由专人进行案件处理和跟踪。这种制度从早期的地方试点衍生而出并逐步普及，在当前的《未成年人保护法》第97条形成了"县级以上人民政府应当开通全国统一的未成年人保护热线，及时受理、转介侵犯未成年人合法权益的投诉、举报"的专门性条款。六是儿童与家庭评估制度，即对儿童的困境程度及其家庭进行评估，多用于孤弃儿童的家庭寄养、被虐待儿童返回家庭等情形。在《未成年人保护法》第93条明确规定监护人重新具备履行监护职责条件需要"经民政部门评估"，国发〔2016〕13号文件则更为细致的提出"乡镇人民政府（街道办事处）接到公安机关通报后，要会同民政部门、公安机关在村（居）民委员会、中小学校、医疗机构以及亲属、社会工作专业服务机构的协助下，对农村留守儿童的安全处境、监护情况、身心健康状况等进行调查评估"。此外在各个地方的基层实践过程中，各地政府还建设有针对特定流动儿童的部门会商制度、案件转介制度、四点半课堂制度、中小学课后服务制度等，但因这些制度尚没有全面纳入到《未成年人保护法》等法律规定之中，因而仍属于具有试点性质的制度类型。

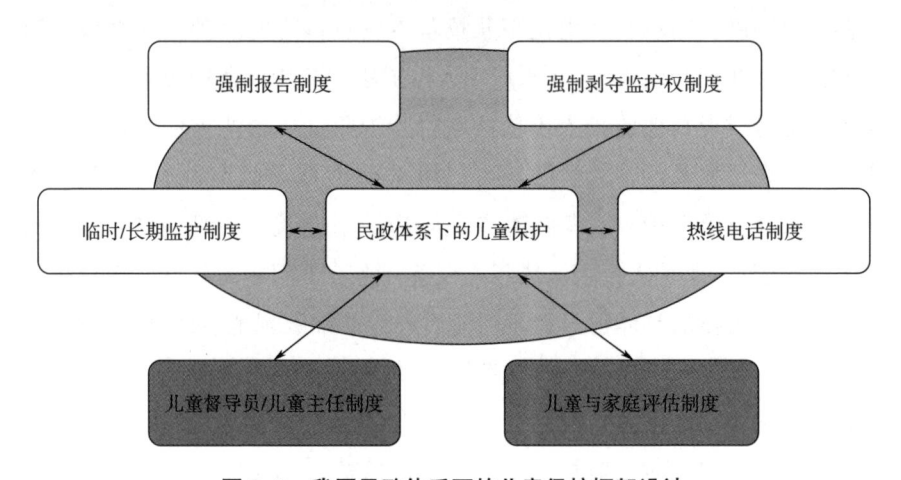

图 2-2 我国民政体系下的儿童保护框架设计

（三）我国流动儿童的特殊规定

流动儿童目前在教育保障、医疗健康、兜底保障、家庭教育指导和关爱服务等五个领域虽然偶有特殊的政策安排，但因其不是专门性的针对特定人群的政策体系设计，因而其"独特的"政策安排往往是以解决基本公共服务不均衡不充裕为初衷的，各项政策不但通常碎片化的分散在各个部门权限中，而且相互之间的合作缺乏有力协同，因而事实上未能形成一种统合性好、针对性强、保障形式多样的制度安排。实践中，教育保障制度是当前流动儿童关爱保护过程中政策安排最早、条款出台最为密集、涵盖适龄儿童最多、实施力度最大的领域，它主要包含了义务教育、学前教育、高中教育等三个具体领域，相关政策解决的核心问题是降低户籍对流动儿童入学、考试资格的影响，最大程度地实现流动儿童和本地儿童共享均等的教育机会。

从涉及义务教育的相关法律来看，早在1986年制定的《义务教育法》第9条中，我国就已明确申明"地方各级人民政府应当合理设置小学、初级中等学校，使儿童、少年就近入学"①。1998年3月，由国家教育委员会和公安部就联合出台《流动儿童少年就学管理暂行办法》对"流动少年儿童"的教育问题进行了细致安排。但之后的政策提及流动儿童的专款非常有限。直到2018年12月29日，新修订的《义务教育法》第12条再一次明确了流动儿童平等的义务教育权限，"父母或者其他法定监护人在非户籍所在地工作或者居住的适龄儿童、少年，在其父母或者其他法定监护人工作或者居住地接受义务教育的，当地人民政府应当为其提供平等接受义务教育的条件"②，显示我国近年来在法律层面开始致力于重新增强保障流动儿童的就近、平等接受义务教育机会的能力。实践中，各地新世纪以来对于流动儿童的义务教育政策均坚持了《关于基础教育改革与发展的决定》（国发〔2001〕21号）中所强调的"两为主"方针，即"以流入地区政府管理为主，以全日制公办中小学为主"来依法保障流动儿童接受义务教育的权利③，并在后续政策如《关于进一步完善城乡义务教育经费保障机制的通知》（国发〔2015〕67号）④、《关

---

① 全国人大：《中华人民共和国义务教育法》，第六届全国人民代表大会第四次会议，1986年4月12日。

② 全国人大：《中华人民共和国义务教育法》，第十三届全国人民代表大会第七次会议，2018年12月29日。

③ 国务院：《关于基础教育改革与发展的决定》（国发〔2001〕21号），2001年5月29日。

④ 该政策试图从政府义务教育经费转移支付角度来促进流动儿童在流入地接受教育，通知规定要"大力推进教育管理信息化，创新义务教育转移支付与学生流动相适应的管理机制，实现相关教育经费可携带，增强学生就读学校的可选择性"。

迈向中国式现代化：建构新时代中国流动儿童关爱保护体系

于加强农村留守儿童关爱保护工作的意见》（国发〔2016〕13号）①和《关于加强困境儿童保障工作的意见》（国发〔2016〕36号）②等中得到了普遍坚持。

在学前教育领域，流动儿童平等的学前教育机会也在近年来不断地被政策所坚持。其中早在2003年3月4日颁布的《关于幼儿教育改革与发展的指导意见》（国办发〔2003〕3号），国家就突出强调了流动儿童享有均等教育机会的权利，该政策指出"各地区要采取切实措施确保低收入家庭和流动人口的子女享有接受幼儿教育的机会"③。至2010年11月21日，《关于当前发展学前教育的若干意见》（国发〔2010〕41号）再次对流动幼儿入园需要表示出了关注，该意见规定"城镇幼儿园建设要充分考虑进城务工人员随迁子女接受学前教育的需求"④。而2020年9月7日由教育部公布的《学前教育法草案（征求意见稿）》对流动儿童等特定儿童享有均等学前教育机会进行了原则性规定，在其第五条明确规定"凡具有中华人民共和国国籍的适龄儿童，不分本人及其父母或者其他监护人的民族、种族、性别、户籍、职业、家庭财产状况、身体状况、受教育程度、宗教信仰等，依法享有平等接受学前教育的权利"⑤。上述政策为流动婴幼儿能够平等的接受学前教育创造了法律上的可能性。

---

① 该政策强调了流动儿童享受公办教育的权利，意见指出"公办义务教育学校要普遍对农民工未成年子女开放，要通过政府购买服务等方式支持农民工未成年子女接受义务教育"。

② 该政策强调了教育保障的公平性，意见规定"对于农业转移人口及其他常住人口随迁子女，要将其义务教育纳入各级政府教育发展规划和财政保障范畴，全面落实在流入地参加升学考试政策和接受中等职业教育免学费政策"。

③ 国务院办公厅：《关于幼儿教育改革与发展的指导意见》（国办发〔2003〕3号），2003年3月4日。

④ 国务院：《国务院关于当前发展学前教育的若干意见》（国发〔2010〕41号），2010年11月21日。

⑤ 《教育部关于〈中华人民共和国学前教育法草案（征求意见稿）〉公开征求意见的公告》，国务院官方网站 http://www.gov.cn/hudong/2020-09/07/content_5541349.htm，最后访问日期：2022年2月10日。

第二章 文献回顾

高中教育领域的平等机会在当前的政策领域也得到了普遍倡导。其中，2012年8月30日发布的《国务院办公厅转发教育部等部门关于做好进城务工人员随迁子女接受义务教育后在当地参加升学考试工作意见的通知》（国办发〔2012〕46号）明确了高中教育阶段流动儿童的合法权益，通知要求"各省、自治区、直辖市人民政府要根据城市功能定位、产业结构布局和城市资源承载能力，根据进城务工人员在当地的合法稳定职业、合法稳定住所（含租赁）和按照国家规定参加社会保险年限，以及随迁子女在当地连续就学年限等情况，确定随迁子女在当地参加升学考试的具体条件，制定具体办法"①。2016年2月4日颁布的《关于加强农村留守儿童关爱保护工作的意见》（国发〔2016〕13号）也对流动儿童义务教育机会进行了方向性引领，意见提出要"完善和落实符合条件的农民工子女在输入地参加中考、高考政策"②。2017年1月10日颁布的《关于印发国家教育事业发展"十三五"规划的通知》（国发〔2017〕4号）则进一步完善了流动儿童在义务教育阶段之后的升学考试配套措施，该意见明确申明"适应户籍制度改革要求，推动建立以居住证为主要依据的随迁子女入学办法，简化优化入学办理流程和证件要求，保障符合条件的随迁子女都能在公办学校或政府购买服务的民办学校就学，特大城市和随迁子女特别集中的地方可根据实际制定随迁子女入学的具体办法"③。

在各地教育保障政策的落实过程中，当前我国各地义务教育阶段的入学政策通常以"积分入学制"和"材料准入制"这两类政策为主④。

---

① 国务院办公厅：《国务院办公厅转发教育部等部门关于做好进城务工人员随迁子女接受义务教育后在当地参加升学考试工作意见的通知》（国办发〔2012〕46号），2012年8月31日。

② 国务院：《关于加强农村留守儿童关爱保护工作的意见》（国发〔2016〕13号），2016年2月4日。

③ 国务院：《关于印发国家教育事业发展"十三五"规划的通知》（国发〔2017〕4号），2017年1月10日。

④ 韩嘉玲等在《中国流动儿童教育发展报告2019-2020》中还提出了"优惠制"的分类方法。

其中，前者一般是指根据流动人口的累积分值和当年度公办学校起始年级的可供学位数，分学校或区域按积分由高到低的顺序，安排适龄儿童进入义务教育阶段公办学校就读的入学管理办法。这一方案最早在广东省中山市试点，后扩大到珠三角、长三角以及西南地区①。上海等地后又依据"积分入学制"发展出了"居住证积分制"，即不再按积分高低进行排序，而是以居住证为积分载体，规定居住证积分满 120 分者即可享受本地义务教育等基本公共服务。而"材料准入制"主要指流动人口必须拥有政策规定所需材料方可获得子女在本地入学的资格，例如北京在 2019 年规定家长需持有在京务工就业证明、在京实际住所居住证明、全家户口簿、北京市居住证（或有效期内居住登记卡）等相关材料到居住地所在街道办事处或乡镇人民政府审核，通过审核后参加学龄人口信息采集，并与居住地所在区政委确定的学校联系后，子女方可入学。天津在流动儿童义务阶段的入学政策中也规定有社保缴费年限、住房信息及居住证等审核要件。目前北京、天津、南京、西安、武汉、兰州等地采用的是"材料准入制"。而根据《儿童蓝皮书：中国流动儿童发展报告（2019）》的调查显示，在实行"积分入学制"的城市中，杭州最为友好，上海表现最差；在实行"材料准入制"的城市中，西安表现最为友好，北京表现最差②。同时，还有大量调查显示我国流动儿童在学前教育和高中教育机会的获得上仍然和本地儿童具有较大差距③④，显示义务教育以外领域的教育机会平等目前可能还存在着一定的执行盲区。

除了教育政策以外，相关政策也关注到了流动儿童的其他需要。在

---

① 王毅杰等：《随迁子女积分入学政策研究——基于珠三角、长三角地区 11 个城市的分析》，载《江苏社会科学》2019 年第 1 期。

② 苑立新等：《儿童蓝皮书：中国儿童发展报告（2019）》，社会科学文献出版社，2019 年 8 月。

③ 吕利丹等：《我国流动儿童人口发展与挑战（2000—2015）》，载《青年研究》2018 年第 4 期。

④ 庄甜甜等：《上海流动儿童学前教育社会支持系统的现状与改进》，载《学前教育研究》2020 年第 3 期。

医疗健康领域，流动儿童相关政策主要涉及流动婴幼儿的保健服务、流动儿童的健康管理和残疾流动儿童的康复服务，并要求以流入地为主为流动儿童提供服务。例如，2012年2月颁布的《卫生部贯彻2011—2020年中国妇女儿童发展纲要实施方案》（卫妇社发〔2012〕12号）提出将流动儿童纳入流入地儿童健康管理中，强调"改善流动人口中的妇女儿童健康状况。加强流动人口妇幼保健管理，将流动孕产妇和儿童纳入流入地孕产妇和儿童健康管理，逐步实现流动妇女和儿童享有同等的卫生保健服务。"[1]。2018年6月国务院发布的《关于建立残疾儿童康复救助制度的意见》（国发〔2018〕20号）中不但提出要"不断推进基本康复服务均等化"，而且提及流动残疾儿童可在居住证发放地申请康复救助[2]，这为流动残疾儿童更为便捷的享受康复服务提供了政策支持。

在兜底保障领域，针对流动儿童及其家庭的救助目前主要依托流浪儿童救助和困难群众临时救助等政策而开展，尚无直接针对流动儿童的专属政策。前者在实际操作中主要是将处于流浪状态的儿童在流入地救助站进行临时救助后再送回户籍所在地施与救助。如国务院办公厅颁布的《关于加强和改进流浪未成年人救助保护工作的意见》（国办发〔2011〕39号）就关注了非户籍所在地儿童的流浪问题，其政策要求"加快推进流浪未成年人救助保护体系建设，确保流浪未成年人得到及时救助保护、教育矫治、回归家庭和妥善安置，最大限度减少未成年人流浪现象，坚决杜绝胁迫、诱骗、利用未成年人乞讨等违法犯罪行为"[3]。而后者一般是流入地政府针对流动家庭生活困难的一次性临时补助。典型政策如《关于进一步做好困难群众基本生活保障有关工作的通知》（国

---

[1] 卫生部：《卫生部贯彻2011—2020年中国妇女儿童发展纲要实施方案》（卫妇社发〔2012〕12号），2012年2月23日。

[2] 国务院：《国务院关于建立残疾儿童康复救助制度的意见》（国发〔2018〕20号），2018年6月21日。

[3] 国务院办公厅：《国务院办公厅关于加强和改进流浪未成年人救助保护工作的意见》（国办发〔2011〕39号），2011年8月15日。

办发明电〔2021〕2号）中就对流动儿童所在家庭的生活困难问题进行了明确保障，通知规定"对受疫情影响陷入生活困境的群众，急难发生地直接实施临时救助。对失业农民工等生活困难未参保失业人员，符合条件的由务工地或经常居住地发放一次性临时救助金，帮助其渡过生活难关"[①]。

在家庭教育指导领域，流动家庭在子女教育领域的指导性安排近年来也在集中出炉。2010年2月8日由全国妇联等部门颁布的《关于印发〈全国家庭教育指导大纲〉的通知》（妇字〔2010〕6号）提及了流动家庭，通知指出流动人口家庭的家庭教育指导应当"鼓励家长勇敢面对陌生环境和生活困难，为儿童创造良好的生活环境；处理好家庭成员之间的关系，为儿童创设宽松的心理环境；多与儿童交流，多了解儿童的思想动态；加强自身学习，树立全面发展的教育观念；与学校加强联系，共同为儿童创造良好的学习环境"[②]。两年后，全国妇联、教育部等部门颁布的《关于印发〈关于指导推进家庭教育的五年规划（2011—2015年）〉的通知》（妇字〔2012〕8号）再次在发展家庭教育公共服务体系的文件中特别强调了流动儿童的家庭教育问题，通知不但提出应"将家庭教育指导服务纳入城乡公共服务体系之中，为城乡家庭提供普惠性的家庭教育指导服务"，而且明确指出"将家庭教育指导服务纳入农村留守、流动儿童及困境儿童的关爱服务体系建设之中，有条件的地区在学校、社区、乡村设置专业社工岗位，为特殊儿童及家庭提供救助及指导服务"[③]。

而在其他关爱保护行动方面，目前国家对于流入地政府提出一系列

---

① 国务院办公厅：《国务院办公厅关于进一步做好困难群众基本生活保障有关工作的通知》（国办发明电〔2021〕2号），2021年1月18日。

② 全国妇联：《全国妇联等部门关于印发〈全国家庭教育指导大纲〉的通知》（妇字〔2010〕6号），2010年2月8日。

③ 全国妇联等：《全国妇联、教育部等部门关于印发〈关于指导推进家庭教育的五年规划（2011—2015年）〉的通知》（妇字〔2012〕8号），2012年1月1日。

要求，以保证流动儿童及其家庭能够平等地享受本地住房或教育优惠政策，但相关政策仍然未能以流动儿童作为主要的关爱服务对象。例如，2016年2月4日颁布的《关于加强农村留守儿童关爱保护工作的意见》（国发〔2016〕13号）规定"各地要大力推进农民工市民化，为其监护照料未成年子女创造更好条件。符合落户条件的要有序推进其本人及家属落户。符合住房保障条件的要纳入保障范围，通过实物配租公共租赁住房或发放租赁补贴等方式，满足其家庭的基本居住需求"[1]，该政策虽然以农村留守儿童为主，但也涉及了流动儿童的关爱保护。另外在2007年12月13日由国务院办公厅颁布的《关于印发中国反对拐卖妇女儿童行动计划（2008—2012年）的通知》（国办发〔2007〕69号）中则重点提及了对于拐卖流动人口、强迫流动人口劳动等要强化管理，通知规定"在流动人口聚集的火车站、汽车站、航空港、码头、娱乐场所、旅店加强反拐宣传工作，防止拐卖妇女儿童犯罪的发生"[2]。

---

[1] 国务院：《关于加强农村留守儿童关爱保护工作的意见》（国发〔2016〕13号），2016年2月4日。

[2] 国务院办公厅：《国务院办公厅关于印发中国反对拐卖妇女儿童行动计划（2008—2012年）的通知》（国办发〔2007〕69号），2007年12月13日。

第三章 研究设计

一、研究思路

本研究在既有文献的基础上遵循"理论回顾-量化研究-质性研究-制度反思-对策建议"的思路，通过五个核心部分的阐释来探索流动儿童关爱保护体系的全局部署。重点板块的分布如图3-1所示，首先，研究将从理论上梳理流动儿童相关研究及流动儿童保护政策的既有体系，对流动儿童问题进行较为详细的文献梳理。其次，研究将重点以问卷调查方法来观察流动儿童的个体特征、家庭监护、家内外伤害及心理行为后果等共性特征，并基于性别、年龄等因素来进行异质性比较，以全面识别流动儿童所面临的突出风险。第三，研究将继续以访谈法来了解流动儿童形成上述风险的深层次诱因，重点围绕监护、教育、医疗、儿童保护等

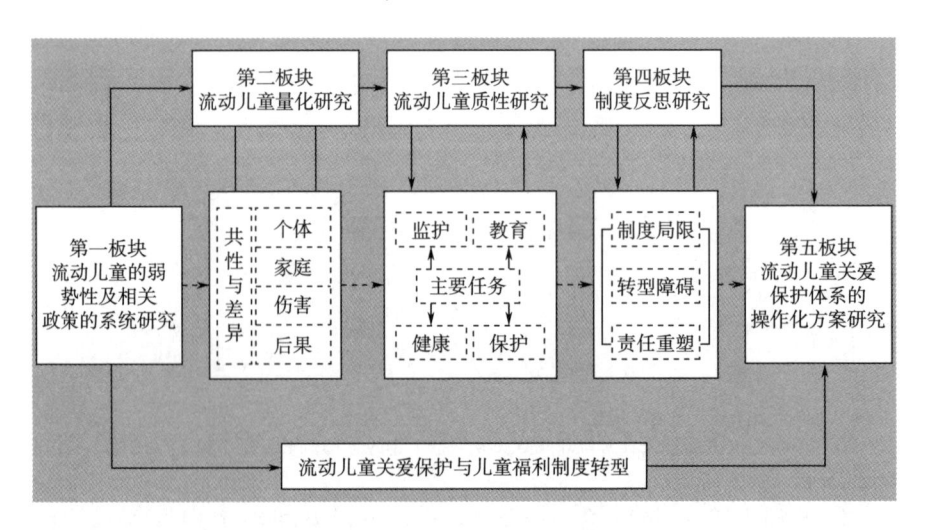

图3-1 本研究的整体思路

第三章 研究设计

四个层面进行深入解构，明确流动儿童面临特定风险的深层次制度不足。第四，研究通过理论性的反思当前制度的局限性、观察转型过程中的阻碍力量及探讨未来的责任重塑方向，从社会保障大格局的角度，去深度思考我国流动儿童关爱保护工作的进步方向。第五，研究将总结既有研究发现，并为未来有效部署流动儿童关爱保护工作提供政策举措上的可操作化建议，力图推动国家相关职能部门，尽快拟定并严格落实《加强流动儿童关爱保护工作方案》。

在上述设计思路下，本书的研究内容主要分为八个章节：第一章节为"问题的提出"，主要包含研究背景、研究问题和研究意义三个具体章节。第二章为当前我国流动儿童及其保护政策的"文献回顾"，主要利用文献法分析探讨当前流动儿童的总体规模、分布特征、弱势性及已出台的具体保护政策。本章节包含"流动儿童的相关研究"和"流动儿童的政策安排"两个子章节。第三章为"研究设计"章节，主要介绍研究的整体逻辑结构、章节安排以及变量操作化情况，分为研究思路、研究方法、概念操作及研究伦理等四个章节。第四章为"流动儿童的宏观概貌"，着重利用七个城市的问卷调查数据来探讨流动儿童个体状况、家庭状况、家庭内部伤害状况、家庭外部伤害状况、心理和行为状况等五个部分，全面展现当前流动儿童面临的突出社会风险。第五章为"流动儿童的分类比较"，主要利用量化研究方法从"性别"和"年龄"两个角度对流动儿童的突出社会风险进行全面比较，最大限度地观察流动儿童的群体异质性。第六章为"流动儿童的质性研究"，着重通过流动儿童的监护照料、教育权保障、医疗健康、儿童保护等四个部分来对六个城市流动儿童存在的突出风险及其深层次制度诱因进行全面观察。第七章为"制度反思"章节，这一章节主要围绕着为什么会形成流动儿童保护的突出风险及既有制度存在哪些难以克服的问题进行深度的制度思考，主要包含"流动儿童风险的制度诱因""儿童福利制度的转型障碍"以及"儿童福利建设的国家责任"三个子部分。第八章为"结论和建议"章节，主要利用上述七个章节的分析结果及结合我国儿童福利制度转型道路来凝练本土性较强的政策部署方向，为我国流动儿童的关爱保护体系建言献策，章节包含"研究结论"和"研究建议"两个子部分。

二、研究方法

本研究主要采取量性结合的方法开展实证调查，具体而言着重采取文献法、问卷法、访谈法为主的资料收集方式开展讨论。其中，文献法主要用于两个方面，一是阅读中西方相关的政策文件，尤其是对当前我国流动儿童保护的相关法律法规进行细致的文本分析，二是阅读相关理论论文，着重对儿童福利、流动儿童的 SSCI 论文和 CSSCI 论文等文献进行细致审读，关注中西方在文献领域中的核心观点与重要差异点。问卷法主要通过针对上海、苏州、济南、郑州、成都、长沙及合肥等七个城市的实证调研来对流动儿童个体特征、家庭结构、突出社会风险及其负面后果进行全方位观察，力图利用数据回应流动儿童的宏观概貌及其内部的群体差异。在调查地点的选择兼顾经济发展程度及地理分布格局，研究主要选择全国中心城市（上海、成都、郑州）三座与区域中心城市四座（合肥、长沙、苏州、济南）参与实证调查，调查城市在地理空间上具有合理分布。实践中，调查对象的总体人数超过 4352 人，其中筛选出来的流动儿童数量为 2368 人，因主动选择了外来人口集中学校故流动儿童的实际抽取比例约为 54.4%，问卷调查的有效填答率超过了 95.0%。在具体抽样过程中，考虑到中小学普遍具有"组间差异小、组内差异大"的特征，我们采取整群抽样加集中填答的方式进行样本抽取，问卷填答内容为正反六页，问卷实际填答时间为小学生 30 分钟左右（最长时间控制在 40 分钟以内），初中生实际填答约 20 分钟左右（最长时间控制在 30 分钟以内），问卷内容涉及"个体基本情况""家庭基本情况""未成年人的伤害情况""未成年人行为和心理情况""未成年人的社会支持情况"等多个版块。访谈法着重采取个案访谈和 3—5 人的焦点小组的方式加以进行，其中前者包含地方官员、村委会成员、儿童主任、学校教师等成年人，后者则针对流动中小学生。访谈地点主要为上海、天津这两座全国中心城市及南京、合肥、苏州、威海这四座区域中心城市,调查所涉及的人数超过一百人。在分析方法上,对于量性材料本研究主要采取描述性统计、独立样本 t 检验、线性回归分析、Logistic 回归分析等方法展开系统讨论,并在分析中严格保障模型的有效性;而对于质性材料,则主要采取基于文本基础的内容分析方式开展分析。

三、概念操作

(一) 流动儿童测量的操作化

尽管早在1998年3月国家教育委员会和公安部联合出台的《流动儿童少年就学管理暂行办法》就将"流动儿童少年"在政策上规定为"6至14周岁(或7至15周岁),随父母或其他监护人在流入地暂时居住半年以上有学习能力的儿童少年",但由于该定义规定的过早且已难以适应当前的经济社会变化,因而事实上我国在官方领域没有相对成熟的流动儿童概念。学术界有关流动儿童的概念也有颇多争议,多围绕着流动距离、流动时长和年龄上限而有产生,故本研究在第一章即指出参考国务院《关于加强农村留守儿童关爱保护工作的意见》(国发〔2016〕13号)的相关政策将"居住地与户籍所在地不一致且离开户籍所在地半年以上的不满十六周岁的未成年人"视为流动儿童[①]。

在该领域的操作化过程中,本研究在问卷调查过程中主要由三个维度来厘定其流动儿童性质。第一个问题主要征询是否存在户籍地和所在城市的分离,问卷题目分别询问"你目前的户籍登记地是哪个省哪个市(填写名称)?""你现在生活在哪个省哪个市(填写名称)?"来观察其是否具有户籍上的分离,只有出现跨市流动的儿童才被视为流动儿童。第二个问题主要征询是否来到流入地六个月以上的时间,问卷题目为"你出生于哪一年哪一月?"和"你来到本市的时候,是几岁(填写数字,如果出生就来了请填写0)?",凡是达到六个月以上者才视为流动儿童。第

---

① 值得说明的是,在一个城市内部进行迁徙的人户分离人口本书中不视为流动儿童。

三个问题主要征询年龄上限,问题为"你出生于哪一年哪一月?",凡"等于和低于16周岁者"视为流动儿童。当三个方面均符合流动儿童定义时,该儿童即被确认为本次调查中的流动儿童。

(二)专业量表的选取与使用

本研究非常重视量表的使用,因为专业量表的引入不但能够更好地测量流动儿童存在的突出风险,更真实地反映其所遭遇到的困境状态,而且便于和既有的农村留守儿童调查及国际范围内其他国家的数据进行综合对比,这对于厘清中国国情下的流动儿童关爱保护工作具有重要意义。在量表选择上,研究团队主要选择了国际社会广泛使用的并经过国内大量研究检验的量表,包括但不限于"父母与同伴关系量表""童年期创伤问卷""特拉华欺凌受害量表""青少年社会排斥量表""领悟社会支持问卷""青少年网络欺凌量表""简易心理弹性量表""美国心理学会抑郁量表"和"美国心理学会焦虑量表"等,如表3-1所示。全部量表均具有比较理想的信度与效度结果,其中克朗尼哈系数的取值区间分布在0.642~0.939的范畴内,KMO(Kaiser-Meyer-Olkin)系数的取值范围则大致为0.731~0.964,显示出量表较好的测量效果。

表3-1 本研究所使用的量表及其效率与信度测量结果

测量内容	中文名称	国际简称	效度测量 KMO	信度测量 克朗尼哈系数
亲子关系	父母与同伴关系量表	IPPA量表	0.964	0.744
躯体暴力	童年期创伤问卷	CTQ量表	0.784	0.753
情感暴力	童年期创伤问卷	CTQ量表	0.846	0.838
躯体忽视	童年期创伤问卷	CTQ量表	0.630	0.780
情感忽视	童年期创伤问卷	CTQ量表	0.839	0.845
校园欺凌	特拉华欺凌受害量表	DBVS-H量表	0.953	0.930
同辈排斥	青少年社会排斥量表	OES-A量表	0.845	0.701
社会支持	领悟社会支持问卷	PSSQ问卷	0.879	0.936
网络欺凌	青少年网络欺凌量表	CBQ量表	0.861	0.824

续表

测量内容	中文名称	国际简称	效度测量 KMO	信度测量 克朗尼哈系数
抗逆力	简易心理弹性量表	BRS 量表	0.731	0.642
抑郁	美国心理学会抑郁量表	DMS-5 量表	0.933	0.899
焦虑	美国心理学会焦虑量表	DMS-5 量表	0.952	0.939

四、研究伦理

本研究坚持基本的学术伦理规范，主要表现为六个方面：首先，调查活动均得到了当地政府或学校的批准，所有协调工作均由官方机构来组织安排，所有参与者都会明确知道本调查的基本目标和主要用途。第二，调查人员提前接受了培训和调查手册，所有问卷调查和访谈员均经过筛选并进行前期培训，课题设计人员对于调查过程中的主要问题进行了强调。第三，为了确保儿童有足够的时间填写问卷，中学问卷调查时间设定为最长不超过 30 分钟，小学问卷调查时间为最长不超过 40 分钟，调查过程中严格确保每一位学生都能够顺利完成问卷。第四，为了避免学校教师对儿童选择情况的干扰，陪同的政府干部和教师被隔离在调查现场以外。第五，调查中要求所有儿童保持一定距离，调查期间严格禁止儿童间的偷窥和交谈。第六，可能引起不满的问题被安排在指南中，所有问卷的录入和分析都是匿名和严格保密的。

第四章 流动儿童的宏观概貌

一、个体的基本状况

流动儿童潜在风险的综合评估及其关爱保护政策的准确拟定，必须建筑于其个体特征的有效回顾，故观察儿童的基本状况是本研究首先完成的工作。基于对2368名流动儿童的分析，研究发现被调查流动儿童的性别占比基本相当，流动男童和流动女童的占比分别为50.4%和49.6%，反映出此次调查的代表性整体较强。性别占比也因城市而略有不同，八个城市中男性占比最高的城市为合肥（57.4%），最低的为长沙（45.0%），反映出了小幅的统计学差异（$x^2=4.053, p=0.033$）。与既有研究普遍认为男童更容易被带到城市有所不同，本调查中男童与女童的差别不大，反映出疫情以来流动人口携带子女务工的情况有所改变。从年龄情况来看，被调查流动儿童的平均年龄大致为12.7岁，其中11岁到14岁调查人口最多，其占比大致为18.7%~23.6%，这与定量部分在设计上主要反映流动青少年的需要相吻合。在民族分布方面，由于调查地区没有涉及少数民族聚居区，汉族流动儿童的占比大致为98.7%，仅有1.3%的少数民族儿童纳入统计，主要涵盖壮族、瑶族和彝族等。

从年级分布来看，约有55.3%的小学生和44.7%的初中生参与调查，两者的群体分布大致均衡；小学生和初中生的平均年龄分别为11.70岁和13.84岁。另从被调查儿童的地区分布来看，成都的被调查者最多，占比约为20.8%，上海、济南、郑州、苏州、长沙等地的流动儿童数量大致占比12.0%~18.9%，这与各地流动儿童集中学校中非户籍人口的占比有关。合肥市的占比仅为4.9%，这是因为合肥目前在政策上没有设置流动儿童集中学校，所有流动儿童均是分散到各个普通学校中的，这使得全范围抽样后获取的流动儿童人数同比其他城市有明显减少。从被调查儿童的户籍所在来看，有调查城市所在省份的流动儿童数量占比更高，四川、河南、安徽、山东、湖南的被调查儿童占比大致为 10.3%~18.3%，这与上述省份有相当部分的省内流动人口有关。值得注意的是，苏州尽管也成为此次调查的抽样城市，但因江苏省省内流动人口较少，因而其人口占比仅为 5.1%。另有福建、湖北、江西、河北等地的儿童占比也达到了 1.9%以上。研究认为，父母就近来到经济中心城市就业构成了人口流动的理性选择，这使得相当多的省内流动儿童得以在就近的中心城市聚集。

进一步观察流动形式，其中省内流动儿童占比约为六成，跨省流动儿童占比约为四成，同比有学者利用第六次人口普查数据中推测"2010年全国约有 30.1%的流动儿童属于跨省流动儿童"[①]的既有研究结论略微提高，可能反映出随着部分地区户籍制度的松动及交通的便利，跨省流动儿童的占比在十年间有所增长。在各调研地跨省流动儿童占比的统计中，上海市和苏州市属于跨省流动儿童的集中城市，两者的省外人口占比达到了八成以上，共计有 28 个省份的流动儿童流入两地，其最主要的占比来源于安徽（37.7%），另有江苏（14.0%）、河南（11.4%）、山东（5.3%）、江西（4.5%）、福建（4.0%）和湖北（3.3%）的占比也较多。此外，长沙、合肥、成都、济南、郑州等地主要以省内流动人口为主，其跨省流动儿童的占比均低于四分之一，反映出只有经济特别发达的城市才具有跨省流动家庭的巨大吸引力。

在被调查儿童来到流入地时间的统计中，约有 26.6%的被访者出生于流入地，幼儿园前已经来到本地的比重已经高达 52.8%，另有 23.9%的被调查儿童在幼儿园阶段（3 岁前）已经来到本地；而小学阶段（6~12 岁）和初中阶段（12~15 岁）才来到本地的比重分别仅为 18.7%和 4.1%，尚不足总数目的四分之一。这说明未来出台的流动儿

[①] 段成荣、吕利丹、王宗萍、郭静：《我国流动儿童生存和发展：问题与对策》，载《南方人口》2013 年第 4 期。

迈向中国式现代化：建构新时代中国流动儿童关爱保护体系

童关爱保护政策必须涵盖全流程服务，卫生健康、教育、医疗保障和民政部门等机构的协同应自流动妇女孕产期甚至流动家庭组建起开始酝酿形成。在分年龄的具体统计中，5岁到6岁及10岁到11岁流动儿童的占比出现了小幅增长，这说明教育机会可能是来到流入地较晚的儿童进入的原因。随着年龄的增长，流动儿童在流入地就学的机会成本愈加增高、潜在收益愈加减少、政策限制愈加严格，其流入大城市的比例将逐步从3岁时的10.0%下降至15岁时的0.4%。

如图4-1所示的研究进一步表明，流动儿童的转学情况可能并不像预估那么严重。由于超过四分之三的流动儿童在小学前已经来到流入地，因此分别只有15.0%、6.1%和2.6%的流动儿童转学1次、2次和3次以上。不同城市的转学情况因入学政策的差异而有所不同，但具有流动儿童集中学校城市的转学率为16.3%~27.5%。而合肥由于具有更加灵活友好的小学入学政策（合肥小学转学率为27.8%，略高于其他调查地区）及大量跨省流动儿童因无法参加中考而回归（合肥初中转学率为44.2%，明显高于其他被调查地区，他们通常因不能参与上海等地的中考而回流），因而其转学率升至39.0%。在三次以上转学率的统计中，目前全部七个城市的占比为2.6%，除合肥外其他城市的转学率大致为1.4%~3.8%，上述儿童可能需要成为未来民政及教育领域的重点关注人群。

儿童转学带来的一个潜在后果就是学习成绩的下降。图4-2观察到，全部被调查儿童的学习成绩整体上并不明显落后，成绩位于"前25%"和"26%~50%"区间的被访者占比分别为29.0%和37.7%，看似在班级中甚至处于优势。但考虑到成绩的自评定通常会因某种耻辱感而"优化"评定结果，且流动儿童所就读的学校通常在全市学校中的成绩排名位次偏低，因而这一学习成绩的总体评定可能不像预估那么乐观。但转学对学习成绩的不利影响是能够明确发现的，与转学五次的儿童相比，未转学流动儿童的语文和数学成绩分别增长了35.8%（$t=2.311, p=0.021$）和11.6%（$t=2.278, p=0.023$），且随着转学数量的增长流动儿童的两项成绩基本表现出逐步退步的趋势（$B=-1.475, p=0.002$）。而在身体健

第四章 流动儿童的宏观概貌

康方面，目前流动儿童的健康率为 96.8%，体弱多病率为 3.0%，仅有 0.2% 的被访者具有残疾或行动障碍，显示流动儿童的整体健康状况较为乐观。

（a）不同城市被调查儿童转学率的情况

（b）不同城市被调查者三次以上转学率

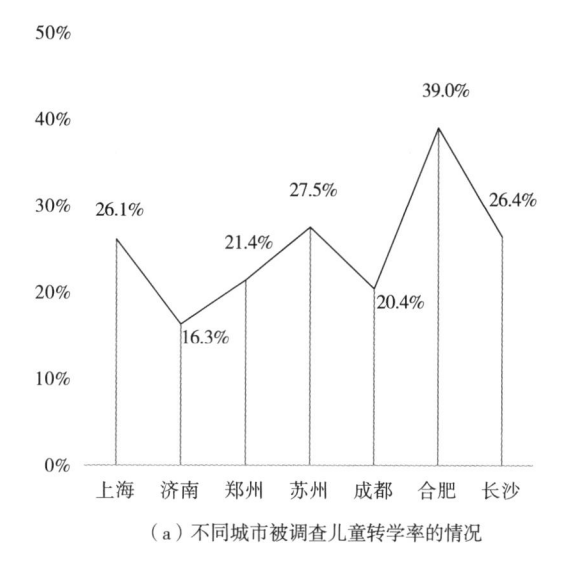

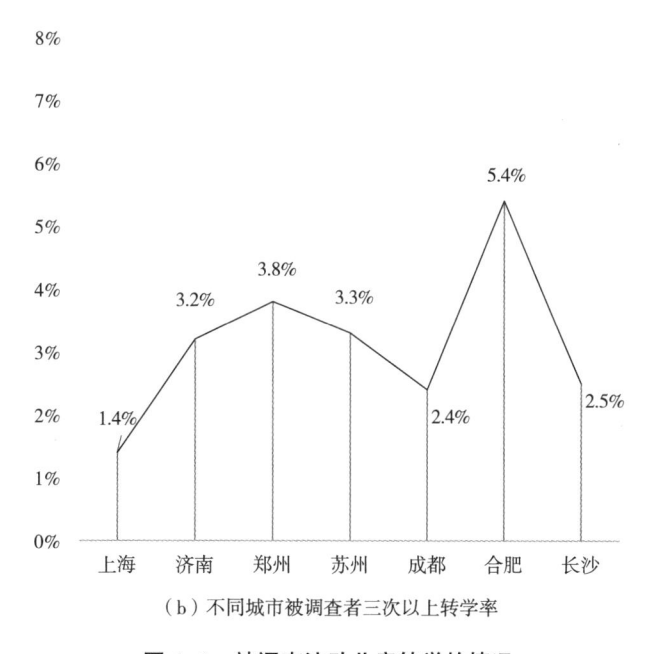

图 4-1 被调查流动儿童转学的情况

43

9.4%
29.0%
23.9%
37.7%

□ 前25% ■ 26%~50% □ 51%~75% ■ 后25%

（a）被调查儿童的成绩情况

语文成绩：0次 86.91，1次 85.38，2次 84.75，3次 82.98，4次 80.31，5次 64.00

数学成绩：0次 82.61，1次 79.82，2次 76.19，3次 74.73，4次 72.00，5次 74.00

—— 语文成绩（分）　------ 数学成绩（分）

（b）转校次数与学习成绩的关系

图 4-2　被调查流动儿童学习成绩和身体健康的情况

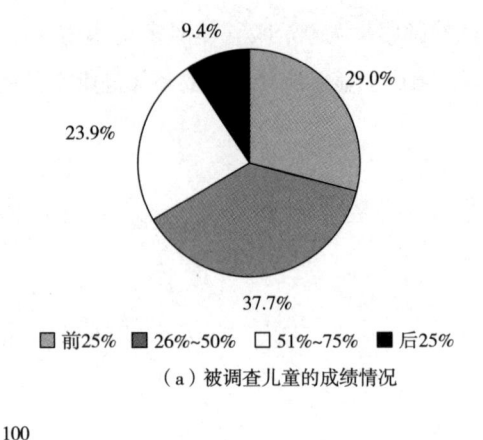

从流动儿童的户籍类型来看，非农业户口儿童与农业户口儿童的相对比例大致为 1 比 7.62，反映出相当多比例的流动儿童户籍为农业户口。但流动儿童未来想回到农村的比例则非常有限，全部被访儿童中仅有 2.7% 的愿意回到农村，而想留在大城市的比例达到了 61.3%；即使是农村户籍流动儿童，他们回到农村的意愿也仅为 2.4%，超过六成的被访者未来想留在大城市。基于上述数据，研究认为流动家庭中新一代人口中的绝大多数已经习惯并适应了大城市生活，他们未来重新返回户籍所在地的比例将非常有限，因而流动儿童关爱保护政策必须以多数流动儿童留在大城市为基础来设计政策。

二、家庭的基本状况

从家庭结构来看，流动儿童通常与父母共同居住，和妈妈及爸爸共同居住的比例分别为93.6%和90.1%，另有和爷爷奶奶、姥爷姥姥及其他亲属一起居住的比例分别为28.3%、7.4%和5.2%，独自生活的比例趋近于零。从共同居住方式来看，与父母双方同时共同生活的比例约为86.2%，单独和父亲和母亲居住的比例分别为3.9%和7.4%，没有和任何一方居住的比例仅为2.5%。与2019年有关农村儿童调查中与父母共同居住和一方居住的比重分别为39.0%和28.6%的数据相比[①]，流动儿童的亲子分离状况得到了显著改善，多数流动儿童能够和父母共同居住并有益于形成和睦的亲子关系。而从最主要的照顾者来看，母亲（72.6%）在流动家庭中承担着最为主要的育儿责任，父亲（14.3%）和父系祖辈（9.2%）承担着辅助责任，而其他群体参与儿童照顾的能力普遍较为局限。研究认为在后续的政策部署中，除了应当积极鼓励男性履行育儿职责以外，相关公共儿童服务也需要充分考虑实践中女性在儿童照顾中承担主要责任的现实状况，积极凝练适合母亲接受的专门育儿课程。

继续观察流动儿童的共同居住情况。数据证实，约有57.7%的被访者与1个兄弟姐妹共同居住，2个、3个及4个同居的比重分别下降至11.8%、2.6%和1.3%，体现出多数流动家庭在流入地是以二孩照顾为主的。考虑到此次调查中性别比例大致是均衡的，并未出现流动男童远多于流动女童的情况，可推测基于性别筛选而出现的将女童主动滞留在户籍地的情况已有所改观。调查结果还反映出多代共同居住的比重略高

---

① 万国威：《我国农村儿童的权益保障现状及政策优化研究》，载中国儿童福利和收养中心编，载《中国未成年人保护发展报告蓝皮书》，中国社会出版社，2022年11月。

于三成（31.4%），其中约79.2%的家庭与父系祖辈共同居住，这与我国传统上主要由男方家长来照顾孙辈子女的文化传统较为符合。另外在父母去世或失联的统计中，分别有0.39%和0.43%的流动儿童父母存在此种情况，其整体的情况也较为乐观。

进一步观察流动儿童父母的社会经济地位（socio-economic status，简称SES）[1]。首先在学历教育的统计中，目前多数流动儿童父母的学历普遍以初中和高中为主，两者的占比已经超过七成。具体而言，"没有上过学""小学毕业"和"初中毕业"的父亲占比分别为0.2%、8.8%和45.3%，三者叠加的总占比约为54.3%，超过了总人口的一半，具有高中学历的占比约为三成，而本专科及以上的占比约为14.8%。流动儿童母亲的情况虽然偏差但和父亲的差异有限，仅有1.1%被访者的母亲没上过学，初中以下学历的比例约为57.0%，而上过大学的比重也略微减少至13.7%。研究观察到，经过我国1986年以来的长期教育发展，年龄在三十多岁的、敢于来到大城市生活的流动人口在教育层次上仍然有相当比例的人口只接受过义务教育，这不但可能极大程度地约束流动家庭的生活质量及就业稳定性，也可能会为未来家庭教育促进、儿童友好社区等政策的实施提供不良的施政条件。

就被调查儿童父母的职业情况而言。调查发现流动儿童父亲最重要的三种职业分别为"做小生意""本地务工""企业职员"，它们的比重分别为20.8%、19.9%和17.5%，加总其他各项后，非体制内工作的总体比例约为58.2%，显示父亲通常以灵活性较强的职业为主；相比之下，公务员、事业单位职工、军人、医生、教师等体制内工作的占比仅为9.4%；另有0.9%的父亲居家照顾及0.4%的父亲去世或失联。已就业母亲的情况与父亲类似，约有73.7%的被访者母亲从事"做小生意""企业职员""本地务工"等体制外工作，体制内就业工作的占比仅为8.6%，

---

① 家庭的社会经济地位一般是国际上有效测量家庭资本的重要手段，主要以劳动力学历教育、家庭相对经济水平、家庭财富状况和劳动力职业状况等为测量维度。

另外约有 17.7% 的被访者母亲无工作、去世或失联。研究还观察到，父亲（0.9%）和母亲（17.3%）居家照顾家庭的占比存在严重的不平衡（$X^2=369.057$，$p=0.000$），流动家庭基本上仍然保持了传统社会"男主外、女主内"的家庭分工形式，这需要在未来的政策设计中加以注意。

就家庭的经济条件来看，从统计数据可见流动儿童的家庭经济状况与普通家庭大致类似，约有 80.9% 的儿童认为处于"中等"状况，"非常贫困"和"比较贫困"的选择率分别仅为 0.8% 和 5.7%。但同样考虑到因羞耻感而在家庭经济状况的主观评估中通常具有高估的现象以及流动儿童的同学主要为本地经济状况一般家庭的子女，故流动儿童的整体家庭经济状况可能处于中等偏下的水平。另一些数据也证实了上述情况，例如流动家庭曾经享有低保、医疗救助或居住在廉租房中的占比约为 17.3%，远高于中国 5% 左右的社会救助享有比重；另外约有 4.2% 的流动儿童具有学费上的减免。综合来看，研究认为在家庭的经济条件方面，流动家庭的贫困率不是特别高，经济问题目前不是多数流动家庭面临的主要矛盾和突出问题。

在流动儿童家庭关系的统计中，研究观察到被调查儿童父母生活在一起的比例大致为 86.0%，但仍然有 8.1%、5.1% 和 0.8% 的被访者父母处于分居、离婚和去世/失联状态，显示约有 14.0% 的流动家庭为去功能化家庭（difunctionalized families），这一情况对于流动儿童的关爱保护构成了较大的家庭挑战。在家庭暴力循环的测量中，约有 7.2% 和 5.5% 的父亲和母亲被发现经常遭受童年暴力，这同样可能对流动儿童的家庭暴力和忽视带来重大隐患。从民政部门的职责范围来看，形成良好的发现报告机制的关键应当主要围绕着上述 14.0% 左右的功能缺失家庭及 7.2% 左右的暴力循环家庭来进行重点筛查。

研究进一步采取了国际上通用的"父母与同伴关系量表"（the inventory of parent and peer attachment，简称 IPPA 量表）来评测流动儿童的亲子关系。根据相关的评测标准，在亲子信赖度的评测中，约有 69.3% 的被访者具有高度信任，信任度低的比例约为 0.6%，反映出流动家庭的亲子信赖情况较好。另有 56.3% 的被访者与父母具有良好的沟通，沟通不

迈向中国式现代化：建构新时代中国流动儿童关爱保护体系

佳者的比重仅为总数目的 2.2%。而在亲子疏离程度的统计中，仅有 5.5%的被访者与父母的关系疏离程度高，而疏离程度较低的比重达到了约四成。在总体分值的统计中，全部流动儿童的得分率大致为 67.6%，反映出被调查儿童与父母的亲子关系整体上较为和谐，未来的关爱保护政策仅需要优先关注于占总数 5%左右的儿童即可。

图 4-3 观察到，流动家庭的亲子关系深受夫妻关系、祖辈-父辈关系及居住形式的影响。其中，祖辈-父辈关系通常与亲子信任（$t=4.125\sim5.132$，$p=0.000$）、亲子沟通（$t=4.475\sim4.508$，$p=0.000$）和亲子疏离（$t=-5.796\sim-5.143$，$p=0.000$）高度关联，说明生活在童年暴力中的成人可能会对其亲子关系产生负面制约。夫妻关系与亲子关系的关联也较为明显，同比居住在一起的父母，三类去功能家庭的亲子信任（$t=3.841\sim4.125$，$p=0.000$）、亲子沟通（$t=3.228\sim4.154\sim5.132$，$p\leq0.001$）及亲子疏离（$t=4.125\sim-4.109$，$p\leq0.018$）均有显著下降。而在父母同居情况的测量中，与父母双方共同居住也是形成良好亲子关系的潜在前提。

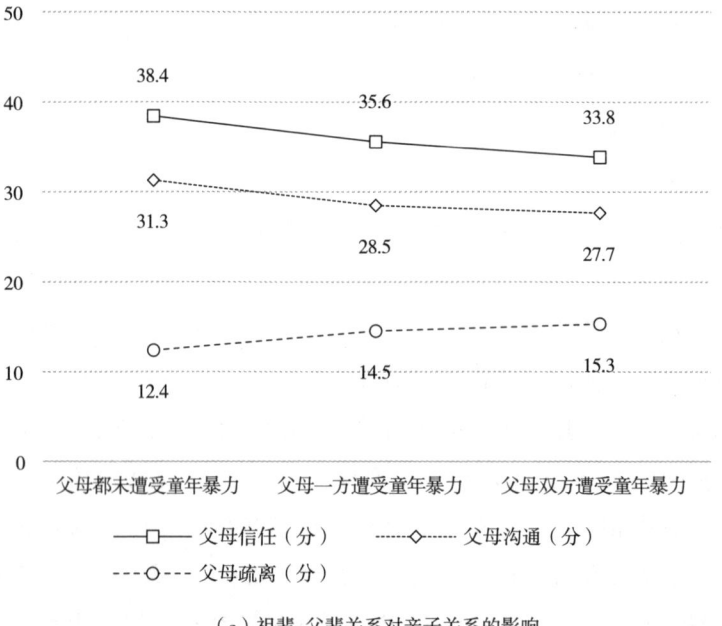

（a）祖辈-父辈关系对亲子关系的影响

48

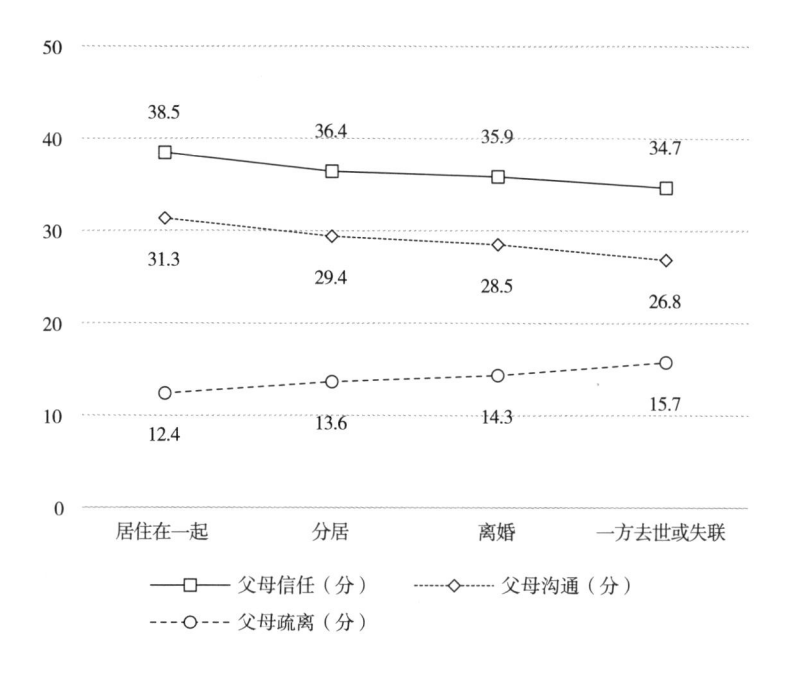

第四章 流动儿童的宏观概貌

(b) 夫妻关系对亲子关系的影响

图 4-3 被调查流动家庭亲子关系的关联因素

三、家庭内部伤害状况

家庭是儿童的首要生活场域和成长空间，也是儿童可能面临长期伤害的重要实践场景。国际社会通常采取"儿童虐待"（child maltreatment）来对儿童的家庭伤害进行测量与讨论，并将"在责任、信任或权力关系中对儿童的健康、生存、发展或尊严造成实际或潜在伤害的一切形式的身体和（或）情感暴力、性暴力、忽视、商业剥削及其他剥削"视为儿童虐待的组成部分[1]。同时，尽管各国都颁布了相关的法案来严格禁止家庭内部的儿童虐待行为的发生，但时至如今全球范围内发生在家庭中的躯

---

[1] Butchart, A., Putney, H., Furniss, T. & Kahane, T. (2006). Preventing child maltreatment: a guide to taking action and generating evidence. Geneva: World Health Organization, p. 9.

49

体暴力、情感暴力和忽视的比例仍然分别可达22.6%、36.3%和18.4%[1]，由此每年给美国[2]、中国[3]、日本[4]等人口大国造成的长期经济负担分别达到了4280亿、1031亿和160亿美元。但对中国而言，由于中西方在儿童虐待领域的词语使用习惯及社会建构具有诸多区别[5]，使用"儿童虐待"概念不适应于政府部门对该议题的理解并可能会造成很多政策误解，故本研究主要以家庭内部伤害为主要维度来研究暴力和忽视问题。

表4-1对流动儿童遭受家庭暴力的情况进行了统计。数据证实约有26.6%的被访者在过去一年曾经遭受过任意的躯体暴力，而情感暴力的流行率约为46.0%。在具体行为的测量中，"家人拿皮鞭、绳子、尺子或其他硬东西惩罚我"的选择率达到了22.6%，4.7%的被访者被打的引起关注，8.6%的被访者曾经被打的伤痕累累，另有4.5%的被访者被打伤去了医院。研究注意到，在过去一年中约有5%~10%的流动儿童可能面临着比较严重的躯体伤害，被父母进行过躯体惩罚的比例则超过了20%，反映出流动家庭面临较为普遍的家庭暴力。在情感暴力上，目前多数统计项目的比例在13.0%~34.9%的范围内，说明相当部分的流动儿童在过去一年面临着情感伤害。从数据来看，本研究认为流动儿童当前依然面临着较为普遍的家庭暴力，这可能与流动家庭仍然大量保有传统儒教文化下的"惩罚式育儿"（punishment parenting）或"虎式育儿"（tiger paren-

---

[1] Stoltenborgh, M., Bakermans-Kranenburg, M. J., Alink L. R. A. & van Ijzendoorn M. H. (2015). The prevalence of child maltreatment across the globe: review of a series of meta-analysis. *Child Abuse Review*, 24 (1), 37-50.

[2] Peterson, C., Florence, C. & Klevens, J. (2018). The economic burden of child maltreatment in the United States. *Child Abuse & Neglect*, 86 (1), 178-183.

[3] Fang, X. M., Fry, D. A., Ji, K. Finkelhor, D., Chen, J., Lannen, P. & Dunne, M. P. (2015). The burden of child maltreatment in China: a systematic review. *Bull World Health Organ*, 93 (3): 176-185.

[4] Wada, I., Igarashi, A. (2014). The social costs of child abuse in Japan. *Children and Youth Services Review*, 46 (1): 72-77.

[5] 乔东平、谢倩雯：《中西方"儿童虐待"认知差异的逻辑根源》，载《江苏社会科学》2015年第1期。

ting）教育观念有关，并提醒需要持续完善家庭教育的方式方法。

表 4-1 被调查儿童躯体暴力和情感暴力的具体比例

	遭遇	经常遭遇
躯体暴力比例（%）		
我被打的很重，引起老师、邻居和医生的重视	4.7	1.2
我受到了躯体虐待	8.8	1.2
家人用皮带、绳子、尺子或其他硬东西惩罚我	22.6	2.9
家人打的我鼻青脸肿或伤痕累累	8.6	1.2
家人打上我，不得不去了医院	4.5	1.2
情感暴力比例（%）		
我受到了情感虐待	13.0	2.2
家里有人憎恨我	13.1	2.8
家人向我说过刻薄或侮辱性的话	24.6	4.0
父母希望从来没有生过我	18.0	3.0
家人喊我"笨蛋""懒虫"或"丑八怪"	34.9	6.5

研究进一步证实，经常遭受五类躯体暴力的流动儿童占比分别为 1.2%～2.9%，遭受过任意经常暴力的流动儿童比重大致为 5.2%，这一比例虽然不高，但考虑到数千万流动儿童的巨大规模，我国可能仍然有数十万流动儿童需要在躯体暴力防治政策上予以密切关注。同样，情感暴力的经常受害者比例有显著增长，调查发现经常遭受五类情感暴力的儿童比例为 2.2%～6.5%，约 10.2% 的被访者经常遭受任意情感暴力，上述儿童也需要在儿童家内伤害发现报告领域予以重点关切。就整体的暴力伤害强度来看，目前暴力风险随暴力危害性的增强而逐步降低，多数遭受暴力儿童的得分并不高，显示我国多数流动儿童所遭受到的家内暴力带有典型的惩戒性特征。

研究进一步观察到（如图 4-4 所示），儿童遭受到的躯体暴力和情感暴力具有密切的相关性，随着躯体暴力得分的提升，情感暴力得分通常也会显著增长（$B=0.893$，$p=0.000$，$R^2=0.332$）。具体而言，当遭受到的躯体暴力得分为 0 分时，流动儿童情感暴力的得分仅为 0.9 分，得分率仅为 4.5%；而当躯体暴力得分达到 9 分时，其情感得分上升至 10.2 分，

迈向中国式现代化：建构新时代中国流动儿童关爱保护体系

得分率则上升至 51.0%。同时，没有躯体暴力者的情感暴力流行率仅为 34.4%，但遭受躯体暴力者的流行率上升至原来的 2.27 倍。研究倾向于认为流动儿童的躯体暴力和情感暴力密切关联，对于一种暴力的识别可能对于发现另一种潜在的家庭暴力行为是有意义的。

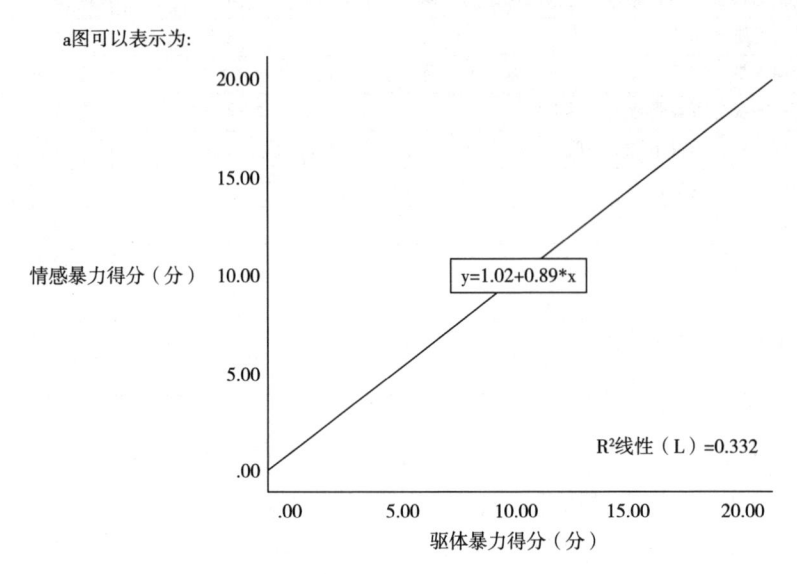

a图可以表示为：

$y=1.02+0.89*x$

R^2线性（L）=0.332

b图可以表示为：

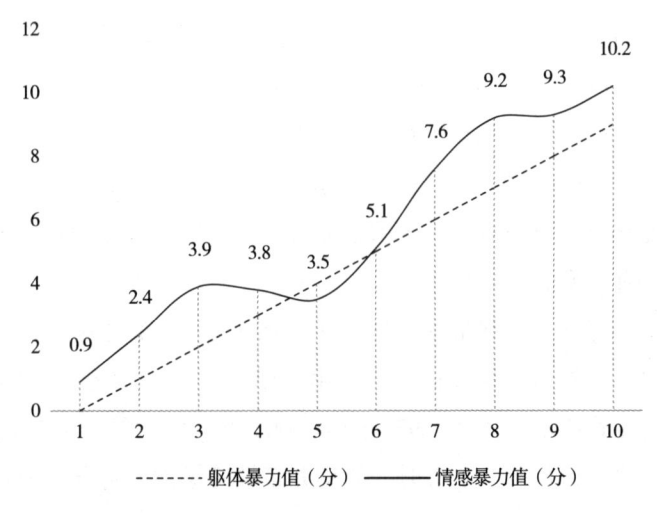

图 4-4 被调查流动儿童躯体暴力和情感暴力的关联

52

第四章　流动儿童的宏观概貌

表4-2的研究还显示了躯体暴力和情感暴力的深层次影响因素。在两个回归模型均具有显著性意义的前提下（模型1：$R^2=0.166$；模型2：$R^2=0.345$），调查发现两类暴力行为的影响因素是较为接近的，即随着亲子信任的减少（$B=-0.097 \sim -0.056$，$p=0.000$）、亲子疏离的增长（$B=0.066 \sim 0.208$，$p=0.000$）以及父母遭受童年暴力人数的增多（$B=0.366 \sim 0.730$，$p=0.000$），流动儿童的躯体暴力和情感暴力会共同呈现出显著的增长态势。这一结论与世界范围内主流的儿童虐待研究结论相类似[1][2]，说明我国流动儿童与其他类型儿童在遭遇暴力方面的影响诱因上具有较大程度的共性。目前仅存的差异性影响因素主要集中于父母的平均学历方面，通常学历较高的父母会对儿童施加更多的躯体惩戒（$B=0.143$，$p=0.017$），这可能与父母对儿童的期待度增高及流动家庭尚未广泛形成现代化的教育方式有关[3]，这也迫切反映出了流动家庭教育亟需持续优化的必要性。在控制变量的统计中，男童（$B=-0.310$，$p=0.001$）、低龄儿童（$B=-0.172$，$p=0.000$）和身体状况不佳儿童（$B=0.890$，$p=0.000$）更有可能面临更为严峻的躯体暴力风险，而女童（$B=0.309$，$p=0.016$）、低龄儿童（$B=-0.113$，$p=0.032$）和身体状况不佳儿童（$B=1.529$，$p=0.000$）则通常会面临着更多的情感暴力压力，这与世界范围内的既有研究结果也颇为接近[4]。

---

[1] Sedlak, A. J., Mettenburg, J., Basena, M., Petta, I., McPherson, K., Greene, A., and Li, S. (2010). *Fourth National Incidence Study of Child Abuse and Neglect (NIS-4): Report to Congress, Executive Summary*. Washington, DC: U.S. Department of Health and Human Services, Administration for Children and Families.

[2] Meinck, F., Cluver, L. D., Boyes, M. E., & Mhlongo, E. L. (2015). Risk and protective factors for physical and sexual abuse of children and adolescents in Africa: A review and implications for practice. *Trauma, Violence, and Abuse*, 16 (1), 81-107.

[3] Wan Guowei, Tang Sisi, & Xu Yicheng. (2020). The prevalence, posttraumatic depression and risk factors of domestic child maltreatment in rural China: A gender analysis. *Children and Youth Services Review*. 116, 105266.

[4] Finkelhor, D., Turner, H. A., Shattuck, A. & Hamby, S. L. (2015). Prevalence of childhood exposure to violence, crime, and abuse. *JAMA Pediatrics*, 169 (8), 746-754.

表 4-2 流动儿童遭遇两类暴力的关联因素

指标	模型1（躯体暴力）				模型2（情感暴力）			
	回归系数	标准差	显著性	方差膨胀因子	回归系数	标准差	显著性	方差膨胀因子
亲子信任	-0.056	0.010	0.000	3.579	-0.097	0.015	0.000	3.579
亲子沟通	-0.002	0.011	0.819	3.290	-0.019	0.016	0.232	3.290
亲子疏离	0.066	0.013	0.000	1.875	0.208	0.019	0.000	1.875
父母遭受童年暴力人数	0.366	0.107	0.001	1.045	0.730	0.153	0.000	1.045
家庭经济条件	0.090	0.096	0.349	1.073	0.097	0.138	0.482	1.073
父母平均学历	0.143	0.060	0.017	1.164	0.101	0.086	0.242	1.164
父母工作状况	0.122	0.144	0.396	1.057	0.273	0.206	0.186	1.057
父母是否分居或离婚	-0.195	0.153	0.204	1.337	-0.225	0.220	0.308	1.337
与父母同居人数	-0.043	0.074	0.558	1.339	0.012	0.106	0.912	1.339
与兄弟姐妹同居人数	-0.045	0.058	0.434	1.023	-0.050	0.083	0.547	1.023
城市	0.007	0.033	0.827	1.161	0.078	0.048	0.104	1.161
性别	-0.310	0.089	0.001	1.030	0.309	0.128	0.016	1.030
民族	-0.156	0.385	0.685	1.010	0.178	0.553	0.747	1.010
年龄	-0.172	0.036	0.000	1.172	-0.113	0.052	0.032	1.172
学习成绩	0.053	0.048	0.276	1.098	0.150	0.070	0.031	1.098
身体状况	0.890	0.227	0.000	1.054	1.529	0.326	0.000	1.054
拟合程度	0.166				0.345			

研究利用图4-5进一步展现了不同因素与两类暴力行为的关联状态。相关统计数据证实，信任度高的儿童同比信任度低的儿童在躯体暴力和情感暴力上的得分分别提升了14.3倍（$t=-16.860$，$p=0.000$）和12.1倍（$t=-21.967$，$p=0.000$），亲子疏离低的被访者同比高亲子疏离者的两类得分也增长了7.4倍（$t=14.169$，$p=0.000$）和12.0倍（$t=24.497$，$p=0.000$），而父母童年经常遭遇暴力人数的不同也呈现出了2.1倍（$t=-3.331$，$p=0.001$）和2.4倍（$t=-6.147$，$p=0.000$）的差距。整体上看，研究观察到亲子关系因素和暴力循环因素对于流动儿童

第四章 流动儿童的宏观概貌

遭受暴力具有显著影响，因而在家庭教育政策上有效的提升亲子关系质量并减少暴力循环的可能性对于流动儿童关爱保护工作意义重大。

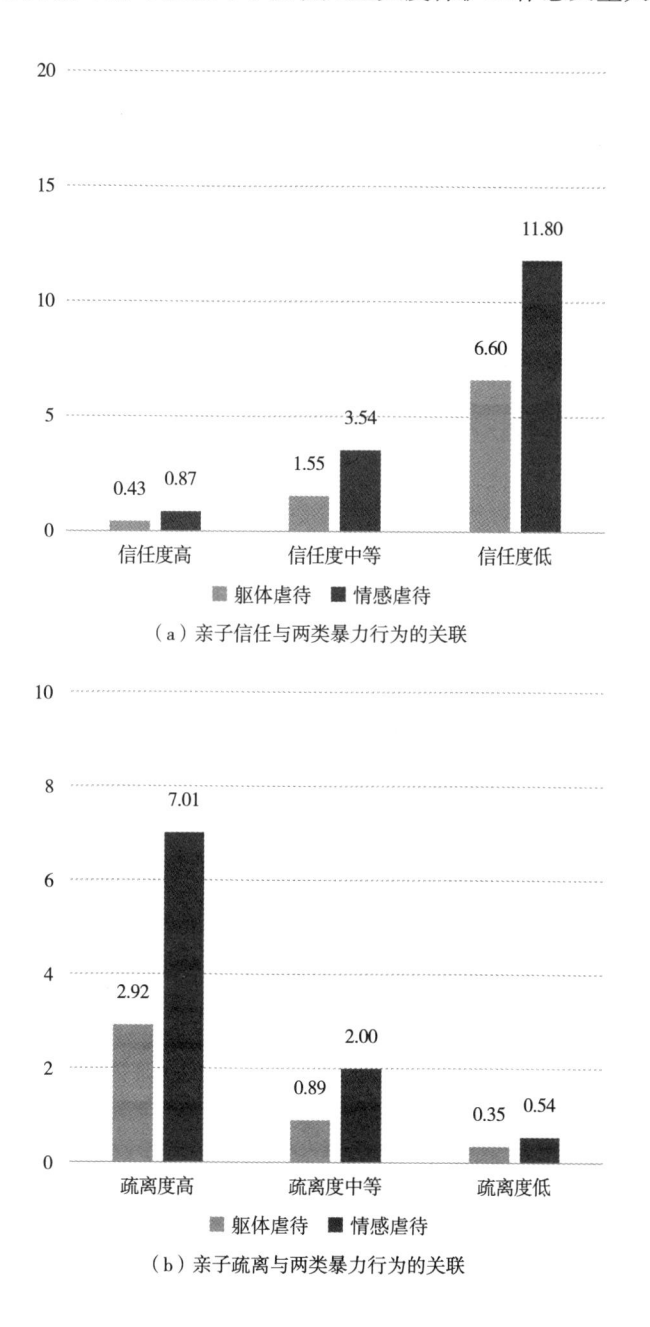

（a）亲子信任与两类暴力行为的关联

（b）亲子疏离与两类暴力行为的关联

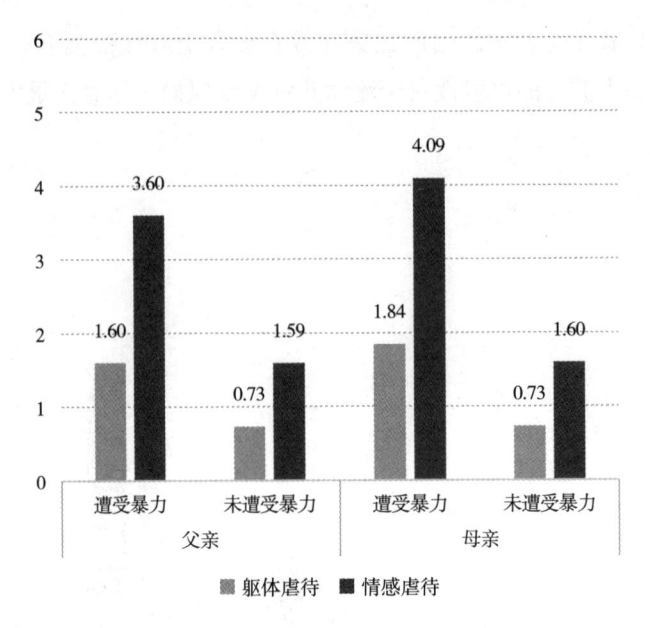

迈向中国式现代化：建构新时代中国流动儿童关爱保护体系

(c) 父母童年暴力与两类暴力的关联

图 4-5　被调查流动儿童遭受儿童暴力的关联因素

从儿童忽视的角度来观察（如图 4-6 所示），同比童年暴力，流动儿童通常面临着更为严峻的忽视压力。数据显示躯体虐待和情感虐待的平均得分分别为 0.8 分和 1.7 分，相比而言两类忽视的得分则达到了 2.0 分和 5.2 分，且尤其以情感忽视的问题最为严峻。在具体比较中，有任意躯体忽视和情感忽视的比重分别达到了 54.7% 和 80.9%，其中医疗忽视、监护忽视和饮食忽视的比例分别为 38.1%、34.4% 和 12.0%，展现出了较为严峻的忽视流行率。在遭遇到经常忽视行为的测量中，饮食忽视和医疗忽视的比例分别为 3.2% 和 11.5%，监护忽视、医疗忽视、身体忽视等其他忽视类型的占比范畴为 4.4%~7.1%，显示相当比例的流动儿童会遭遇到家庭躯体忽视行为；另外在情感忽视方面，"家人让我觉得自己不重要"的选项率最高，达到了 21.9%，而其他类型的情感忽视比例则普遍在 2.6%~5.1% 的范围内。研究综合认为，忽视问题可能是流动儿童在家庭生活中面临的突出风险，该问题同比暴力对于儿童的影响更为普遍。

第四章 流动儿童的宏观概貌

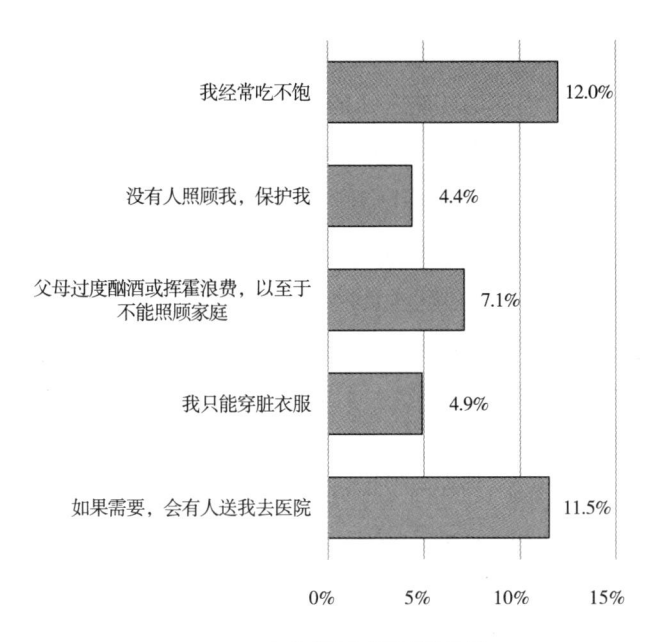

(a) 躯体忽视的具体比例

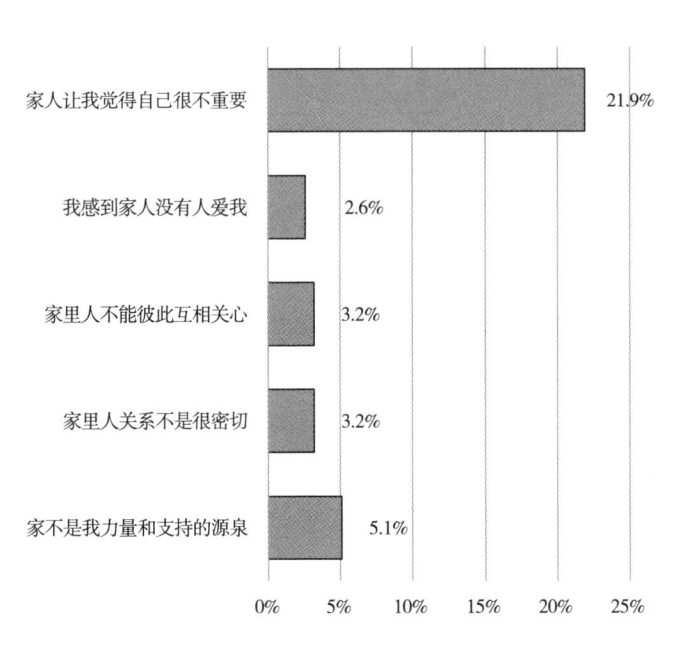

- 我经常吃不饱：12.0%
- 没有人照顾我，保护我：4.4%
- 父母过度酗酒或挥霍浪费，以至于不能照顾家庭：7.1%
- 我只能穿脏衣服：4.9%
- 如果需要，会有人送我去医院：11.5%

(b) 情感忽视的具体比例

- 家人让我觉得自己很不重要：21.9%
- 我感到家人没有人爱我：2.6%
- 家里人不能彼此互相关心：3.2%
- 家里人关系不是很密切：3.2%
- 家不是我力量和支持的源泉：5.1%

图 4-6 被调查流动儿童遭受儿童忽视的情况

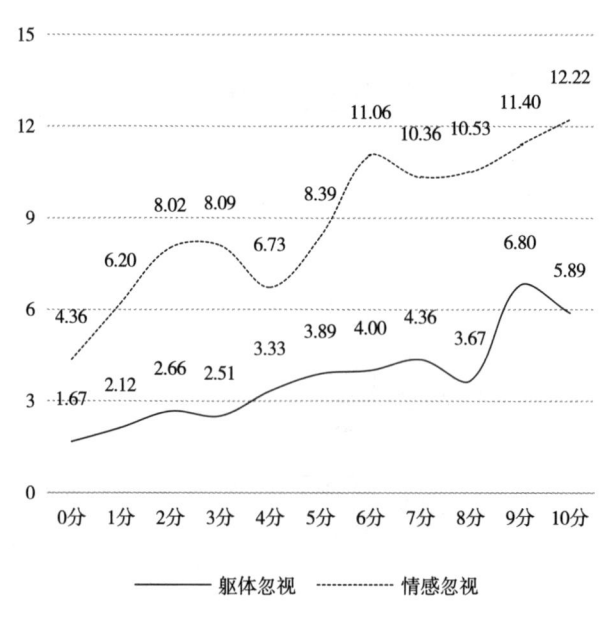

图 4-7 同样观察到两类忽视之间以及儿童暴力与忽视之间可能存在着潜在关联。其中，两类忽视之间的线性关联可以被观察到，随着躯体忽视上升一个单位的得分，流动儿童的情感忽视也会随之上升 0.84 个单位的得分（$B=0.841$，$p=0.000$，$R^2=0.223$），展现出两类忽视具有同步增长的态势。另外，躯体暴力和情感暴力对两类忽视行为也具有正向影响，前者每增长一个单位则躯体忽视（$B=0.362$，$p=0.000$，$R^2=0.074$）和情感忽视（$B=0.778$，$p=0.000$，$R^2=0.107$）分别增长 0.362 个单位和 0.778 个单位，而后者增长每一个单位则对两类忽视也产生了显著的正面影响（躯体忽视：$B=0.778$，$p=0.000$，$R^2=0.107$；情感忽视：$B=0.748$，$p=0.000$，$R^2=0.238$）。研究倾向于认为，躯体暴力、情感暴力、躯体忽视和情感忽视等四种儿童家内伤害行为可能是具有高度关联的，对家庭伤害问题进行积极的防范有利于推进各类儿童伤害行为的普遍降低。

（a）两类忽视值随躯体暴力值的增长趋势

第四章 流动儿童的宏观概貌

（b）两类忽视值随情感暴力值的增长趋势

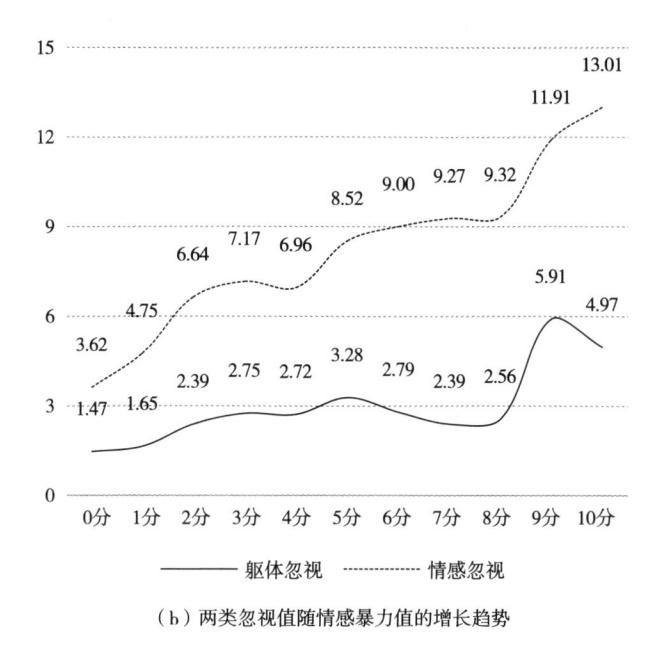

图 4-7 被调查流动儿童四种伤害行为的具体关联

表 4-3 的数据进一步分析展现出，四种伤害行为的密切关联主要是由它们共同的影响因素所决定的。在模型 3 的测量中（$R^2 = 0.154$），亲子信任（B = -0.072，$p = 0.000$）、亲子疏离（B = 0.041，$p = 0.014$）、父母遭受童年暴力人数（B = 0.120，$p = 0.024$）这三项指标是与躯体暴力的相关因素是一致的，亲子信任越高、亲子疏离越少、父母遭受童年暴力人数越有限，则流动儿童遭受的躯体忽视越局限。上述结论与之前有关躯体暴力的分析结果是极为接近的，展现出和睦的亲子关系及家庭暴力循环的终止对流动儿童忽视率的降低至关重要。略有不同的是，亲子沟通（B = -0.037，$p = 0.000$）也对流动儿童的躯体忽视产生了负向影响，良好的亲子沟通是抑制躯体忽视的关键潜在要素。对于情感忽视模型而言（$R^2 = 0.562$），亲子信任（B = -0.289，$p = 0.000$）、亲子沟通（B = -0.149，$p = 0.000$）和亲子疏离（B = 0.065，$p = 0.007$）等三类亲子关系要素对其影响是最为直接且重要的，而其余指标与情感忽视之间的关联则较为局限。

59

表 4-3 流动儿童遭遇两类忽视的关联因素

指标	模型 3（躯体忽视）				模型 4（情感忽视）			
	回归系数	标准差	显著性	方差膨胀因子	回归系数	标准差	显著性	方差膨胀因子
亲子信任	-0.072	0.014	0.000	3.579	-0.289	0.018	0.000	3.579
亲子沟通	-0.037	0.015	0.000	3.290	-0.149	0.020	0.000	3.290
亲子疏离	0.041	0.018	0.014	1.875	0.065	0.024	0.007	1.875
父母遭受童年暴力人数	0.120	0.146	0.024	1.045	0.004	0.192	0.982	1.045
家庭经济条件	-0.055	0.131	0.412	1.073	-0.001	0.173	0.994	1.073
父母平均学历	-0.056	0.082	0.674	1.164	0.063	0.108	0.561	1.164
父母工作状况	-0.184	0.197	0.500	1.057	0.170	0.259	0.512	1.057
父母是否分居或离婚	0.012	0.210	0.350	1.337	-0.172	0.276	0.532	1.337
与父母同居人数	0.152	0.101	0.956	1.339	0.209	0.133	0.116	1.339
与兄弟姐妹同居人数	0.019	0.079	0.133	1.023	0.089	0.104	0.394	1.023
城市	0.087	0.046	0.810	1.161	-0.003	0.060	0.956	1.161
性别	-0.538	0.122	0.057	1.030	-0.266	0.160	0.097	1.030
民族	-0.139	0.527	0.000	1.010	0.573	0.693	0.409	1.010
年龄	-0.169	0.050	0.792	1.172	0.013	0.066	0.847	1.172
学习成绩	0.190	0.066	0.001	1.098	0.330	0.087	0.000	1.098
身体状况	-0.401	0.311	0.004	1.054	-0.176	0.409	0.667	1.054
拟合程度	0.154				0.562			

图 4-8 进一步发现三类亲子关系指标对忽视行为的具体影响。数据证实，亲子信任度高和亲子信任度低的被访者在两类忽视上的得分差距大致为 3.7 倍（$t=-6.284$，$p=0.000$）和 4.8 倍（$t=-15.081$，$p=0.000$），亲子沟通良好与不畅的流动儿童则分别具有 3.2 倍（$t=-8.758$，$p=0.000$）和 4.7 倍（$t=-22.375$，$p=0.000$）的群体差距，而亲子疏离水平的高低也使得其两类忽视得分分别差距了 3.1 倍（$t=10.833$，$p=$

0.000）和 3.9 倍（$t = 22.947$，$p = 0.000$）。上述数据说明亲子关系因素对于儿童忽视问题的影响是较为明确的，和睦亲子关系和紧张亲子关系的儿童忽视得分差距通常在 3 倍以上，展现出了显著的群体差异。该结果符合目前中外学术界对于儿童忽视研究的普遍结论[1][2]，因而亲子关系必须成为未来有效降低流动儿童家内伤害风险最为核心的关注要素。此外，亲子关系对情感忽视的影响同比躯体忽视也要更为明确，情感因素更容易被亲子关系所制约，因而建设好家庭亲子关系可能会成为预防流动青少年心理障碍的关键。

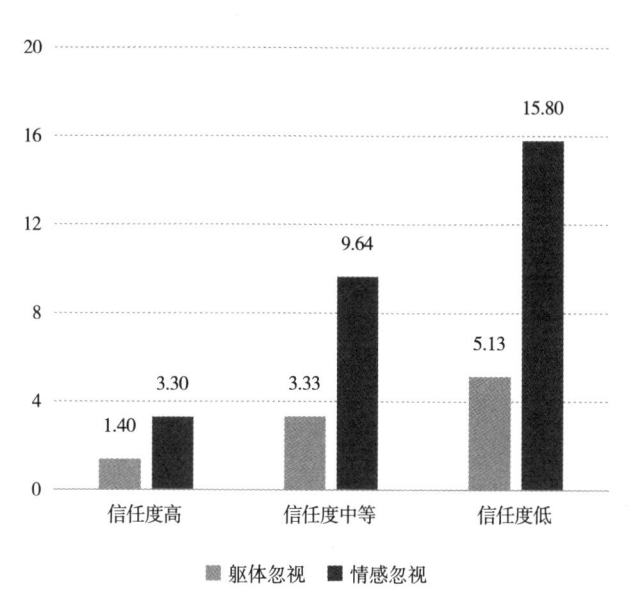

(a) 亲子信任与两类忽视行为的关联

---

[1] Alto, M., Handley, E., Rogosch, F., Cicchetti, D. & Toth, S. (2017). Maternal relationship quality and peer social acceptance as mediators between child maltreatment and adolescent depressive symptoms: Gender differences. *Journal of Adolescence*, 63, 19-28.

[2] Wan, G., Tang, S., & Xu, Y. (2020). The prevalence, posttraumatic depression and risk factors of domestic child maltreatment in rural China: A gender analysis. *Children and Youth Services Review*. 116, 105266.

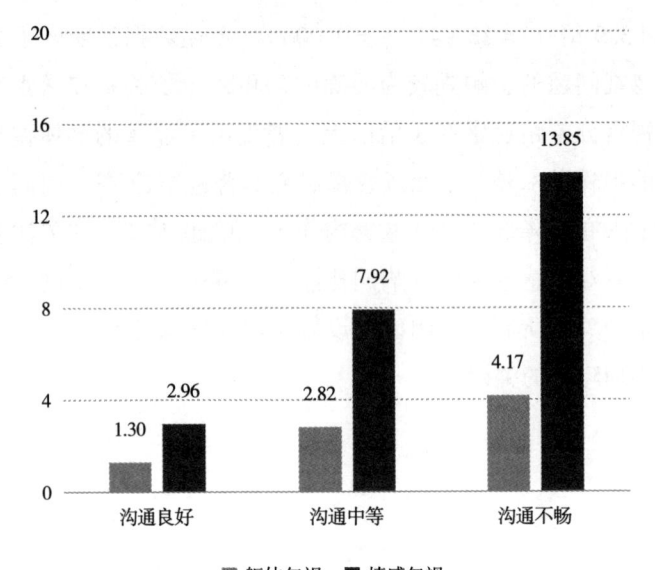

迈向中国式现代化：建构新时代中国流动儿童关爱保护体系

（b）亲子沟通与两类忽视行为的关联

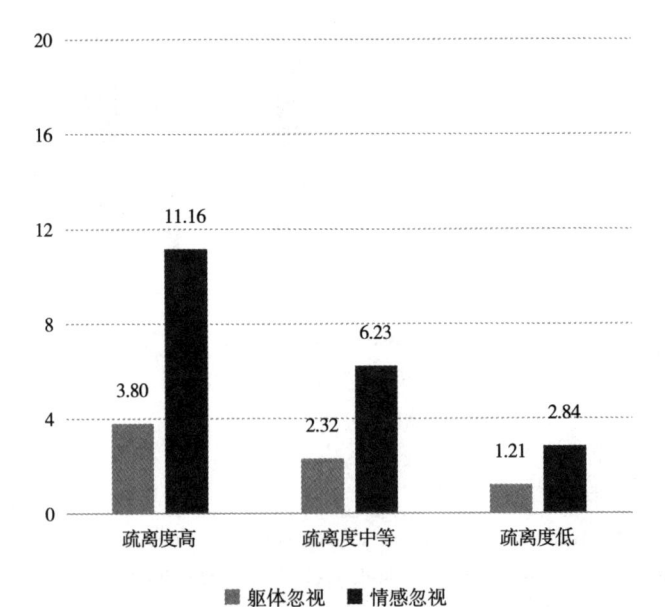

（c）亲子疏离与两类忽视行为的关联

图 4-8　被调查流动儿童亲子关系和儿童忽视的具体关联

四、家庭外部伤害状况

除了家庭内部的伤害行为以外，流动儿童也可能遭受到较为广泛的学校和社会伤害。例如，世界卫生组织的数据表明全世界约有三分之一的11~15周岁儿童受到同龄人的校园欺凌（school bullying）或社会排斥（social exclusion）[1]，并使得受害者普遍面临胃痛、头痛、疲劳、失眠等生理障碍[2]或抑郁、焦虑和自卑等心理障碍[3]。网络欺凌（cyberbullying）的流行率则通常存在巨大的差异，虽然全球文献的平均受害率大致为15.0%[4]，但多数研究发现其流行率大致在5.0%到72.0%的范畴内波动[5]，因而不同情境下的网络欺凌情况仍然需要分门别类地来看待。当然，各国的研究结果尽管因所使用的评估工具和评估程序而有所不同，或是受制约各国的国民文化、网络发展程度以及网络监管能力，但是学校和社会场域中的欺凌、排斥及其他伤害对儿童所造成的负面影响乃是全球各国都不可低估的，因而本研究将积极围绕此问题进行深入探讨。

表4-4首先关注到了流动儿童的校园欺凌状况。利用特拉华欺凌受害量表（Delaware bullying victimization scale-Home，DBVS-H量表），本

---

[1] World Health Organization, (2020), Global status report on preventing violence against children 2020, Retrieved April 07, 2021, Retrieved from http://www.who.int/publications/i/item/9789240004191.

[2] Fekkes, M. (2006). Do bullied children get ill, or do ill children get bullied? A prospective cohort study on the relationship between bullying and health-related symptoms. *Pediatrics*, 117 (5), 1568-1574.

[3] Smith-Adcock, S., Swank, J., Greenidge, T., & Henesy R. (2019). Standing up or standing by? Middle school students and teachers respond to bullying: A responsive program evaluation. *Counseling Outcome Research and Evaluation*, 10 (1), 49-62.

[4] Modecki, K. L., Minchin, J., Harbaugh, A. G., Guerra, N. G., & Runions, K. C. (2014). Bullying prevalence across contexts: A meta-analysis measuring cyber and traditional bullying. *Journal of Adolescent Health*, 55 (5), 602-611.

[5] Aboujaoude, E., Savage, M. W., Starcevic, V., & Salame, W. O. (2015). Cyberbullying: Review of an old problem gone viral. *Journal of Adolescent Health*, 57 (1), 10-18.

迈向中国式现代化：建构新时代中国流动儿童关爱保护体系

调查显示流动男童和流动女童遭受任意校园欺凌的比例分别为39.6%和38.7%，显示接近四成的流动儿童在过去一年遭受到了校园欺凌；在具体流行率的测量中，"故意辱骂""散播谣言""恶意绰号"及"当众嘲笑"等四项校园欺凌行为的占比最高，其比例均达到了15.3%以上。但校园欺凌的整体严重程度并不高，目前全体被调查者的平均得分率为28.6%，11~15周岁儿童的平均得分率大致为27.7%和29.8%，反映出流动儿童的整体校园欺凌大致呈现出了"普遍性高、严重性低"的基本格局。目前在政策上需要高度关注的一类人群为"每周遭到欺凌一次"的经常受害儿童，这一人群的比例大致为4.1%，且主要以"恶意绰号"（2.4%）、"散布谣言"（2.0%）和"故意辱骂"（1.4%）等非躯体欺凌选项的选择率最高。研究认为，流动儿童校园欺凌率不高可能与三个因素有关：一是校园欺凌本质上是强势群体对弱势"基于权力不平衡而产生的攻击行动"[1]，流动儿童通常集中在流动儿童集中学校，这使得他们因文化差异或生活习惯而导致的被攻击诱因有所减少；二是流动儿童同比留守儿童往往有更多的父母监护和陪伴，因此当校园欺凌的苗头涌现时，流动儿童通常同比留守儿童获得更多的家庭帮助；三是学校当前对于校园欺凌问题高度重视，教师发现校园欺凌后通常会及时制止，这显然对于校园欺凌的发生具有很好的抑制作用。

表4-4 被调查者遭受校园欺凌的具体比例

	遭遇校园欺凌（%）
被同学推搡、被打或被踢	9.6
被同学孤立、排斥	10.0
有同学骂我或对我说难听的话	23.0

---

[1] Olweus, D. (1993). Bullying at school: What we know and what we can do. Blackwell Publishing, 140.

续表

	遭遇校园欺凌（%）
遭到同学的当众嘲笑	15.3
有同学用不好听的外号嘲笑我	17.7
有同学传播我的八卦和小道消息	18.4
有同学威胁、恐吓我，声称要欺负我	4.7
有同学敲诈、勒索或抢走我的东西	4.7
在手机上收到来自同学的嘲笑或难听的话	4.1
在网上被同学骂或被欺负	2.4
我的隐私、个人信息被同学发布在网上	1.8

图 4-9 进一步展现出流动儿童遭受到的同辈排斥情况。使用的量表为修订中文版的青少年社会排斥量表（the ostracism experience scale for adolescents，OES-A 量表），该量表为目前在社会排斥领域较多使用的量表之一，主要从六道"社会排斥-拒绝"题目和五道"社会排斥-忽视"题目中来观察青少年遭受到的同辈排斥情况。统计数据显示，被调查流动儿童遭受到的同辈排斥得分大致为 15.6 分，得分率约为 35.5%，没有获得任何同辈排斥的比例仅为 1.0%，同辈排斥较低的比例为 15.1%，而高同辈排斥的比例约为 2.3%，这说明流动儿童的同辈排斥问题虽然普遍但不是特别严重，在政策上需要高度关注较少比例的高排斥儿童即可。另外从"拒绝"和"忽视"两类题目来看，前者的主要问题集中在"邀请度假"（47.3%）和"引起注意"（48.0%）两个方面，但其余领域的拒绝参与情况不是特别严重，选择率均在 30% 以下；而后者的具体选项率均较低，其整体的选择比例大致在 5.2%~10.4% 的范围内，展现出同辈故意忽视的情况不多。研究综合观察到，同辈排斥在当前流动儿童的校园交往中不是主要问题，多数流动儿童能够比较自主性的参与学校活动。

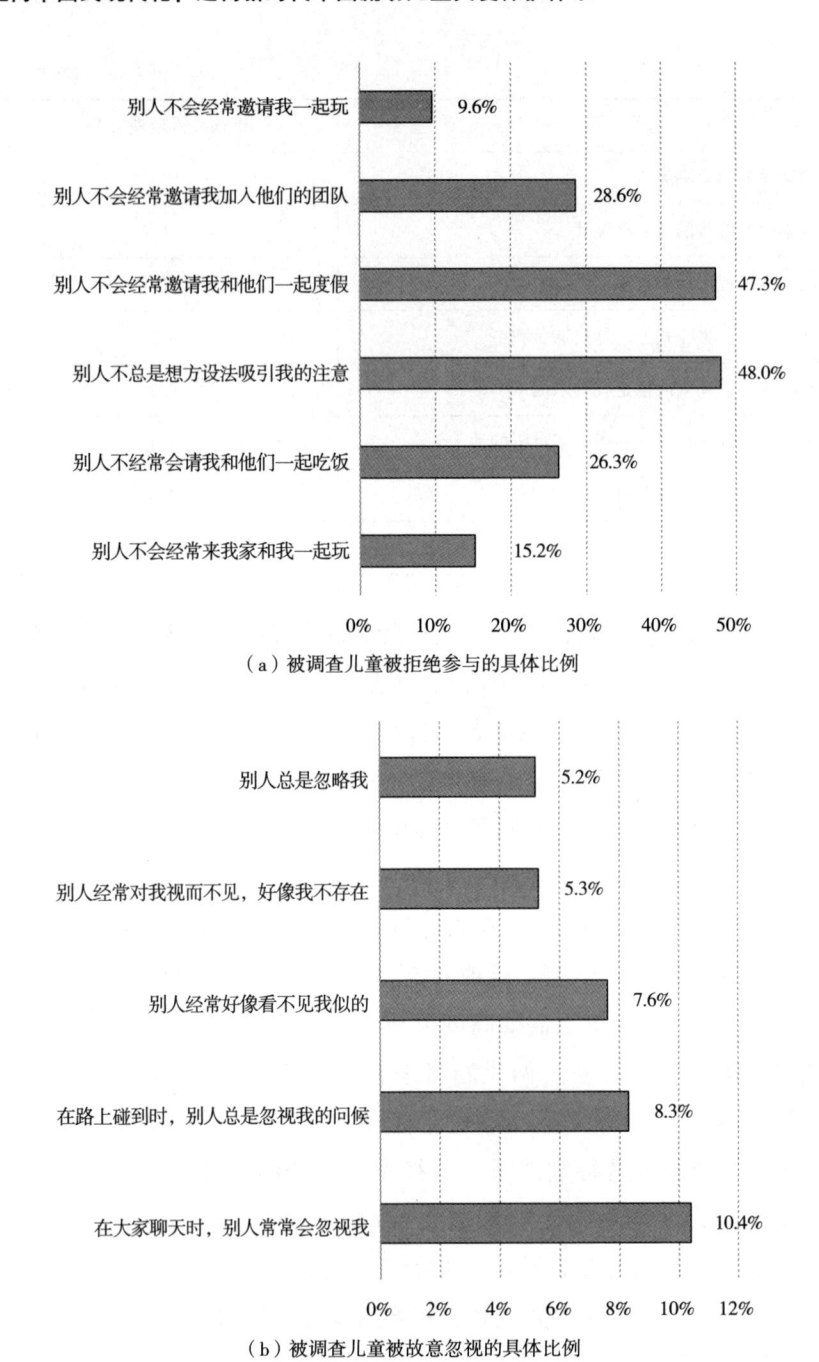

迈向中国式现代化：建构新时代中国流动儿童关爱保护体系

别人不会经常邀请我一起玩　9.6%
别人不会经常邀请我加入他们的团队　28.6%
别人不会经常邀请我和他们一起度假　47.3%
别人不总是想方设法吸引我的注意　48.0%
别人不经常会请我和他们一起吃饭　26.3%
别人不会经常来我家和我一起玩　15.2%

（a）被调查儿童被拒绝参与的具体比例

别人总是忽略我　5.2%
别人经常对我视而不见，好像我不存在　5.3%
别人经常好像看不见我似的　7.6%
在路上碰到时，别人总是忽视我的问候　8.3%
在大家聊天时，别人常常会忽视我　10.4%

（b）被调查儿童被故意忽视的具体比例

图 4-9　被调查流动儿童遭受同辈排斥的情况

66

第四章 流动儿童的宏观概貌

流动儿童同辈排斥也与家庭伤害及更深层次的亲子关系具有密切关联。图4-10的数据反映出,当家庭虐待值和家庭忽视值从0分增长到10分以上时,流动儿童的同辈排斥得分分别从14.1分和11.7分增长至19.5分和18.7分,两者的增长幅度分别达到了38.3%($t=-8.985$,$p=0.000$)和59.8%($t=-15.630$,$p=0.000$),反映出家庭伤害越强的儿童越具有更高的同辈排斥(躯体虐待:B=0.352,$p=0.000$;情感虐待:B=0.388,$p=0.000$)。另外亲子关系的影响也是比较明显的,调查发现随着亲子关系的逐步提高,流动儿童的同辈排斥度会从23.3分逐步下降到10.7分($t=6.530$,$p=0.000$),展现出前者与后者的显著负向关联(B=-0.147,$p=0.000$)。研究认为学校伤害问题可能是某种程度的家庭问题的外溢,当家庭保护能力不足时,流动儿童通常就会更加直接的暴露在学校社会风险中,他们更有可能被施暴人选择为欺凌或排斥对象。

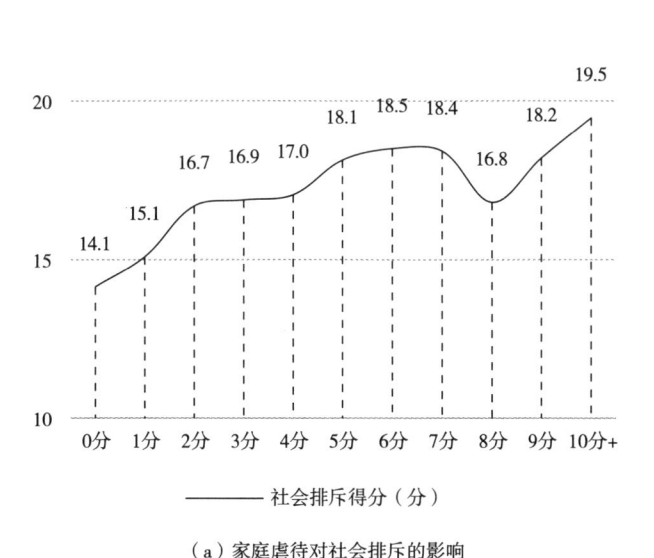

(a)家庭虐待对社会排斥的影响

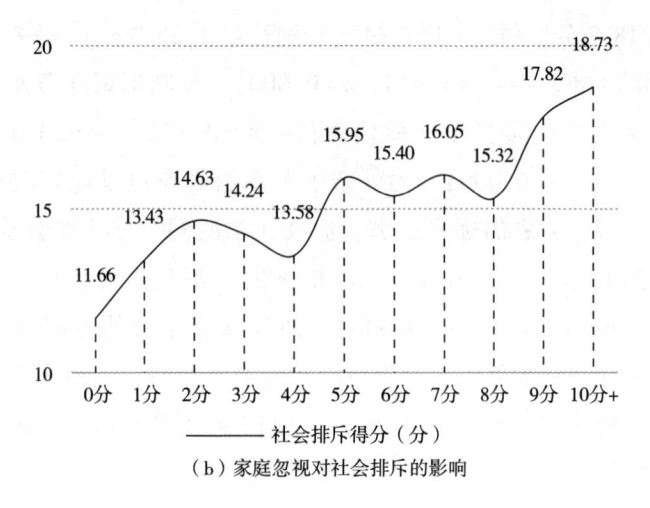

（b）家庭忽视对社会排斥的影响

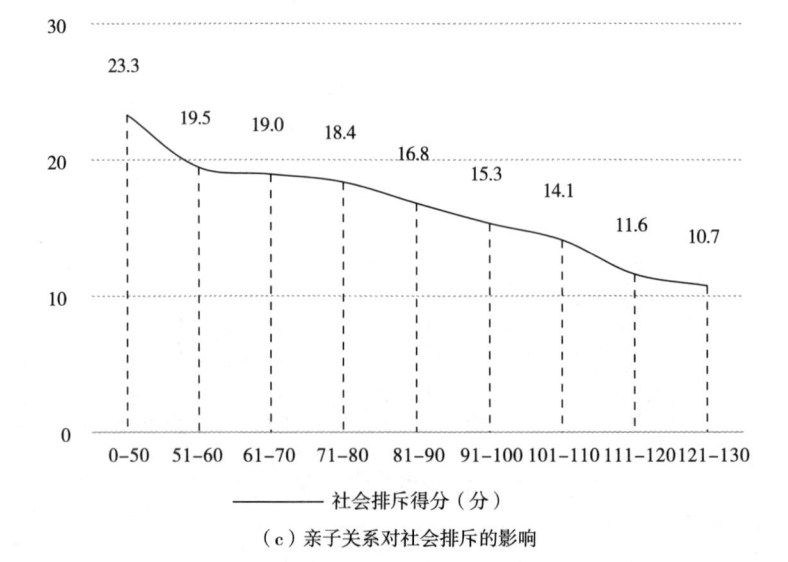

（c）亲子关系对社会排斥的影响

图 4-10 被调查流动儿童同辈排斥与家庭因素的关联

由于家庭去功能化问题和同辈排斥问题的出现,部分流动儿童事实上难以获得足够的社会支持。利用"领悟社会支持问卷"(perceived social support questionnaire,简称PSSQ问卷),统计结果证实流动儿童中仅有12.4%的被访者可以获得充裕的社会支持,不充裕社会支持的比重为八成五,而无任何社会支持者的比例也达到了2.3%,上述一类群体是在政策上值得关注的。在各项社会支持事项的统计中,心情安慰和情绪慰藉是最容易寻找到社会支持力量的,平均分别可有5.3人和5.2人完成此项支持;而降低紧张感和减轻忧虑的支持者则相对局限,目前约有4.6人和4.7人可以完成此项支持。此外,在国家已有的制度性支持领域,建设时间较长的很多教育领域的制度类型得到了较好执行,如安全课程(78.8%)、向教师求助(48.5%)或活动设施建设(48.5%)等项目的目睹率均接近50%;民政领域的很多制度因为建设时间较晚,相当部分的制度类型尚不成熟,尤其以社区探访(16.4%)、志愿服务(14.9%)、社区发现报告(24.6%)最为典型,故强化民政领域的制度建设迫在眉睫。

调查还显示(如图4-11所示),家庭和同辈因素对于儿童社会支持的获得至为关键。数据证实,随着亲子关系变得更加和睦,流动儿童所能够获得的社会支持将出现显著增长(B=0.431,p=0.000),其得分将从7.0分增长至49.5分,增长幅度超过了7倍;而随着家庭忽视水平的增长(B=-0.996,p=0.000)及同辈排斥的提升(B=-0.969,p=0.000),社会支持则会出现明显的下滑,其得分将分别从37.5分和48.5分下降至13分和5.3分,下降趋势也相当明显,这从客观上证实了社会支持获得能力是与家庭和同辈资源高度捆绑的。从未来的政策设计上看,儿童社会支持的增长需要高度依赖于家庭及同辈等周边微环境的改善,这才能够促进流动儿童社会支持的不断夯实。

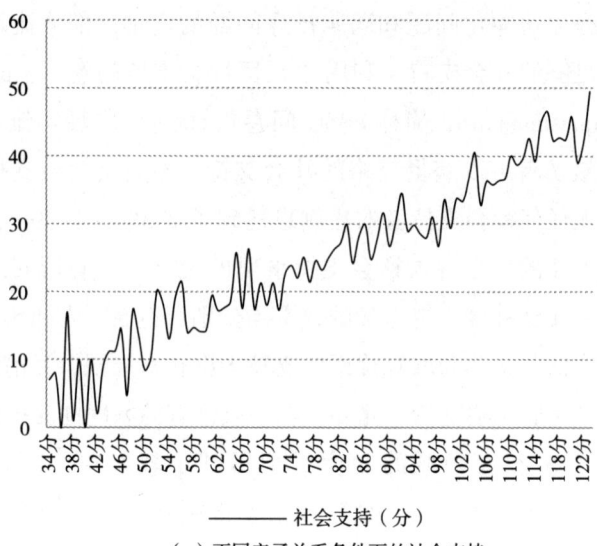

（a）不同亲子关系条件下的社会支持

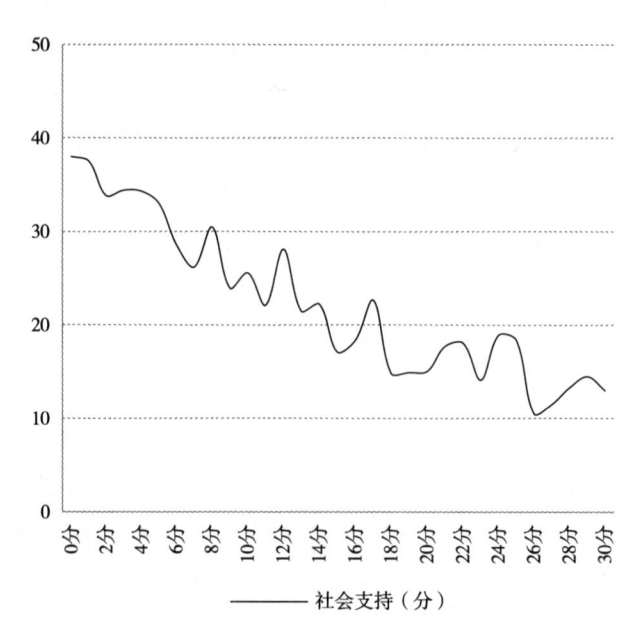

（b）不同家庭忽视条件下的社会支持

第四章　流动儿童的宏观概貌

（c）不同同辈排斥条件下的社会支持

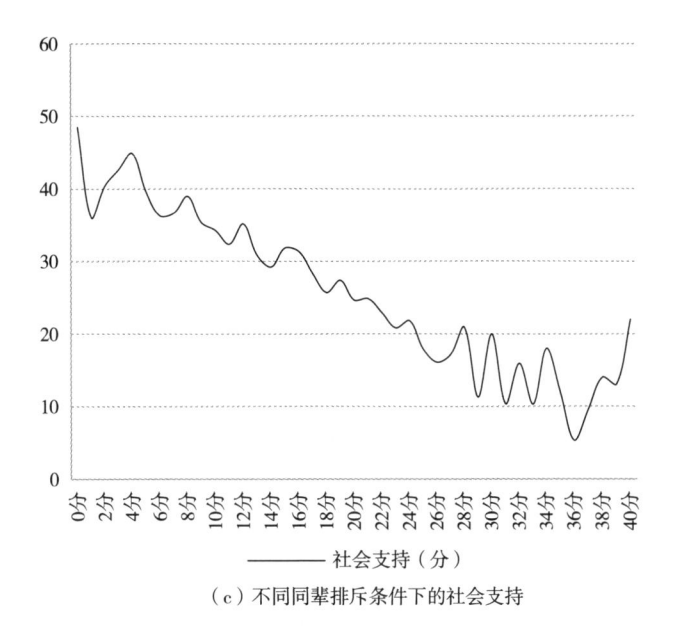

图 4-11　被调查流动儿童获得社会支持的影响因素

在网络欺凌方面（如表 4-5 所示），被调查儿童当前也面临着一定的压力。数据证实约有 21.1% 的被访者遭受到了任意网络欺凌类型，与全球约 15.0% 左右的网络欺凌率相比略有增长，且同比全球校园欺凌率通常为网络欺凌率两倍的统计结果也有所偏高[1]（此次调查的数据大致为 1.8 倍），展现出当前我国流动儿童的网络保护尚需适当增强。从具体的网络欺凌类型来看，在网络上"接收威胁/侮辱性信息"或"传播谣言"的比例最高，两者的比例都超过了一成；另有"网络排挤""骚扰信息""侮辱照片"的欺凌形式也超过了 5.0%；而较为严重的"录播不雅行为"及"暴力胁迫录像拍照"的选择率也超过了 1.0%。在一年中遭受到五次以上网络欺凌行为的统计中，部分以暴力及威胁来录制影音视频的严重网络欺凌行为占比也在 0.1%~0.5% 的范围内，需要引起政策上的高度警

---

[1] Modecki, K. L., Minchin, J., Harbaugh, A. G., Guerra, N. G., & Runions, K. C. (2014). Bullying prevalence across contexts: A meta-analysis measuring cyber and traditional bullying. *Journal of Adolescent Health*, 55（5），602-611.

惕。研究意识到，我国的网络欺凌问题尤其是经常性、严重性的网络欺凌问题虽然在数量上较少，但是网络虚拟空间的传播速度较快、社会影响巨大，一旦爆发就有可能引起巨大的舆情影响，因而在流动儿童关爱保护过程中应当持续强化监管力度，最大限度地遏制1%左右的严重网络欺凌事件的发生。

表4-5 被调查儿童遭受网络欺凌的具体比例

	遭遇过（%）	一年内遭遇五次以上（%）
接收到过威胁性或侮辱性信息	10.8	1.4
在网上发帖或发送羞辱你的照片	5.1	0.7
在网上写一些关于你的笑话、谣言、八卦或评论	10.1	1.2
通过邮件或社交软件给你发送骚扰信息	7.4	0.8
迫使你做一些丢脸或可笑的事情并进行拍照或录视频	2.8	0.2
对你实施暴力行为并进行拍照或录制视频	1.2	0.1
网上散播你的秘密、信息或图像	3.8	0.5
在网络社交小组上对你进行排挤	5.3	0.4
让你做出不雅行为并进行拍照或录制视频	1.4	0.3

从更深层次的原因来看，网络欺凌既是现实生活中同辈欺凌/排斥在互联网领域的特殊镜像，也是实践领域家庭保护能力不足的虚拟表征。图4-12的调查结果发现，网络欺凌与同辈排斥之间具有较为密切的正向联系（$B=0.044$，$p=0.000$），随着同辈排斥得分的提高，网络欺凌将从0.2分提高到1.5分（$t=-4.486$，$p=0.000$），两者呈同步增长态势的特征非常明晰。另外，家庭因素通常也和网络欺凌密切关联，随着家庭忽视的增长（$B=0.073$，$p=0.000$）和亲子关系的下降（$B=-0.026$，$p=0.000$），网络欺凌得分将会出现明显的提升，这同样反映出网络欺凌的防护需要通过家庭力量的引入来形成。

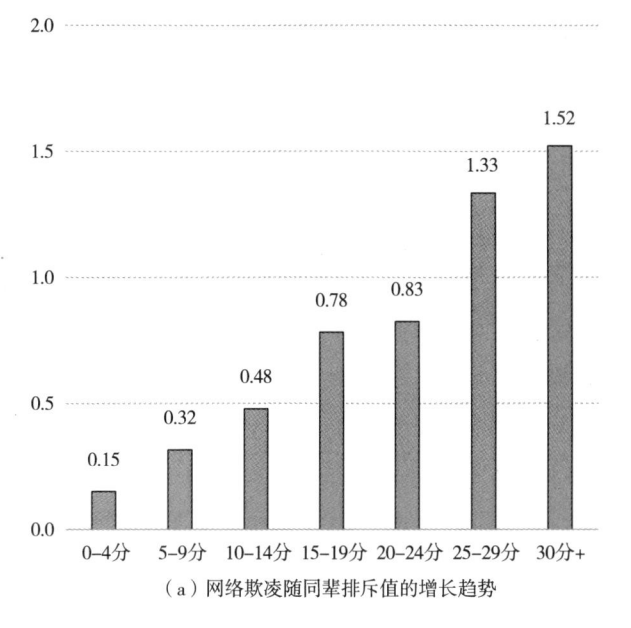

第四章 流动儿童的宏观概貌

（a）网络欺凌随同辈排斥值的增长趋势

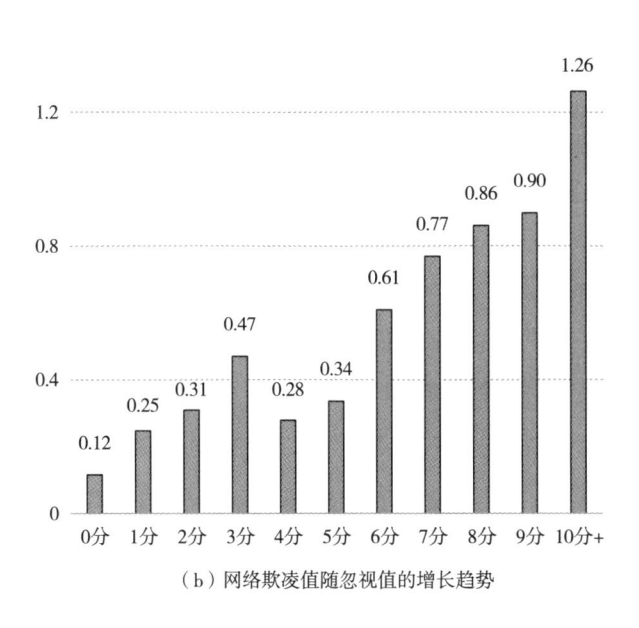

（b）网络欺凌值随忽视值的增长趋势

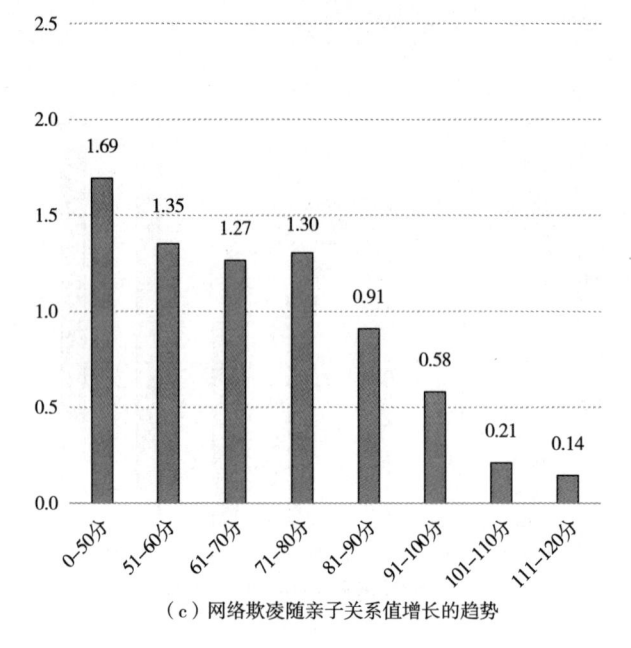

迈向中国式现代化：建构新时代中国流动儿童关爱保护体系

```
2.5
2.0  1.69
1.5       1.35  1.27  1.30
                         0.91
1.0                           0.58
0.5                                0.21  0.14
0.0
   0-50分 51-60分 61-70分 71-80分 81-90分 91-100分 101-110分 111-120分
```

（c）网络欺凌随亲子关系值增长的趋势

图 4-12　被调查流动儿童网络欺凌的影响因素

　　除了主动伤害以外，意外伤害也通常是儿童面临的普遍风险。表 4-6 反映出了流动儿童遭遇意外伤害的种类，其中约有不到四成比例的被访者遭受过意外事件，且遭受四种以上意外事件的占比约为 2.5%。上述数据显示，经过学校多年的安全教育，我国流动儿童在城市生活中遭遇特定意外事件的风险已经大为改观。从未来学校安全教育的重点来看，"烧伤烫伤""动物扑咬"和"吸入异物"的相关教育最应当开展，目前三者的选择比均超过了 10.0%。同时，家庭忽视与意外伤害的关联亦被证实，随着家庭忽视程度的增加，儿童出现意外事件的可能性出现了显著的上扬（$B=0.027$，$p=0.000$）。

表 4-6　被调查儿童遭受意外伤害的具体比例

	遭遇意外事件（%）
成年人未陪伴的情况下去游泳	4.5
喉咙吸入异物	10.0

续表

	遭遇意外事件（%）
马路中央嬉笑打闹	4.4
火灾	1.5
意外烧伤烫伤	17.5
两米以上高空坠落	2.1
触过电	4.1
煤气中毒	0.4
食物中毒	2.9
狗等动物扑咬	11.9

在伤害求助对象的统计中（如图4-13所示），妈妈和爸爸通常是流动儿童的优先求助对象，约有33.3%和26.9%的儿童首先选择信赖父母；教师和警察的求助选择也较多，两者的选择比分别为11.7%和16.8%；而其他人群的选择率非常低。在第二求助对象和第三求助对象的统计中，父母的求助意愿逐步从60.2%上升至66.7%后又迅速下降到27.5%；接替父母成为儿童主要求助对象的人主要是教师、祖辈和同龄人，三者的统计值同比首次求助值分别增长了8.5个、6.5个和9.0个百分点。我们意识到，当家庭出现功能障碍后，对于儿童求助的最有效对象是教师、祖辈和伙伴等三类人群。另外值得关注的是，在所有流动儿童中，仍然有1.9%~2.4%的流动儿童面临着遭遇伤害后无人求助的尴尬境地。表4-8还进一步揭示出了这些流动儿童为什么不能求助。模型显示在模型调整后R^2为0.254的前提下，最主要的影响因素是亲子沟通，即亲子沟通水平每上升一个单位则儿童的求助概率将增加0.860个单位（OR=0.860，$p=0.000$），这显示流动儿童求助能力的提高必须改善亲子沟通或建立替代性沟通渠道。

(a) 遭受伤害后首先求助的人

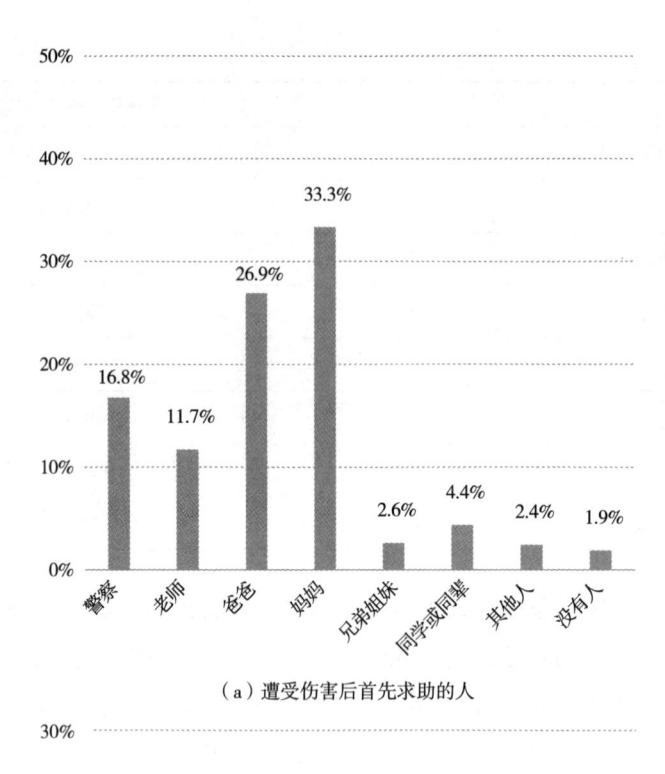

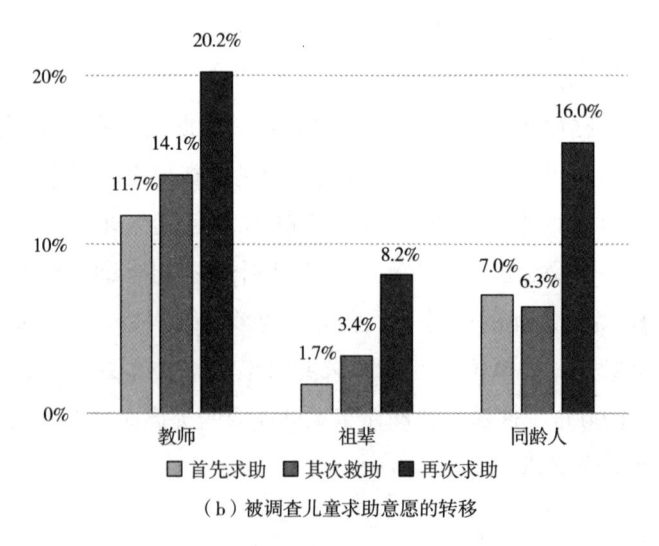

	警察	老师	爸爸	妈妈	兄弟姐妹	同学或同辈	其他人	没有人
%	16.8%	11.7%	26.9%	33.3%	2.6%	4.4%	2.4%	1.9%

(b) 被调查儿童求助意愿的转移

	教师	祖辈	同龄人
首先求助	11.7%	1.7%	7.0%
其次救助	14.1%	3.4%	6.3%
再次求助	20.2%	8.2%	16.0%

图 4-13 被调查流动儿童伤害后求助的情况

表 4-7 流动儿童在伤害后求助的逻辑回归分析

子指标	模型 5 回归系数	标准差	显著性	优势比
亲子信任	0.095	0.051	0.064	1.100
亲子沟通	-0.151	0.056	0.007	0.860
亲子疏离	0.084	0.059	0.154	1.087
儿童暴力	0.043	0.038	0.252	1.044
儿童忽视	0.075	0.041	0.067	1.078
网络欺凌	-0.127	0.102	0.211	0.881
同辈排斥	0.049	0.033	0.129	1.051
社会支持	-0.016	0.018	0.360	0.984
兄弟姐妹人数	-0.015	0.272	0.955	0.985
城市	0.198	0.165	0.230	1.219
性别	0.098	0.438	0.823	1.103
民族	1.196	1.149	0.298	3.308
年龄	0.021	0.183	0.908	1.021
学习成绩	0.143	0.220	0.515	1.154
身体状况	-1.062	1.133	0.348	0.346
拟合程度	0.254			

五、心理与行为状况

上述研究显示，流动儿童遭受到了较为普遍的家庭暴力、家庭忽视、校园欺凌、同辈排斥、网络欺凌以及意外事件等广泛的童年伤害，且部分流动儿童难以寻找到有效的情感纾解渠道或获得充裕的社会支持，这可能会使得一定比例的流动儿童涌现出较为明显的心理与行为障碍。事实上，当前有广泛的研究支持伤害对儿童群体带来的负面影响[1][2]，这些

---

[1] Hu, N., Taylor, C. L., Li, J. H., & Glauert, R. A. (2017). The impact of child maltreatment on the risk of deliberate self-harm among adolescents: A population-wide cohort study using linked administrative records. *Child Abuse and Neglect*, 67, 322-337.

[2] Moore, S. E., Scott, J. G., Ferrari, A. J., Mills, R., Dunn, M. P., Erskine, H. E., Devries, K. M., Degenhardt, L., Theo, V., Whiteford, H. A., McCarthy, M., & Norman, R. E. (2015). Burden attributable to child maltreatment in Australia. *Child Abuse & Neglect*, 48, 208-220.

不利影响在心理层面最主要体现为抑郁、焦虑和创伤后应急障碍（post-traumatic stress disorder，简称PTSD）等症状上，在行为上则最主要表现为问题行为上[1]，但上述伤害也会受到个体抗逆力（resilience）、社会支持及亲子关系等因素的调节。

图4-14首先关注到了流动儿童伤害与心理行为障碍的中介要素"抗逆力水平"[2]。研究发现，流动儿童的平均抗逆力得分大致为15.2分，得分率为63.3%，显示流动儿童整体上的抗逆力水平处于良好状态。从抗逆力得分的分布情况来看，目前多数流动儿童的分数聚集在11~20分的区间范围内，群体聚集度较高。与之前的研究相仿，抗逆力水平的高低通常由家庭和同辈因素所影响，每一个单位亲子关系的提升将促进儿童抗逆力提升0.111个单位（B=-0.228，p=0.000，R^2=0.113），而每一个单位同辈欺凌得分的提升也会导致儿童抗逆力降低0.228个单位（B=-0.228，p=0.000，R^2=0.183）。

表4-8 被调查儿童罹患抑郁的具体情况

	有症状（%）	半数时间有症状（%）
感觉低落、抑郁、易怒或绝望	50.4	8.5
做事没有什么兴趣或乐趣	46.6	10.4
入睡困难，睡不踏实，或睡得太多	38.3	10.6
胃口不好，体重减轻，或者吃得过多	31.3	7.8
感到疲劳，或精力不足	45.6	12.4
感觉自己很糟糕，或觉得自己很失败，或让自己、家人很失望	44.4	13.2

---

[1] Thoresen, S., Myhre, M., Wentzel-Larsen, T., Aakvaag, H. F. & Hjemdal, O. K. (2015). Violence against children, later victimization, and mental health: a cross-sectional study of the general Norwegian population. *European Journal of Psychotraumatology*, 6 (1), 1-10.

[2] Tran, N. K., et al. The Association between Child Maltreatment and Emotional, Cognitive, and Physical Health Functioning in Vietnam. *BMC Public Health*, 2017, 17: 332.

续表

	有症状（%）	半数时间有症状（%）
注意力难以集中，譬如难以专注地完成学校作业、阅读或看电视	37.6	10.3
动作缓慢或语速缓慢以至于其他人注意到	15.5	3.4
烦躁不安，比平时走动更多	27.4	6.8
有时候存在伤害自己的想法	25.6	7.0

由于多数流动儿童具有了良好的抗逆力，这使得流动儿童罹患重度抑郁症的状况得到了些许好转。但是一个值得警惕的问题在于，利用国际社会普遍使用的DSM-5抑郁量表进行的测量发现，流动儿童当前的重度抑郁症（major depressive disorder，MDD）比例仍然高达2.1%[1]，这一数据与2019年发表在《柳叶刀》杂志上的"中国2.1%的成人具有重症抑郁症"数据保持一致[2]，预示儿童重度抑郁症可能在青春期已经成型。同时，同比疫情前后针对八个省份农村儿童抑郁症2.0%的实证调查结果[3]，我国流动儿童的情况并没有更加乐观，因此流动儿童的重度抑郁症问题已经非常值得在实践中加以重视。从抑郁症状的具体比例来看，未来的抑郁干预需要重点围绕其生活乐趣、入睡质量、失败感、疲劳感和注意力等五个问题来做出妥善安排，因为不但有四成左右的被访者报告了上述症状，而且半数时间都具有上述症状的比例也已经超过了一成。

调查发现焦虑同比抑郁要更为严重，两者的得分分别为9.3分和4.9分，前者约同比后者的平均得分高89.8%，显示出流动儿童群体存在着

---

[1] 重度抑郁症的测量标准参考了美国精神医学会设置的DSM-5量表的官方标准，即同时满足下列两个条件：一是有五个及以上的指标选择了"几乎每天如此"的选项；二是至少要有第一和第二个指标之一。

[2] Huang, Y., Wang, Y., Wang, H., and etc. (2019). Prevalence of mental disorders in China: A cross-sectional epidemiological study. *The Lancet*, 6: 211-224.

[3] 万国威：《我国农村儿童的权益保障现状及政策优化研究》，载中国儿童福利和收养中心编，载《中国未成年人保护发展报告蓝皮书》，中国社会出版社，2022年11月。

较为普遍且严重的焦虑感。从具体的测量比例来看，没有任何焦虑的流动儿童占比仅为 16.1%，且得分率在 50% 以上的占比达到了 11.8%，远高于同期的抑郁水平，展现出当前仍然有相当部分的流动儿童面临着较为明显的焦虑困扰。如表 4-9 所示从经常罹患焦虑的 13 种表现来看，目前亟须对流动儿童调整的最重要三项事务有"担忧未来""感到紧张"和"感到会发生糟糕的事情"，反映出对于上述事务进行心理调整乃是当务之急。

表 4-9 被调查儿童罹患焦虑的具体情况

	焦虑（%）	经常焦虑（%）
感到可能会发生一些糟糕的事情	69.2	12.7
感到紧张	73.9	15.8
感到害怕	61.6	8.5
感到担忧	65.7	11.8
为将要发生在自己身上的事情感到担忧	65.4	15.4
晚上睡觉的时候感到担忧	46.2	10.3
很容易感到害怕	45.1	9.4
害怕上学	25.6	4.1
担心自己可能会被伤害	33.1	5.3
在半夜恐惧地醒来	33.7	5.0
在家的时候感到很担忧	27.1	4.3
离开家的时候感到很担忧	29.2	5.4
很难放松下来	36.0	7.4

表 4-10 和图 4-14 全面展现出了流动儿童两类心理健康的影响因素。在两个模型具有显著性的前提下（$R^2 = 0.430 \sim 0.502$），调查证实抑郁和焦虑具有较为类似的风险性因素，它们共同受到家庭暴力、网络欺凌的正面影响，随着童年暴力的增多（$B = 0.327 \sim 0.388$，$p = 0.000$）以及网络欺凌的强化（$B = 0.398 \sim 0.687$，$p = 0.000$），流动儿童的抑郁和焦虑会同时出现显著上扬。另外在风险性因素领域，同辈排斥（$B = 0.055$，$p =$

第四章 流动儿童的宏观概貌

0.000）和家庭忽视（B=0.089，p=0.000）还会分别对抑郁和焦虑产生正向影响，伤害的增加对于流动儿童心理健康的负面影响是非常明显的。值得注意的是，两类保护性因素也会对抑郁和焦虑产生直接影响，亲子疏离感的降低（B=0.232~0.383，p=0.000）及抗逆力水平的提升（B=-0.416~-0.221，p=0.000）通常会有效地缓解两类心理症状，且亲子沟通的改善（B=-0.058，p=0.000）及社会支持的提升（B=-0.031，p=0.000）分别对于儿童抑郁感及焦虑感也有明显的缓解作用。研究观察到，流动儿童心理健康问题主要由伤害行为所引发，而个体所获得的亲子关系、社会支持以及个体的抗逆力水平均会削减伤害造成的实际影响。从目前流动儿童主要的抑郁与焦虑形成机制来看，其与世界范围内的主流研究具有极为相似的结论，儿童伤害的预防以及亲子关系、社会支持及个体抗逆力等三类保护性因素的强化是降低儿童心理健康病症的普遍方法[1][2][3]，也理应成为政策降低流动儿童心理问题的途径。

表4-10 流动儿童罹患抑郁和焦虑的关联因素

指标	抑郁				焦虑			
	回归系数	标准差	显著性	方差膨胀因子	回归系数	标准差	显著性	方差膨胀因子
儿童暴力	0.327	0.026	0.000	1.625	0.388	0.042	0.000	1.625
儿童忽视	0.037	0.021	0.071	2.129	0.089	0.034	0.008	2.128
同辈排斥	0.055	0.016	0.000	1.329	0.017	0.026	0.515	1.329

---

[1] Evans, S. E., Steel, A. & DiLillo, D. (2013). Child maltreatment severity and adult trauma symptoms: Does perceived social support play a buffering role? *Child Abuse & Neglect*, 37 (11), 934-943.

[2] Folger, S., & Wright, M. O. (2013). Altering risk following child maltreatment: Family and friend support as promotive factors. *Journal of Family Violence*, 28 (4), 325-337.

[3] Lowell, A., Renk, K., & Adgate, A. H. (2014). The role of attachment in the relationship between child maltreatment and later emotional and behavioral functioning. *Child Abuse & Neglect*, 38 (9), 1436-1449.

迈向中国式现代化：建构新时代中国流动儿童关爱保护体系

续表

指标	抑郁 回归系数	抑郁 标准差	抑郁 显著性	抑郁 方差膨胀因子	焦虑 回归系数	焦虑 标准差	焦虑 显著性	焦虑 方差膨胀因子
网络欺凌	0.398	0.049	0.000	1.175	0.687	0.081	0.000	1.175
亲子信任	-0.009	0.023	0.674	4.003	-0.013	0.037	0.725	3.999
亲子沟通	-0.058	0.023	0.011	3.349	-0.054	0.037	0.148	3.348
亲子疏离	0.232	0.029	0.000	2.061	0.383	0.047	0.000	2.062
社会支持	-0.009	0.006	0.144	1.400	-0.031	0.010	0.002	1.398
抗逆力水平	-0.221	0.023	0.000	1.428	-0.416	0.039	0.000	1.429
城市	-0.301	0.067	0.000	1.108	-0.618	0.110	0.000	1.109
性别	0.242	0.185	0.190	1.045	1.210	0.303	0.000	1.045
民族	0.975	0.772	0.206	1.012	1.324	1.269	0.297	1.012
年龄	0.358	0.075	0.000	1.183	0.276	0.124	0.026	1.183
学习成绩	0.041	0.101	0.684	1.112	-0.422	0.165	0.011	1.113
身体状况	0.842	0.468	0.072	1.065	-0.089	0.769	0.908	1.065
拟合程度	0.502				0.430			

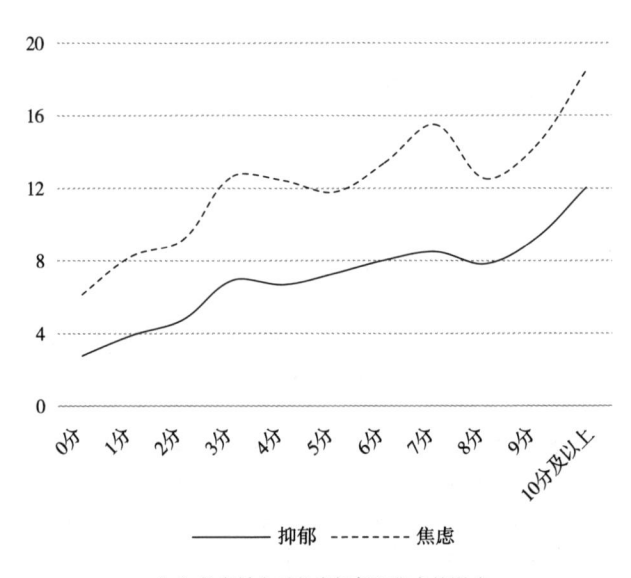

（a）儿童暴力对儿童抑郁和焦虑的影响

第四章　流动儿童的宏观概貌

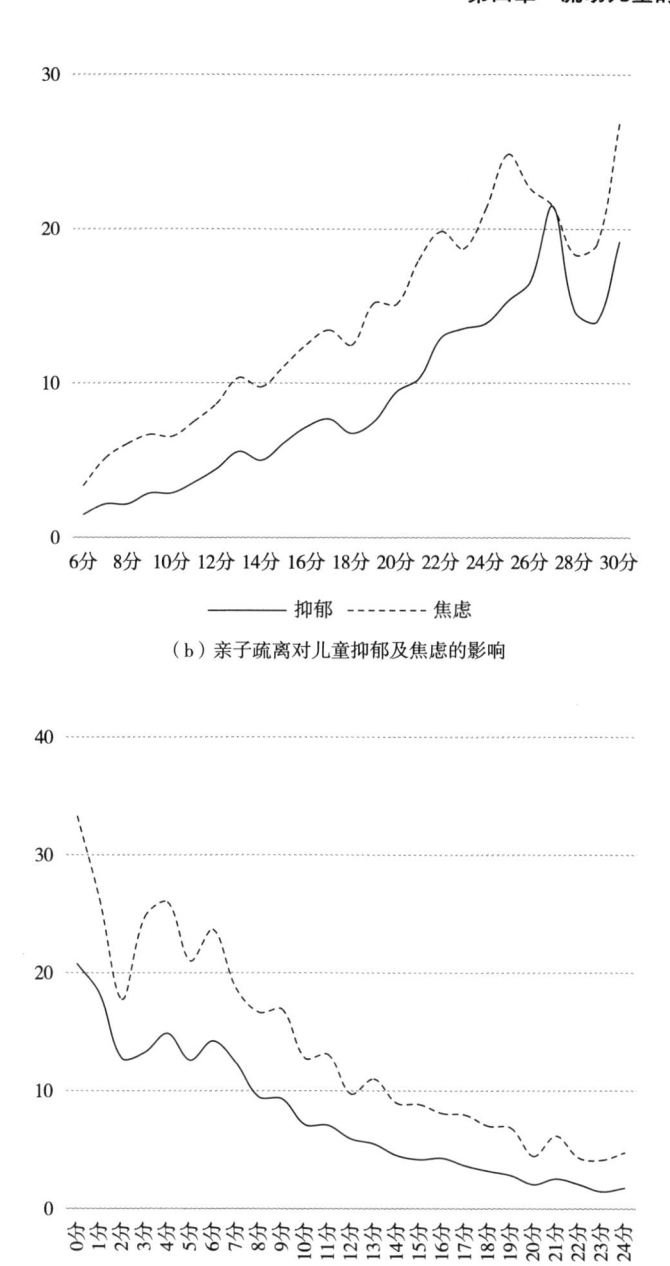

（b）亲子疏离对儿童抑郁及焦虑的影响

（c）抗逆力水平对儿童抑郁及焦虑的影响

图 4-14　被调查流动儿童抑郁与焦虑的具体影响因素

迈向中国式现代化：建构新时代中国流动儿童关爱保护体系

图4-15展示出了流动儿童具有问题行为的状况。调查数据显示，超过65.9%的流动儿童没有出现问题行为，出现三种以内问题行为的比例为28.0%，而超过四种问题行为的占比仅为6.1%，这说明具有较多问题行为的流动儿童在数量上是比较有限的。从七种攻击性行为来观察，"起绰号"（14.6%）、"辱骂他人"（9.7）和"打架"（7.9%）的选择比例最高，而较为严重的"携带刀具"（1.4%）、"被迫攻击他人"（1.9%）和"偷东西"（1.9%）等问题行为的比例则低于2.0%，另外被访者中仅有0.1%的流动儿童曾经"强行向他人索要财物"。在八种非攻击性行为的统计中，"沉迷网络"的占比最高，约有18.3%的被访者具有此类行为，此外"作弊"（6.1%）、"早恋"（4.8%）和"喝酒"（4.7%）的比重也高于4.0%，而其余选项的选择率整体上较为局限。研究总体上认为，未来对流动儿童问题行为的宣传教育应当以低烈度的校园欺凌行为以及沉迷网络为主，对于严重的问题行为则应建立通畅的发现报告机制。

行为	比例
抢劫	0.1%
偷东西	1.9%
攻击他人	1.9%
携带刀具	1.4%
起绰号	14.6%
辱骂他人	9.7%
打架	7.9%

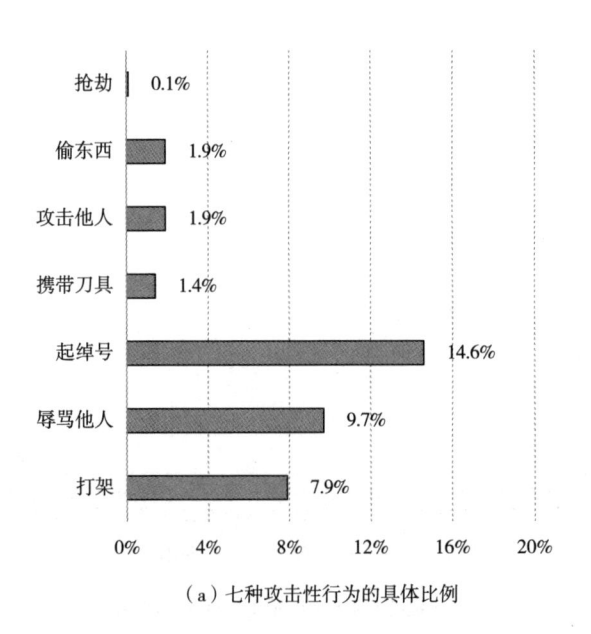

（a）七种攻击性行为的具体比例

第四章 流动儿童的宏观概貌

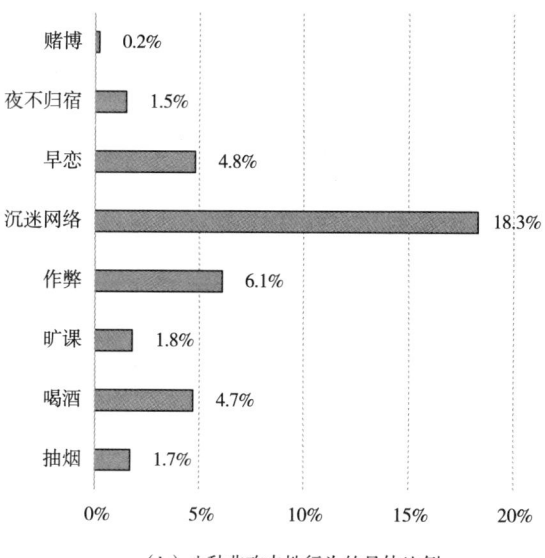

赌博	0.2%
夜不归宿	1.5%
早恋	4.8%
沉迷网络	18.3%
作弊	6.1%
旷课	1.8%
喝酒	4.7%
抽烟	1.7%

(b) 八种非攻击性行为的具体比例

图 4-15 被调查流动儿童具有问题行为的情况

在两类模型具有显著性的前提下（$R^2 = 0.112 \sim 0.145$），表 4-11 和图 4-16 的结果继续发现，流动儿童攻击性行为和非攻击性行为的影响因素是大致类似的。不但随着儿童暴力（$B = 0.025 \sim 0.032$，$p = 0.000$）和网络欺凌（$B = 0.049 \sim 0.056$，$p = 0.000$）的提升，流动儿童的问题行为将显著增多，而且亲子疏离（$B = 0.010 \sim 0.016$，$p \leq 0.087$）也会对流动儿童问题行为的加剧造成了直接影响，这一结论与抑郁、焦虑等心理问题的形成机制较为类似，反映出家庭伤害以及亲子关系是流动儿童行为问题的最主要干预要素。研究意识到，流动儿童心理问题和行为问题本质上均是个体面临伤害而出现的情绪调节障碍，只是因基于情绪内化和情绪外化而形成了差异化的表现形式，故流动儿童抑郁、焦虑等心理问题和行为问题的管控方法具有某种程度的类似性。在政策设计上，未来对于流动儿童行为问题的控制必须积极从源头着手，通过家庭教育指导政策来持续加强对其家庭亲子关系的改善，妥善引导家庭形成正确的育儿理念与育儿技巧，增强家庭的保护力度，从而在根本上降低流动儿童问题行为的发生概率。

迈向中国式现代化：建构新时代中国流动儿童关爱保护体系

表4-11 流动儿童问题行为的关联因素

指标	模型6（攻击性行为）				模型7（非攻击性行为）			
	回归系数	标准差	显著性	方差膨胀因子	回归系数	标准差	显著性	方差膨胀因子
儿童暴力	0.032	0.005	0.000	1.626	0.025	0.006	0.000	1.626
儿童忽视	-0.001	0.004	0.811	2.127	-0.002	0.005	0.669	2.127
同辈排斥	0.005	0.003	0.168	1.329	-0.005	0.003	0.170	1.329
网络欺凌	0.056	0.010	0.000	1.175	0.049	0.011	0.000	1.175
亲子信任	0.000	0.005	0.959	4.002	-0.004	0.005	0.463	4.002
亲子沟通	-0.004	0.005	0.442	3.352	-0.008	0.005	0.106	3.352
亲子疏离	0.010	0.006	0.087	2.063	0.016	0.006	0.011	2.063
社会支持	0.000	0.001	0.842	1.401	0.001	0.001	0.971	1.401
抗逆力水平	-0.004	0.005	0.428	1.429	-0.003	0.005	0.537	1.429
城市	-0.035	0.014	0.013	1.109	-0.046	0.015	0.002	1.109
性别	-0.244	0.039	0.000	1.045	-0.034	0.041	0.404	1.045
民族	0.101	0.164	0.538	1.012	0.046	0.171	0.789	1.012
年龄	0.006	0.016	0.699	1.183	0.088	0.017	0.000	1.183
学习成绩	0.037	0.021	0.084	1.113	0.134	0.022	0.000	1.113
身体状况	-0.095	0.099	0.340	1.065	-0.176	0.103	0.088	1.065
拟合程度	0.122				0.145			

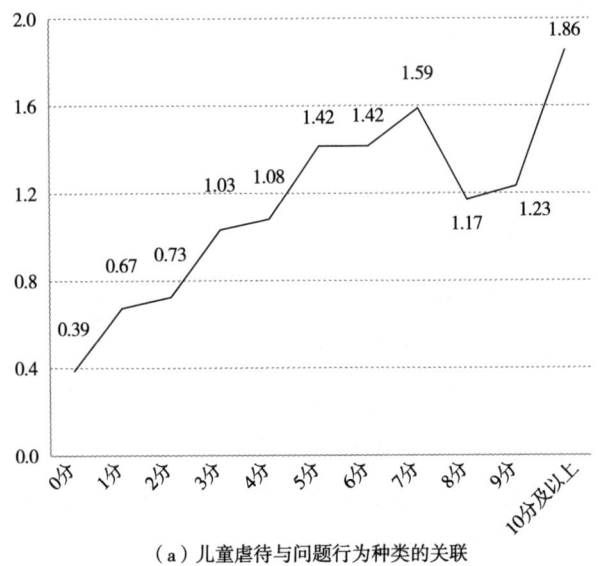

（a）儿童虐待与问题行为种类的关联

第四章 流动儿童的宏观概貌

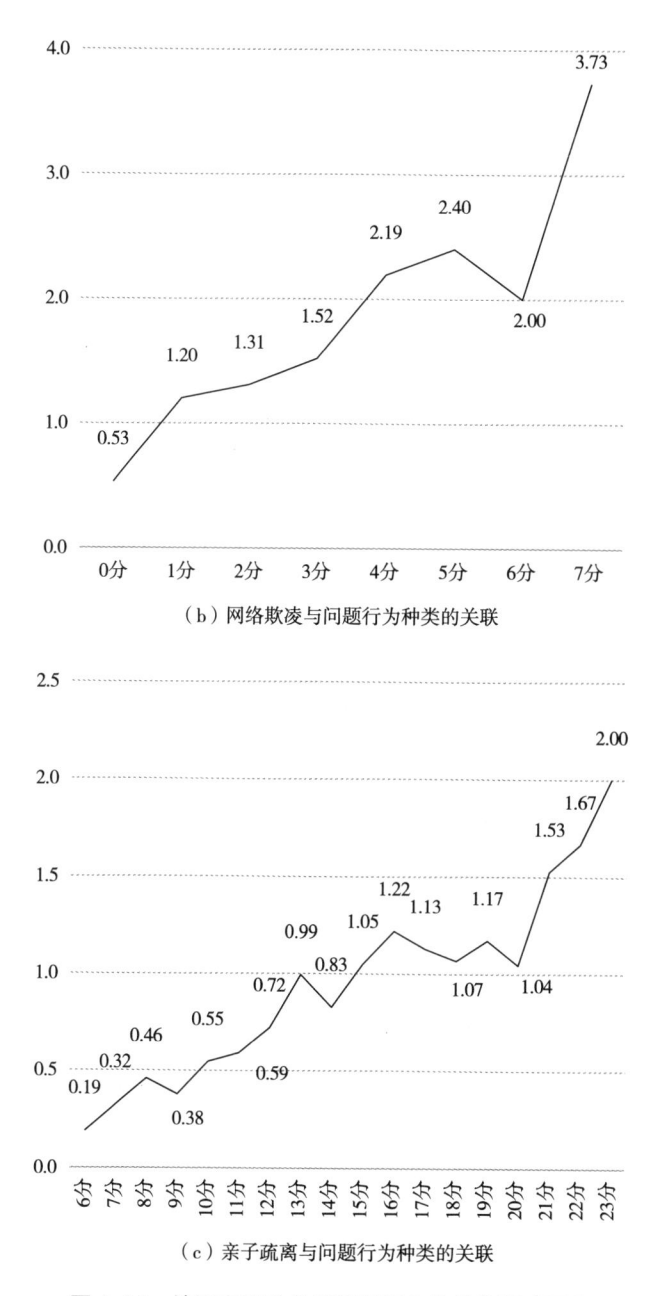

（b）网络欺凌与问题行为种类的关联

（c）亲子疏离与问题行为种类的关联

图 4-16 被调查流动儿童问题行为的具体影响因素

第五章 流动儿童的分类比较

一、不同性别的比较

(一) 流动儿童的基本状况

流动儿童整体状况的分析为我们揭示出了他们基于伤害而形成的社会风险,并显示出了流动儿童关爱保护政策在设计上的规律性特征。但是也应当认识到,流动儿童本身可能并非铁板一块的,不同流动儿童之间也可能存在较大的群体差异,这决定了相关政策的设计必须建筑于性别、年龄、流动形式等典型群体差异的基础上来做综合考量,故本研究将进一步围绕不同流动儿童类型展开更为细致的分析,以期为相关政策设计提供更细致的方案建议。

首先呈现出了两类儿童在年龄和城市上的分化。调查发现两类儿童的年龄没有显著的群体差异 ($t=0.349$, $p=0.727$),两者年龄均为 12.7 岁左右。另外从年龄分布来看,虽然 14 岁流动女童的占比同比流动男童略高,但整体上两者在多个年龄段上的分布具有高度重合性。另外在不同城市流动儿童的性别占比统计中,上海、郑州、合肥、苏州等四个城市的男童比例略高于女童,而济南、成都和长沙的女童占比则略微领先,但其整体的性别差异均比较有限;即使是男性占比最高的合肥和占比最低的长沙,也未能显示出城市之间的区别 ($t=1.877$, $p=0.061$),所以本研究认为不同城市间基于性别的差异未被证实。

进一步的研究展现出了不同性别流动儿童在汉族比率、健康率和残疾率上的区别。调查发现,两类儿童虽然具有民族比例上的群体差异 ($\chi^2=5.759$, $p=0.016$),但流动男童和流动女童中少数民族的占比分别仅

第五章　流动儿童的分类比较

为0.8%和1.9%，两者的占比均非常有限。另外在健康率（$\chi^2=2.490$，$p=0.115$）和残疾率（$\chi^2=0.183$，$p=0.669$）方面，两类儿童的群体差异均比较有限，流动儿童的身体健康方面并未展现出明显的性别差异。

在流动形式上，通常流动男童同比流动女童更容易跨省流动，两者的占比分别为42.4%和39.0%，呈现出了潜在的群体差异（$\chi^2=2.730$，$p=0.098$）。在上海等跨省流动较多的城市中，约有93.4%的流动男童和88.1%的流动女童为非邻近省儿童，统计结果也一定程度上发现了性别差异（$\chi^2=3.496$，$p=0.062$）。但与传统研究通常主张的男性优势相比，本研究认为此轮调查中流动家庭"将男童优先带入城市来享有良好教育、将女童滞留在流出地家庭"的趋势似乎有所减弱，这可能与疫情对民众心态的影响以及大中城市进一步放宽儿童领域的基本公共服务限制有关，这一趋势非常值得进行持续跟踪。在五个最主要户籍人口的统计中，河南、安徽、山东、四川、湖南等调研地的儿童数量最多，反映出无论男童抑或女童，其省内流动形式都占有相当的比例。

在迁移年龄方面（如图5-1所示），流动儿童表现出了较大的性别差异。其中男童在出生时就进入到流入地的比例约为23.8%，同比女童低5.8个百分点，且两者的群体差异较明显（$\chi^2=9.824$，$p=0.002$），说明女童同比男童更容易在出生前后进入到所在城市，其原因可能与流动男童跨省流动较多而带来的更大流动困难有关。在分时间阶段的统计中，约有一半以上的男童和女童在幼儿园前就已经来到了流入地，与之前的研究结果类似，我国未来的流动儿童关爱保护政策需要建设自出生开始到十六周岁为止的全周期儿童服务。在值得关注的性别差异领域，男童同比女童在幼儿园前阶段来到本地的比例低了约5.0个百分点（$\chi^2=5.691$，$p=0.017$），除出生时间以外的女童占比明显偏高的时间点为幼儿园入学前期（3周岁）；而男童小学阶段来到流入地的比例同比女童明显偏高4.1个百分点（$\chi^2=6.097$，$p=0.014$），且小学（5周岁和6周岁）和初中（11周岁）入学时间点的领先优势最明显。这展现出流动女童通常在幼儿园前会尽早来到流入地城市，流动男童的迁移时间则更偏重于小学和初中的入学点。

89

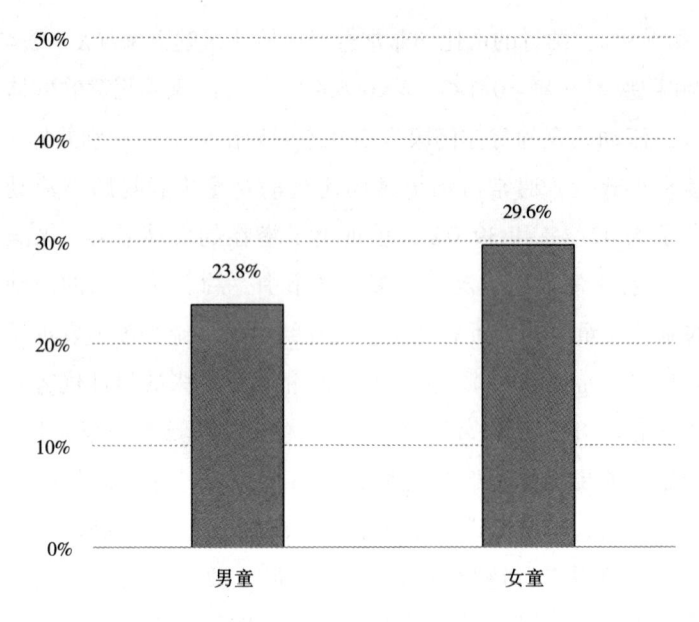

迈向中国式现代化：建构新时代中国流动儿童关爱保护体系

（a）不同性别流动儿童出生在流入地的占比

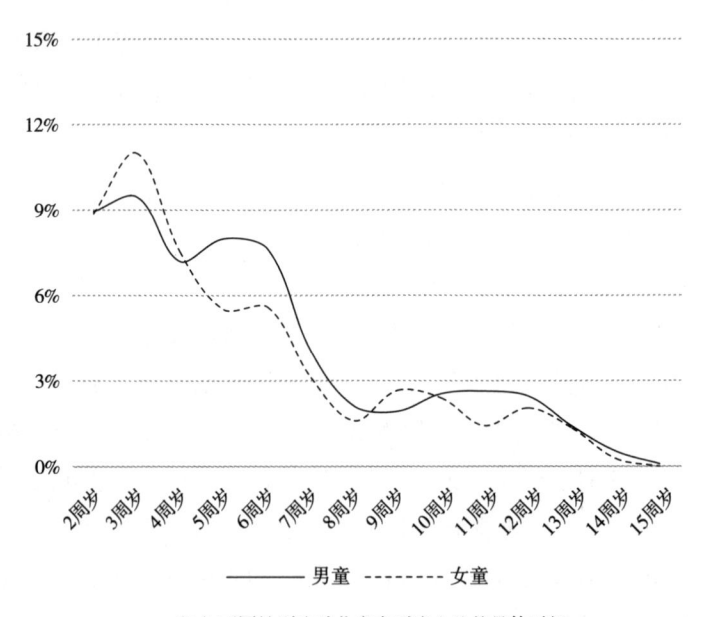

（b）不同性别流动儿童来到流入地的具体时间

图 5-1 被调查流动儿童迁移时间的性别对比

第五章 流动儿童的分类比较

在图 5-2 所示的转学次数统计中，流动男童和流动女童的差异不大，两类儿童在转学一次（男童 = 14.5%，女童 = 15.1%，$\chi^2 = 0.168$，$p = 0.682$）、转学两次（男童 = 6.0%，女童 = 6.2%，$\chi^2 = 0.038$，$p = 0.846$）和转学三次以上（男童 = 3.0%，女童 = 2.4%，$\chi^2 = 0.922$，$p = 0.337$）的统计中均无明显性别分化。但在学习成绩方面，由于流动女童通常而言具有良好的纪律性且其来到流入地的时间更早，其同比流动男童在前 75%的统计中均具有优势，而在学习成绩较差学生的统计中，流动男童（55.2%）同比流动女童（44.8%）的占比更高。在平均成绩的测量中，流动女童主要在语文成绩方面具有明显的性别优势（$t = -7.004$，$p = 0.000$），但数学成绩并未有显著分化（$t = -0.061$，$p = 0.952$），也从侧面反映出流动女童的成绩优势可能与她们纪律性更强及学习习惯更好有关。

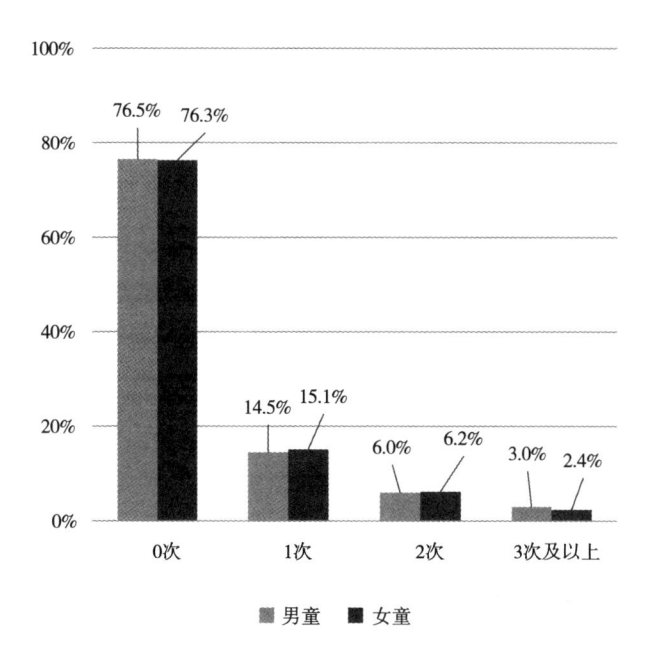

（a）不同性别流动儿童的转学次数

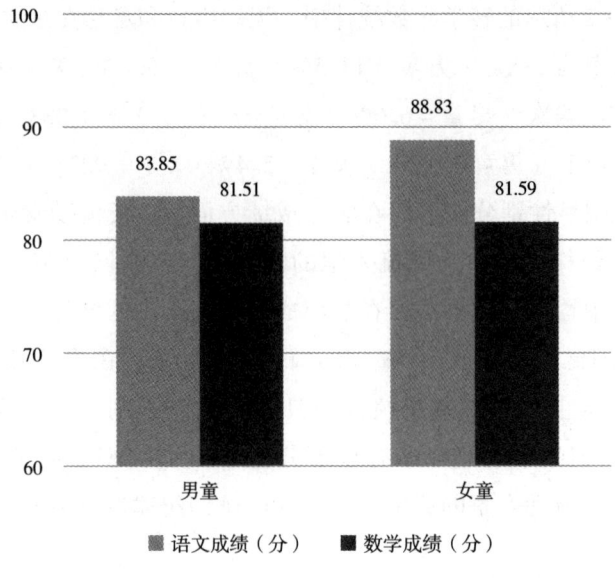

迈向中国式现代化：建构新时代中国流动儿童关爱保护体系

（b）不同性别流动儿童的平均语文和数学成绩

图 5-2 被调查流动儿童转学次数和学习成绩的性别对比

在户籍的测量中，目前流动男童和流动女童的占比似乎没有本质性区别（$\chi^2=0.826$，$p=0.364$），非农户籍人口大致占据各自总人口数量的一成左右。但流动女童更期望留在大城市生活，其比例大致为 65.3%，同比流动男童 57.5% 的选择比例明显偏高（$\chi^2=15.000$，$p=0.000$），展现出女童同比男童对于大城市居住生活的向往。研究认为，流动女童上述方面的特征可能与她们较早来到大城市并已经习惯了大城市的生活方式有关，并提醒在政策设计上要对流动女童留在大城市更为关注。

（二）流动儿童的家庭状况

调查发现核心家庭是流动家庭的主要形态，其中不同性别流动儿童与母亲（男童=94.0%，女童=93.6%，$\chi^2=0.206$，$p=0.650$）共同居住的比例大致类似，但流动男童同比流动女童更多会和父亲共同居住（男童=91.6%，女童=88.8%，$\chi^2=5.054$，$p=0.025$），这导致流动女童单独和母亲居住的比例有所领先（男童=6.2%，女童=8.5%，$\chi^2=4.167$，

$p=0.041$)。在照顾者的统计中，流动女童往往被妈妈照顾（男童=69.8%，女童=75.6%，$\chi^2=9.732$，$p=0.002$），流动男童则更多地被爸爸照顾（男童=16.7%，女童=11.7%，$\chi^2=11.684$，$p=0.001$），男性家庭成员对流动男童的照顾似乎更多，这部分程度上与流动家庭的离婚情况有关。其他家庭成员和两类性别流动儿童共同居住的比例没有本质性差异，父系祖辈是流动儿童父母以外最重要的同居者和实际照顾者。

调查进一步证实，流动男童父母去世和失联的比例均为0.44%，而流动女童的比例则分别为0.36%和0.44%，显示流动儿童的丧亲比例普遍较低。这是因为，流动家庭选择迁移到大城市一定会理性的考虑家庭社会经济状况及生活成本，当家庭中出现丧亲案例后，原有流动家庭会选择返回流出地，故此方面的比例同比农村儿童要明显偏低[①]。研究还观察到流动女童家庭中有共同居住兄弟姐妹的数量同比男童明显增长，不但平均居住人数明显低于流动男童（$t=-2.744$，$p=0.006$），而且仅有21.4%的家庭未和兄弟姐妹居住，显著低于流动男童的30.3%的选择率（$\chi^2=223.594$，$p=0.000$），形成这一问题的原因可能与流动家庭重男轻女的生育观具有很大关联，部分人口生育女童后会有更为明显的男童偏好。在多代共同居住的统计中，研究并未发现两类流动儿童的差别（$\chi^2=0.720$，$p=0.396$）。

从流动家庭社会经济地位的性别比较来看，研究观察到流动儿童父母的学历教育情况。研究发现两类流动儿童父亲（$t=1.298$，$p=0.195$）和母亲（$t=-1.023$，$p=0.307$）的学历得分基本类似，且其父母初中以下比例大致在54.1%~58.1%的范畴内波动，另外在专科以上比例的测量中，两类流动儿童的父母（爸爸：$\chi^2=1.251$，$p=0.263$；妈妈：$\chi^2=0.042$，$p=0.838$）也没有表现出显著的群体差异。研究认为，流动男童

[①] 2019年研究团队对七个省份的农村儿童进行了调查，其中农村男童父母去世或失联的比例大致为1.8%和1.3%，农村女童父母去世或失联的比例大致为2.4%和1.3%。具体数据可以参考万国威：《我国农村儿童的权益保障现状及政策优化研究》，载中国儿童福利和收养中心编：《中国未成年人保护发展报告蓝皮书》，中国社会出版社，2022年11月。

和流动女童在父母学历教育方面没有本质性差别,其背后体现出我国义务教育的快速普及及高等教育的跨越式发展。

在职业方面,两类流动儿童的父母也具有相对有限的差距。受到"男主外、女主内"家务分工传统的影响,两类流动儿童的父亲往往较少居家照顾家庭(比例均为0.9%),而母亲的居家照顾比例则明显升高,分别达到了17.2%和17.3%。此外,流动男童和流动女童父母从事最多的三类职业也基本保持一致,其中"做小生意"(20.3%~21.7%)、"本地务工"(18.9%~21.1%)和"企业职员"(16.7%~17.8%)是其父亲的最主要三个职业,而"做小生意"(19.3%~20.4%)、"企业职员"(18.3%~18.8%)和"本地务工"(16.8%~17.5%)是其母亲的最主要三个职业。

图5-3展现出了两类流动儿童的家庭功能障碍。调查证实流动男童和流动女童的家庭功能障碍比例分别为12.6%和15.2%,后者同比前者略高且显示出了一定的群体差异($\chi^2=3.232$, $p=0.072$)。在分居率(8.3%)、离婚率(6.0%)和丧亲率(1.0%)等多方面的统计中,流动女童所遇到的家庭功能障碍都要同比流动男童更为严重,且尤其以离婚率的差距最为明显($\chi^2=4.882$, $p=0.027$)。而儿童父母童年遭受过暴力的比重上,男童父亲同比女童父母更多提及了遭受童年暴力的情况($\chi^2=7.835$, $p=0.005$),母亲的比例则大致相仿($\chi^2=0.500$, $p=0.480$),其原因可能在于男童和父亲的沟通交流更加密切。

家庭功能障碍也部分程度地影响了流动家庭的亲子关系。调查发现在亲子关系得分分布的统计中,女童在低分值区(0~80分区间)的比重普遍同比男童更高,男童则在中等程度亲子关系区间(81~110分区间)的比例上同比女童更高,而在111分以上区间两者大致重合。在三类亲子关系指标的具体测量中,男童在高信任度($\chi^2=3.998$, $p=0.046$)、良好沟通($\chi^2=6.127$, $p=0.013$)及低疏离度($\chi^2=1.424$, $p=0.233$)等方面同比女童更具优势,且在沟通不畅($\chi^2=6.335$, $p=0.012$)及疏离度高($\chi^2=6.169$, $p=0.013$)等不良亲子关系比重的测量中同比女童的占比显著偏低。研究观察到,流动女童同比流动男童似乎更容易形成更差

第五章 流动儿童的分类比较

的亲子关系，尤其是在低水平亲子关系的建设方面可能问题更为严峻，其深层次原因可能与流动女童对更多家庭去功能障碍的识别强烈有关。

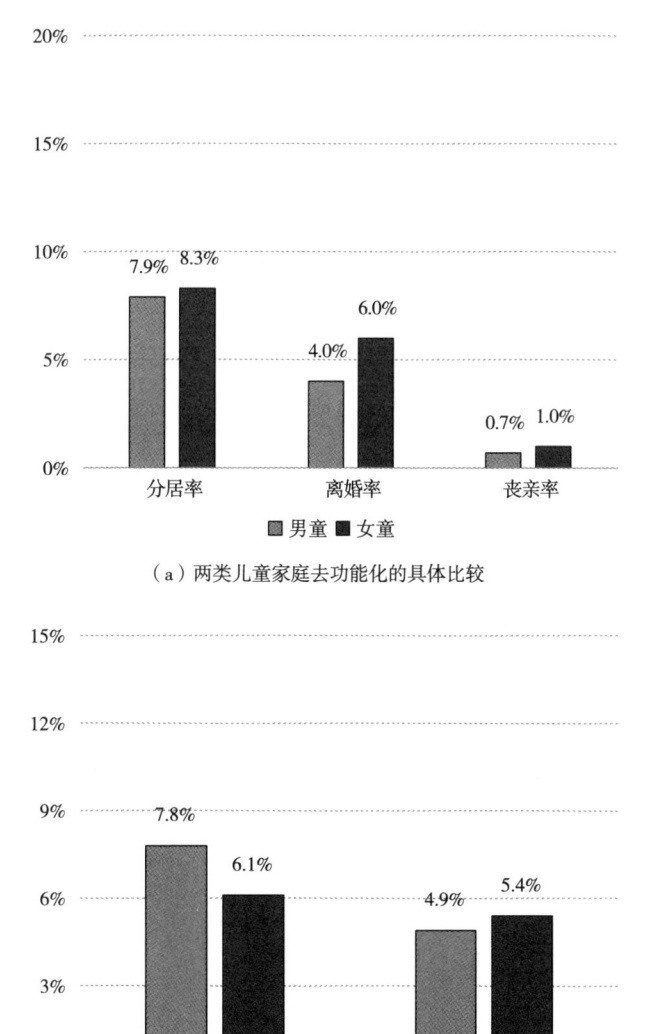

（a）两类儿童家庭去功能化的具体比较

分居率：男童 7.9%，女童 8.3%
离婚率：男童 4.0%，女童 6.0%
丧亲率：男童 0.7%，女童 1.0%

（b）儿童父母童年遭受过暴力的比重

父亲：男童 7.8%，女童 6.1%
母亲：男童 4.9%，女童 5.4%

图 5-3 被调查流动儿童家庭功能障碍的性别对比

95

(三) 家庭内部伤害的基本状况

从儿童遭受的家庭暴力去观察，目前世界范围内儿童所遭遇到的暴力普遍存在性别差异，通常可以概括为"男童更容易遭遇躯体暴力，女童更容易遭遇情感暴力，而家庭忽视则依循经济发展水平而有所分化"[1][2][3]。在理论解释上，男童更高的躯体虐待通常被归咎为父权制文化下的"性别关联的期待"（gender-linked expectations），即男童通常因为承载的家庭更高的期待而会面临更多的惩罚[4]，尤其是当其家庭刻意要塑造男童坚强勇敢性格时将会变得更为严重[5]；对于情感暴力而言，通常解释为女童更敏感的个性导致其对情感性问题认知更敏锐[6]；而在忽视领域，发展中国家重男轻女意识的存在可能会导致男童占有更多的家庭资源或社会机会[7]，而在现代化国家这一情况会出现好转。对全球各国不同性别儿童遭受暴力的情况进行了回顾，如图5-4所示。

---

[1] Klevens, J. & Ports, K. A. (2017). Gender inequity associated with increased child physical abuse and neglect: A cross–country analysis of population–based surveys and country–level statistics. *Journal of Family Violence*, 32, 799–806.

[2] Ramiro, L. S., Madrid, B. J., Brown, D. W. (2010). Adverse childhood experiences (ACE) and health-risk behaviors among adults in a developing country setting. *Child Abuse & Neglect*, 34 (11), 842–855.

[3] Wan, G., Tang, S., & Xu, Y. (2020). The prevalence, posttraumatic depression and risk factors of domestic child maltreatment in rural China: A gender analysis. *Children and Youth Services Review*. 116, 105266.

[4] Cui, N. & Liu, J. (2016). Cognitive and behavioral risk factors for child physical abuse among Chinese children: a multiple–informant study. *Child Adolescent Psychiatry Mental Health*, 36 (10): 1–10.

[5] Sanapo, N. S. & Nakamura, Y. (2010). Gender and physical punishment: the Filipino children's experience. *Child Abuse Review*, 20 (1), 39–56.

[6] van der Kooij, I. W., Nieuwendam, J., Bipat, S., Boer, F., Lindauer, R. J., & Graafsma, T. L. (2015). A national study on the prevalence of child abuse and neglect in Suriname. *Child Abuse & Neglect*, 47, 153–161.

[7] Nguyen, H. T., Le, A. V., & Dunne, M. P. (2010). Multiple types of child maltreatment and adolescent mental health in Viet Nam. *Bulletin of the World Health Organization*, 88 (1), 22–30.

第五章 流动儿童的分类比较

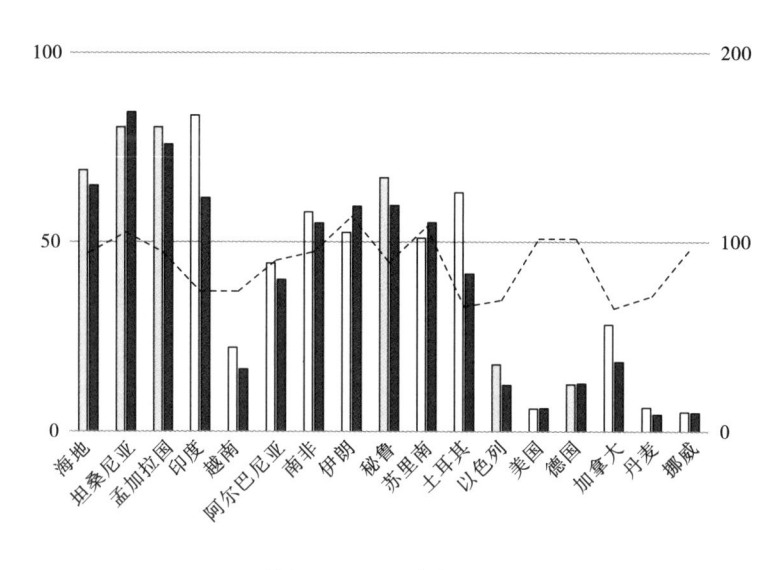

（a）各国男童与女童遭受躯体暴力的比例

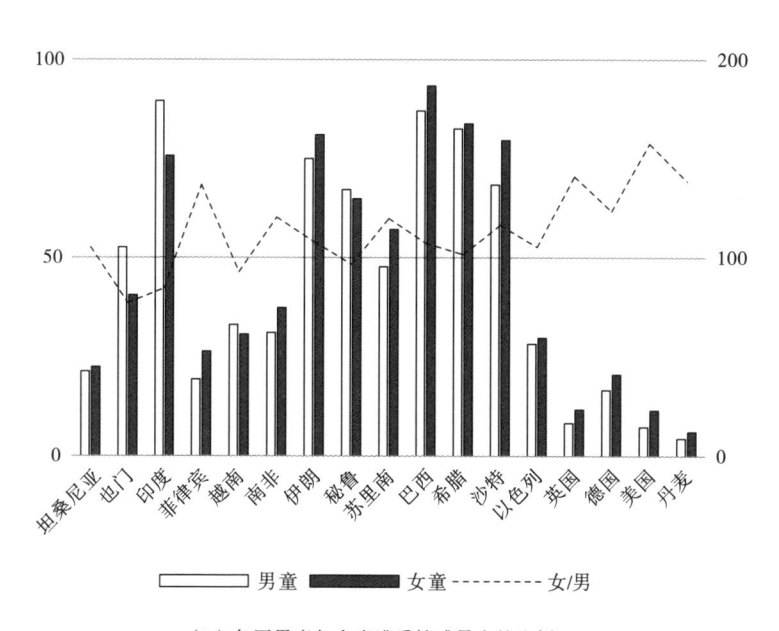

（b）各国男童与女童遭受情感暴力的比例

97

(c) 各国男童与女童遭受忽视的比例

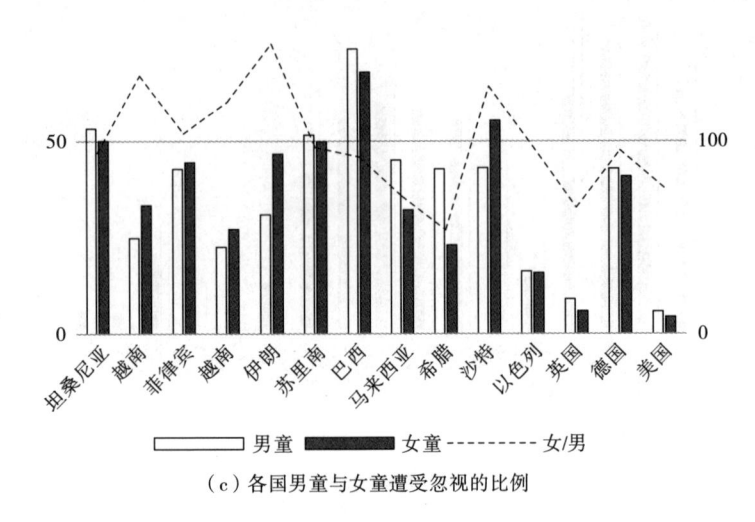

图 5-4 不同国家儿童家庭暴力和忽视的性别比较

我们的研究结论也证实，流动儿童暴力与忽视的情况也符合国际普遍规律，流动儿童家内暴力的防护政策需要充分考虑性别差异。其中就儿童暴力而言，流动男童同比流动女童的躯体暴力流行率高约4.2个百分点（$X^2=5.144$，$p=0.023$），流动女童同比流动男童的情感暴力流行率则高约8.2个百分点（$X^2=15.440$，$p=0.000$），且两者在得分分布上均显示出了同比对方更高的暴力得分（躯体暴力：$t=3.184$，$p=0.001$；情感暴力：$t=-3.214$，$p=0.001$），这一结论与国际范围内的主流研究结论保持了高度的一致。在具体忽视类型的测量中，流动男童（1.3%~3.2%）在五类具体躯体暴力指标上同比女童（0.5%~2.5%）都面临更大的威胁，尤其是在父母经常殴打、经常体罚等领域其同比流动女童面临的境况更为糟糕；相反，女童同比男童在五类情感暴力方面面临更大压力，尤其以家人带有侮辱性言语方面的性别差异最为明显（$X^2=7.916$，$p=0.005$）。如图5-5所示，此图具体展现了男童和女童在遭受两类暴力行为上的具体比例差异。

第五章　流动儿童的分类比较

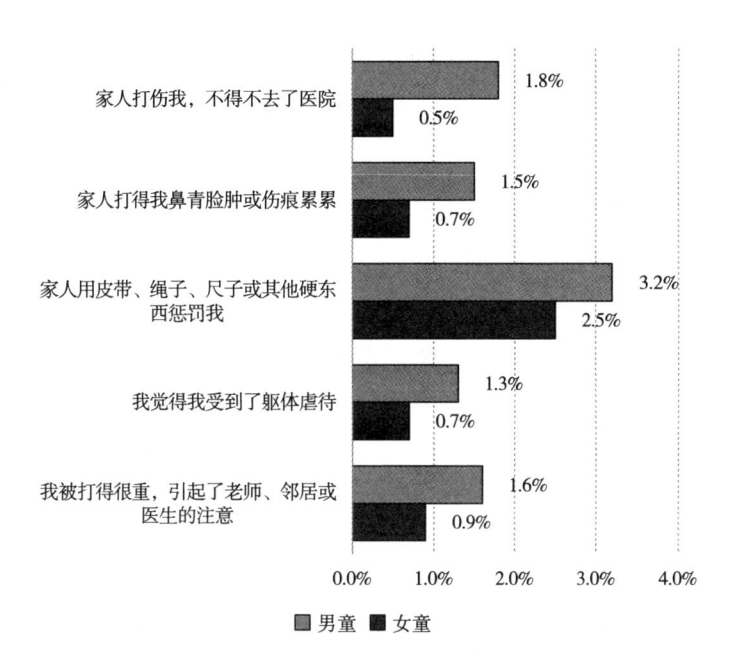

（a）两类儿童经常遭受躯体暴力的具体比例

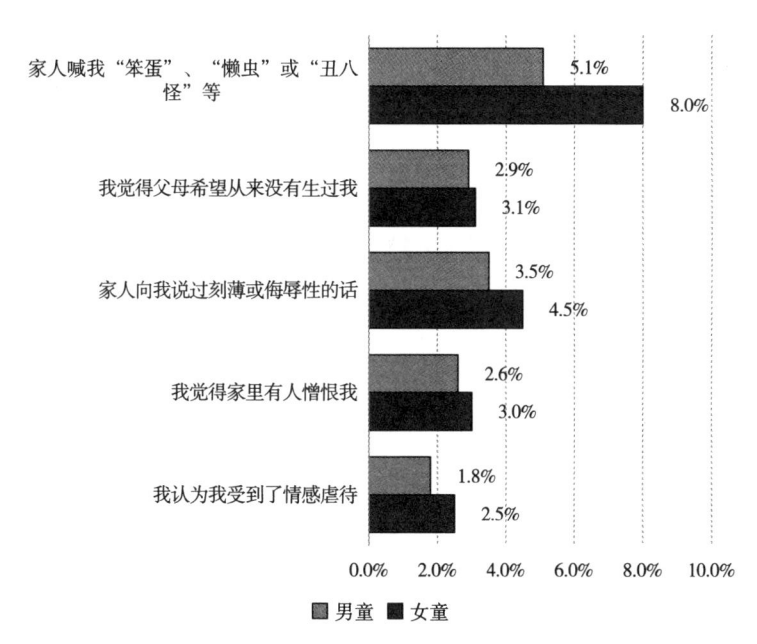

家人打伤我，不得不去了医院　男童 1.8%　女童 0.5%
家人打得我鼻青脸肿或伤痕累累　男童 1.5%　女童 0.7%
家人用皮带、绳子、尺子或其他硬东西惩罚我　男童 3.2%　女童 2.5%
我觉得我受到了躯体虐待　男童 1.3%　女童 0.7%
我被打得很重，引起了老师、邻居或医生的注意　男童 1.6%　女童 0.9%

(b) 两类儿童经常遭受情感暴力的具体比例

家人喊我"笨蛋"、"懒虫"或"丑八怪"等　男童 5.1%　女童 8.0%
我觉得父母希望从来没有生过我　男童 2.9%　女童 3.1%
家人向我说过刻薄或侮辱性的话　男童 3.5%　女童 4.5%
我觉得家里有人憎恨我　男童 2.6%　女童 3.0%
我认为我受到了情感虐待　男童 1.8%　女童 2.5%

图 5-5　被调查流动儿童遭受躯体和情感暴力的性别对比

99

表 5-1 进一步展现出了不同性别流动儿童遭受暴力的影响因素。调查发现，在两类模型分别具有 0.319 和 0.346 的 R^2 的前提下，亲子关系因素和童年暴力因素对两类儿童的影响均比较直接，这与不分性别的整体模型结果具有相似性。具体而言，每一个单位亲子信任的增强，流动男童和流动女童的暴力得分分别会降低 0.144 个和 0.157 个单位（$p=0.000$），而亲子分离、父母遭受暴力人数的变动趋势则更好相反，随着亲子疏离得分的增高，流动男童（B=0.219~1.382，$p=0.000$）和流动女童（B=0.337~0.749，$p=0.000~0.019$）所遭受的暴力都会显著提高。当然，两类儿童的暴力影响因素也存在一定差异：一方面，亲子沟通更有助于流动男童显著的降低暴力（B=-0.067，$p=0.044$），而流动女童在此方面所受的影响很小（B=0.025，$p=0.031$），说明亲子关系对男童的影响似乎更为全面；另一方面，父母是否分居或者离婚对于流动男童的暴力伤害具有显著的负面影响（B=-1.298，$p=0.005$），同样这一情况对于女童影响不大，这一情况的出现反映出父母婚姻状况不佳往往会以男童作为主要的发泄对象。研究整体上认为两类流动儿童暴力影响因素的性别一致性大于异质性。

表 5-1 不同性别流动儿童遭受暴力的影响因素

指标	模型 8（男童）				模型 9（女童）			
	回归系数	标准差	显著性	方差膨胀因子	回归系数	标准差	显著性	方差膨胀因子
亲子信任得分	-0.144	0.030	0.000	3.222	-0.157	0.031	0.000	4.065
亲子沟通得分	-0.067	0.033	0.044	3.054	0.025	0.031	0.415	3.501
亲子疏离得分	0.219	0.039	0.000	1.622	0.337	0.041	0.000	2.226
父母遭受童年暴力人数	1.382	0.314	0.000	1.054	0.749	0.319	0.019	1.058
家庭经济条件	0.414	0.269	0.125	1.086	-0.090	0.302	0.765	1.077
父母平均学历	0.318	0.178	0.074	1.205	0.116	0.179	0.517	1.152
父母工作状况	0.411	0.408	0.314	1.080	0.424	0.445	0.341	1.040

续表

指标	模型8（男童）				模型9（女童）			
	回归系数	标准差	显著性	方差膨胀因子	回归系数	标准差	显著性	方差膨胀因子
父母是否分居或离婚	-1.298	0.462	0.005	1.296	0.414	0.447	0.354	1.394
与父母同居人数	0.047	0.233	0.840	1.303	-0.152	0.208	0.464	1.386
与兄弟姐妹同居人数	-0.050	0.163	0.758	1.023	-0.143	0.183	0.435	1.032
城市	0.113	0.100	0.257	1.142	0.042	0.098	0.669	1.199
民族	2.326	1.508	0.123	1.021	-0.925	0.951	0.331	1.012
年龄	-0.245	0.109	0.024	1.185	-0.324	0.108	0.003	1.183
学习成绩	0.191	0.138	0.166	1.122	0.211	0.150	0.158	1.086
身体状况	2.994	0.622	0.000	1.070	1.457	0.747	0.052	1.073
拟合程度	0.319				0.346			

图5-6的统计结果进一步反映出了忽视领域的性别差异。研究观察到，流动男童和流动女童在情感忽视领域未能产生明确的性别差异（$\chi^2 = 0.146$，$p = 0.702$），且两类儿童整体的得分分布基本重合。相比之下，躯体忽视领域则出现了5.6个百分点的显著差距（$\chi^2 = 7.232$，$p = 0.007$），同时在1~4分的得分区间及8分的得分区间，流动男童同比流动女童所面临的躯体忽视威胁更加巨大。就具体的测量指标来看，流动男童在医疗忽视、身体忽视、监护忽视和饮食忽视等多个躯体忽视领域均呈现出了显著的落后，说明男童更经常的遭受各类躯体忽视行为，其中医疗忽视的占比甚至达到了15.6%。研究认为，流动家庭对于女童的保护力度似乎同比男童更强，这可能基于父母认为流动女童的社会风险高于流动男童有关，因而在未来政策设计中应当注意流动男童躯体忽视行为的舆论引导。另外在情感忽视的各类具体指标上，男童和女童在五类指标上的差别均比较有限，显著的性别分化似乎并未能够观察到。

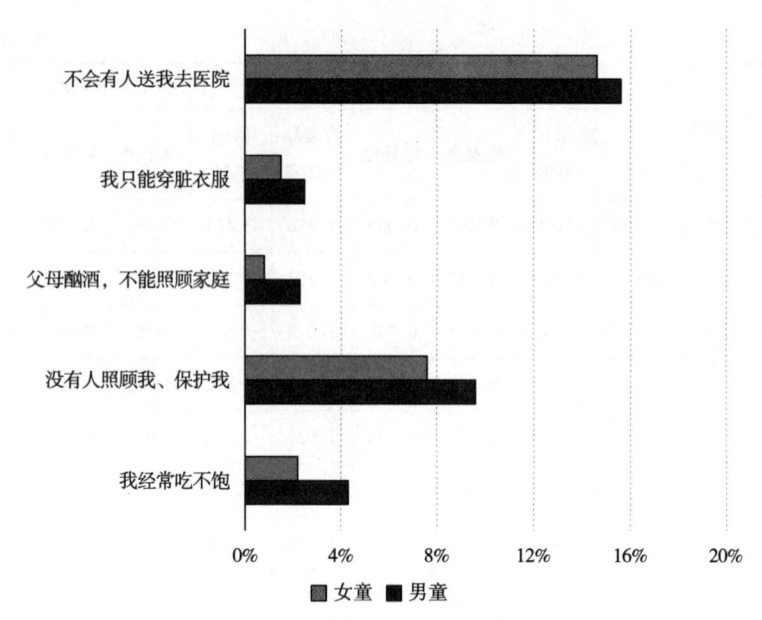

迈向中国式现代化：建构新时代中国流动儿童关爱保护体系

（a）两类儿童经常遭受躯体忽视的具体比例

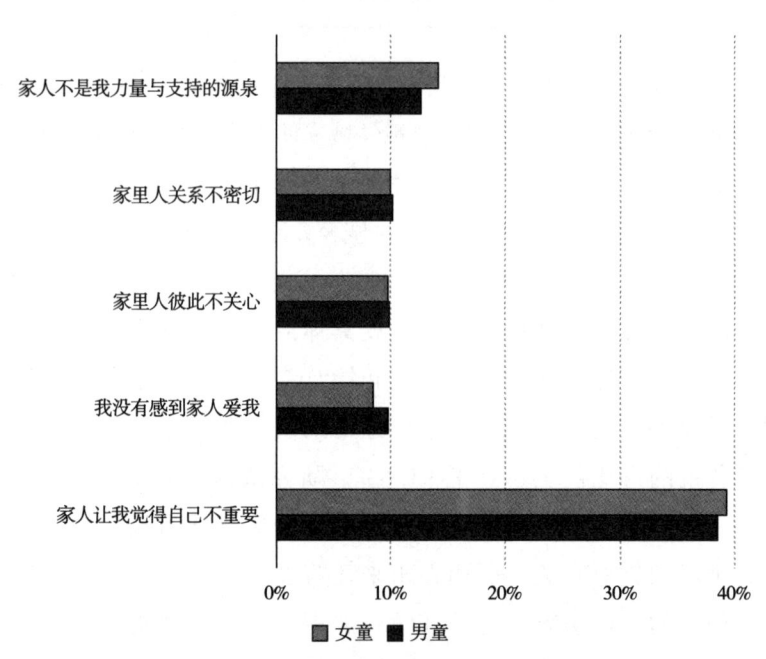

（b）两类儿童经常遭受情感忽视的具体比例

图 5-6　被调查流动儿童遭受躯体和情感忽视的性别对比

表 5-2 的研究结果展现出了两类流动儿童的忽视情况。调查证实，亲子信任（B=-0.397~-0.337，$p=0.000$）和亲子沟通（B=-0.192~-0.184，$p=0.000$）对于两类流动儿童的忽视情况均有显著的负面影响，随着亲子关系的优化，两类流动儿童的忽视境况将出现共同性的降低。当然，忽视的影响因素也存在一定的性别差异，其中亲子疏离对于流动男童遭受忽视的影响尤为明显（B=0.189，$p=0.000$），但流动女童很少受到此指标的过多制约（B=0.005，$p=0.908$），说明亲子关系对于男童忽视情况的影响力度同比女童似乎更大。另有流动女童往往与父母共同居住人数的关联密切（B=0.561，$p=0.018$），随着和父母同居人数的减少其忽视问题会变得愈加严重，而男童在此方面的所受影响较小，其背后可能与流动女童家庭面临着更高的家庭功能障碍有关。未来在政策上应当给予亲子关系不佳的流动男童及具有家庭功能障碍的流动女童更多关注。

表 5-2 不同性别流动儿童遭受忽视的影响因素

指标	模型 10（男童）				模型 11（女童）			
	回归系数	标准差	显著性	方差膨胀因子	回归系数	标准差	显著性	方差膨胀因子
亲子信任得分	-0.337	0.040	0.000	3.222	-0.397	0.035	0.000	4.065
亲子沟通得分	-0.192	0.044	0.000	3.054	-0.184	0.035	0.000	3.501
亲子疏离得分	0.189	0.052	0.000	1.622	0.005	0.046	0.908	2.226
父母遭受童年暴力人数	-0.288	0.419	0.492	1.054	0.477	0.363	0.189	1.058
家庭经济条件	-0.008	0.359	0.983	1.086	-0.205	0.344	0.552	1.077
父母平均学历	0.024	0.237	0.918	1.205	0.015	0.204	0.943	1.152
父母工作状况	0.090	0.544	0.868	1.080	-0.101	0.506	0.842	1.040
父母是否分居或离婚	-0.152	0.615	0.805	1.296	-0.260	0.508	0.609	1.394
与父母同居人数	0.163	0.310	0.599	1.303	0.561	0.236	0.018	1.386
与兄弟姐妹同居人数	0.194	0.217	0.370	1.023	-0.023	0.208	0.913	1.032
城市	0.114	0.133	0.391	1.142	0.048	0.111	0.667	1.199

续表

指标	模型10（男童）				模型11（女童）			
	回归系数	标准差	显著性	方差膨胀因子	回归系数	标准差	显著性	方差膨胀因子
民族	-0.453	2.009	0.822	1.021	0.680	1.081	0.529	1.012
年龄	-0.235	0.145	0.105	1.185	-0.081	0.123	0.507	1.183
学习成绩	0.615	0.184	0.001	1.122	0.380	0.170	0.026	1.086
身体状况	-1.428	0.828	0.085	1.070	1.131	0.850	0.183	1.073
拟合程度	0.442				0.571			

（四）家庭外部伤害的基本状况

家庭外部伤害通常也被认为具有典型的性别差异，通常男童被认为更容易遭受到直接的校园欺凌以及网络欺凌[1]，且在性别越不平等的文化中儿童欺凌受害的差距就会越大[2]，因此我们将接着研究流动儿童在家庭外部伤害领域的性别分化。研究进一步展现出了流动儿童的同辈排斥情况。研究观察到不同性别流动儿童在同辈忽视领域的差距较小（$t=0.462$，$p=0.644$），同辈拒绝方面虽然有显著差异（$t=-2.429$，$p=0.015$）但男童和女童的得分较为接近，因而流动儿童在同辈排斥上的整体得分不具有统计学意义上的性别差异（$t=-1.472$，$p=0.141$）。在不同得分的分布中，男童同比女童在20~24分的区间中占比更高，但女童在15~19分和25~29分的区间中有更高占比，因而两者的整体情况大致类似。而在分类别的统计中，分性别流动儿童遭受到的同辈排斥也大致类似，男童在"一起吃饭""参与团队""邀请玩耍"等方面危险程度更高，女童

---

[1] Card, A. N., Stucky, D. B., Sawalani, M. G. & Little, T. D. (2008). Direct and indirect aggression during childhood and adolescence: A meta-analytic review of gender differences, intercorrelations, and relations to maladjustment. *Child Development*, 79 (5), 1185-1229.

[2] Cosma, A., Bjereld, Y., & Walsh, S. D. (2022). Gender differences in bullying reflect societal gender inequality: A multilevel study with adolescents in 46 countries. *Journal of Adolescent Health*, 71 (5), 601-608.

则在"来家中玩""吸引注意""邀请度假"等方面的风险更大。

从两类儿童获得的社会支持得分来看,流动男童30.3分的社会支持得分同比女童28.7分的得分似乎更有优势($t=2.230$,$p=0.026$),且其在40~60分的高分段比较中同比流动女童具有普遍的领先,这说明获得良好社会支持的男童比例高于女童;但在最低分段的比较中,两类儿童的性别差异基本消弭,约有一成左右的男童和女童获得了极为有限的社会支持。在社会支持的内容上,流动男童同比女童在六个项目的统计中均具有领先优势,并尤其以"降低紧张""减轻忧愁"和"保持关心"等项目的性别优势最大。

图5-7展现出了分性别流动儿童网络欺凌情况。调查证实流动男童(20.6%)和流动女童(21.6%)的网络欺凌率大致类似($x^2=0.330$,$p=0.566$),但前者(3.68分)同比后者(2.52分)的得分明显偏高($t=2.451$,$p=0.014$),显示虽然在普遍程度上差异较小但在严重程度上却相差较大。进一步的具体调查也显示,流动男童在发送侮辱信息、发送羞辱照片、拍照取乐等诸多方面遭受到的网络欺凌同比流动女童都要更为严重。研究意识到,在儿童网络欺凌领域,流动男童更可能成为欺凌受害者,也应当成为当前政策关注的重点人群。

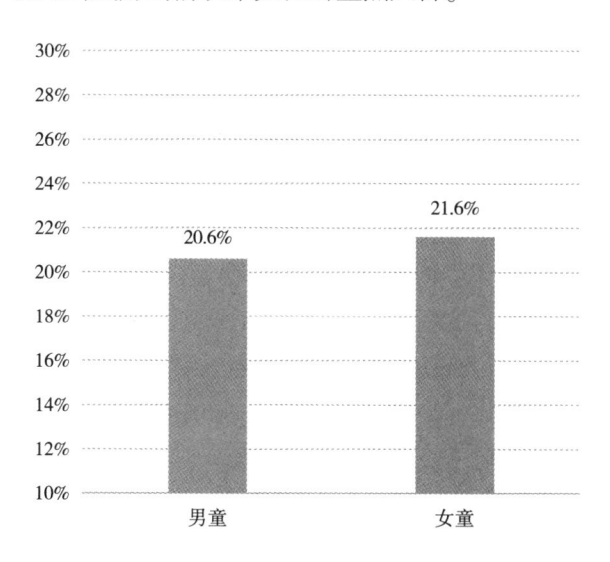

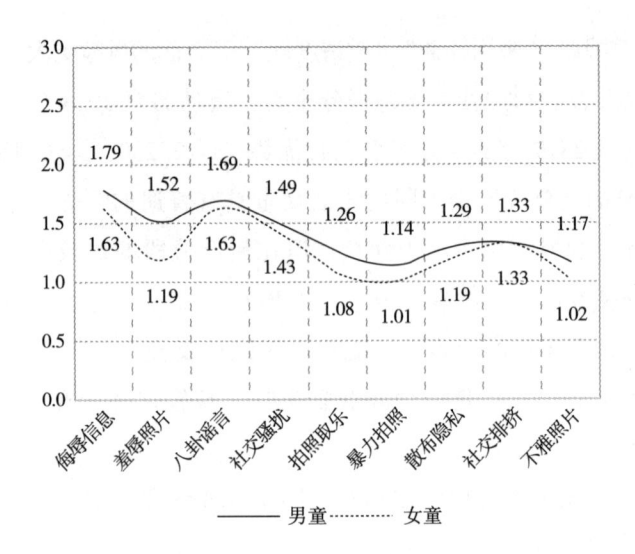

迈向中国式现代化：建构新时代中国流动儿童关爱保护体系

图 5-7 被调查流动儿童遭受网络欺凌的性别对比

网络欺凌通常也受到亲子关系、儿童忽视和同辈排斥等因素的影响，并在不同性别中得到了普遍的反映。如图 5-8 所示，随着亲子关系的提高，流动男童（$t=3.066$，$p=0.002$）和流动女童（$t=7.147$，$p=0.000$）遭受网络欺凌的比例出现了显著下降，并尤其以女童的降低幅度更大。儿童忽视和同辈欺凌则与网络欺凌呈现出了正向关联，随着两类伤害的提高，流动男童（$t=-5.013\sim-2.870$，$p\leqslant0.001$）和流动女童（$t=-5.171\sim3.576$，$p\leqslant0.001$）的网络欺凌均有显著上扬。

在意外伤害领域（如图 5-9 所示），流动男童同比流动女童也面临着更高的风险，前者 0.74 分的得分同比后者 0.59 分的得分显著偏高（$t=3.255$，$p=0.001$）。遭遇具体种类的统计中，男童（8.1%）在三类以上意外事件种类的统计中也同比女童（4.7%）具有较为明显的领先（$\chi^2=11.467$，$p=0.001$），尤其在吸入异物（$\chi^2=5.238$，$p=0.022$）、高空坠落（$\chi^2=17.026$，$p=0.000$）、触电（$\chi^2=8.196$，$p=0.004$）等方面的风险均高于女童。研究观察到，由于流动男童同比流动女童具有更加活泼好动的性格，其所遭受到的意外伤害状况同比女童也要更为严重，未来意外伤害防范的重点人群需适度集中在男童。

106

第五章 流动儿童的分类比较

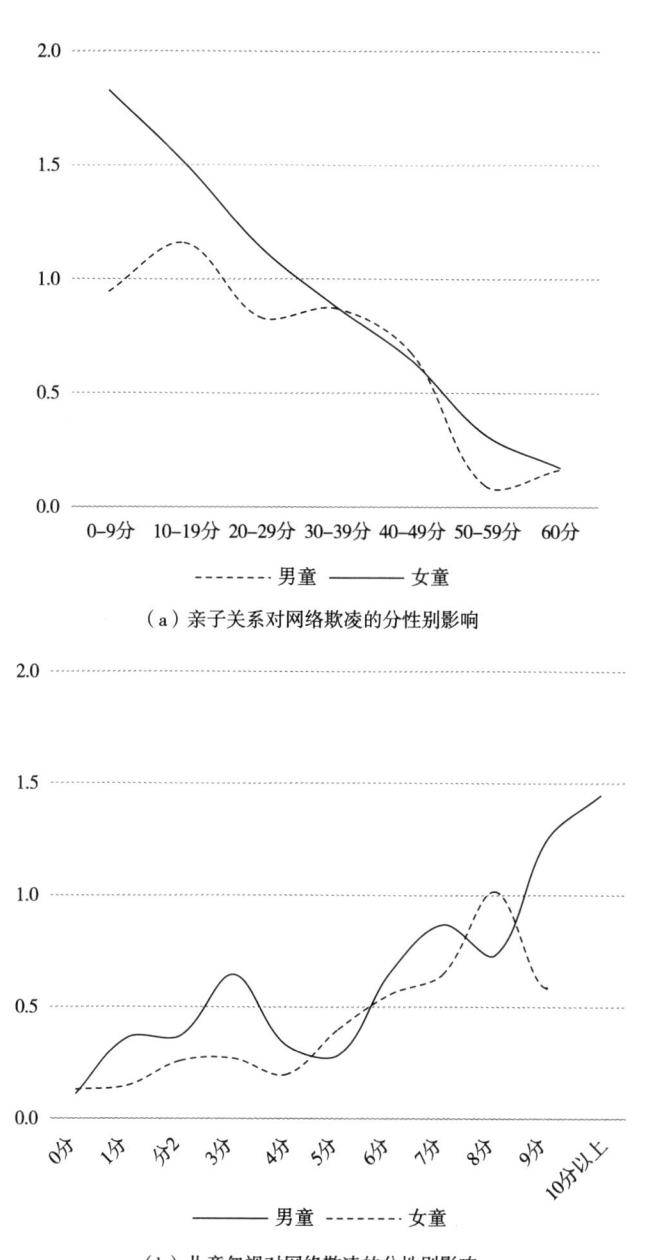

（a）亲子关系对网络欺凌的分性别影响

（b）儿童忽视对网络欺凌的分性别影响

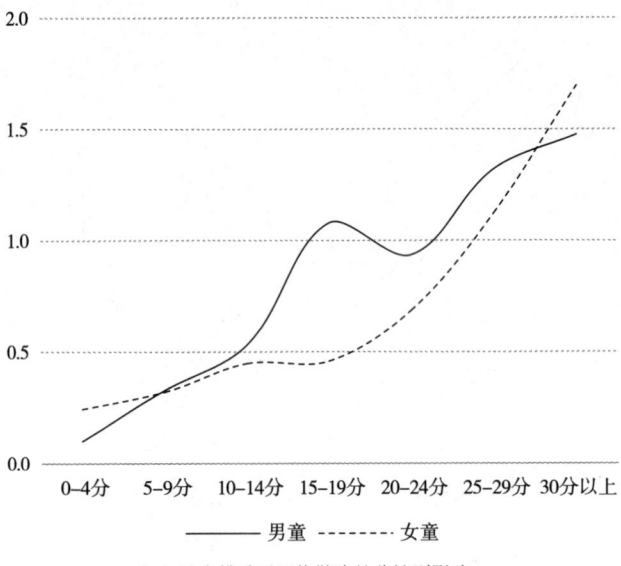

迈向中国式现代化：建构新时代中国流动儿童关爱保护体系

（c）社会排斥对网络欺凌的分性别影响

图 5-8　被调查流动儿童网络欺凌影响因素的性别对比

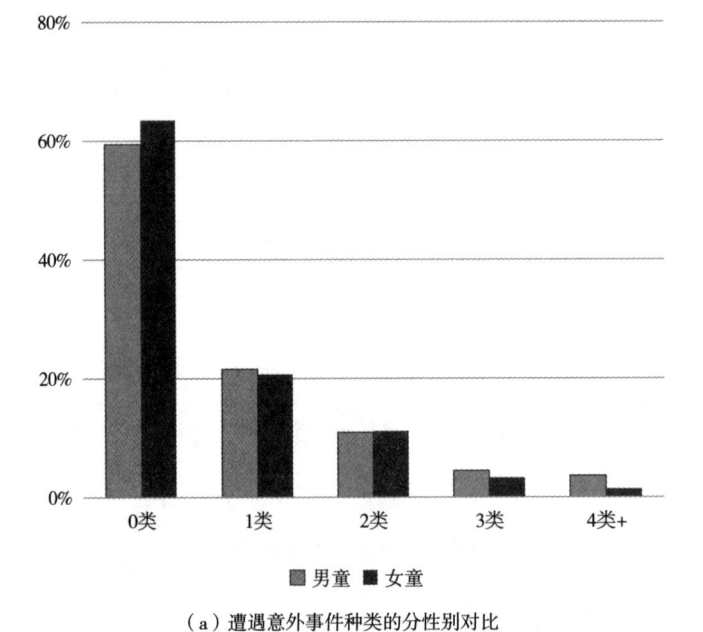

（a）遭遇意外事件种类的分性别对比

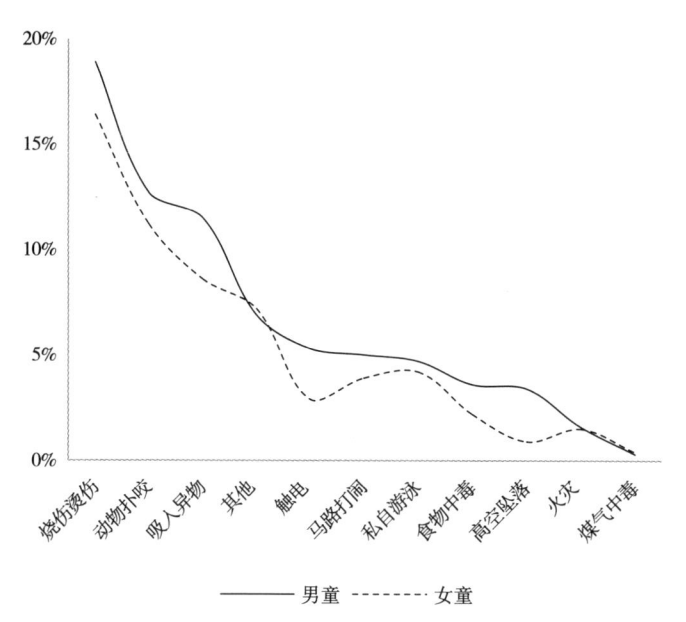

第五章　流动儿童的分类比较

（b）意外伤害具体分类统计的性别比较

图5-9　被调查流动儿童遭受意外伤害的性别对比

在流动儿童求助对象的统计中，调查发现流动女童（39.9%）通常首先倾向于向母亲求助，流动男童（32.4%）通常首先倾向于向父亲求助，两者呈现出了统计学意义上的显著性别差异（$x^2 = 34.411 \sim 40.441$，$p = 0.000$），说明同一性别家庭成员对于流动儿童求助而言最为重要，这与2019年针对中国农村留守儿童的调查结果高度一致[1]，反映出这可能是中国家庭的普遍情况。此外，在父母以外的替代性求助对象中，男童同比女童更容易求助于教师（$x^2 = 12.169$，$p = 0.000$）。对于最主要的三位求助对象而言，父母仍然是流动男童和流动女童最为重要的求助对象，且同一性别家庭成员的积极影响依然存在；而老师和警察是父母以外流动儿童求助意愿最高的人群。对于无人求助者而言，流动男童（1.7%）

---

[1] 万国威：《我国农村儿童的权益保障现状及政策优化研究》，中国儿童福利和收养中心编，《中国未成年人保护发展报告蓝皮书》，中国社会出版社，2022年11月。

和流动女童（2.0%）无人求助的比例大致类似，此方面尚未见有显著的性别分化（$\chi^2=0.270$，$p=0.603$）。

什么因素是阻碍两类流动儿童无人求助的主要因素？如表5-3所示，模型12（拟合程度=0.361）和模型13（拟合程度=0.270）的统计结果证实，亲子沟通是流动男童（优势比=0.858，$p=0.096$）和流动女童（优势比=0.810，$p=0.009$）遭遇伤害后无人求助的主要原因，随着亲子沟通变得更差，无论是男童还是女童都会面临更低概率的求助率。其他因素对于无人求助问题的影响目前整体上比较局限。

表5-3 不同性别流动儿童遭受伤害后无人求助的影响因素

指标	模型12（男童）				模型13（女童）			
	回归系数	标准差	显著性	优势比	回归系数	标准差	显著性	优势比
亲子信任	0.067	0.083	0.421	1.069	0.108	0.072	0.133	1.114
亲子沟通	-0.153	0.092	0.096	0.858	-0.211	0.080	0.009	0.810
亲子疏离	0.231	0.085	0.007	1.260	-0.061	0.090	0.494	0.941
儿童暴力	0.004	0.065	0.949	1.004	0.093	0.055	0.089	1.097
儿童忽视	0.099	0.056	0.078	1.104	0.045	0.062	0.470	1.046
网络欺凌	-0.276	0.228	0.227	0.759	-0.070	0.132	0.593	0.932
同辈排斥	-0.009	0.051	0.862	0.991	0.077	0.048	0.108	1.080
社会支持	-0.022	0.027	0.414	0.978	-0.014	0.024	0.566	0.986
兄弟姐妹人数	-0.179	0.436	0.682	0.836	0.260	0.350	0.458	1.297
城市	0.073	0.261	0.779	1.076	0.223	0.230	0.332	1.250
民族	-1.826	1.382	0.999	0.000	2.517	1.183	0.033	12.391
年龄	0.000	0.287	1.000	1.000	0.019	0.255	0.942	1.019
学习成绩	-0.018	0.325	0.957	0.982	0.240	0.304	0.430	1.272
身体状况	-0.197	1.171	0.866	0.821	-1.816	7.233	0.998	0.000
拟合程度	0.361				0.270			

第五章　流动儿童的分类比较

（五）心理与行为问题的基本状况

儿童心理与行为方面的性别差异也是目前政策上需要关注的重要问题。既有研究普遍证实，女童同比男童往往更易罹患焦虑、抑郁等心理病症[1]，而男童同比女童则在问题行为方面可能更多[2]，这通常被广泛地认为与男童侧重于外化型（externalized）的情绪疏导方式和女童侧重于内化型（internalized）的情绪疏导方式有关。如图5-10所示，与上述结果类似，流动女童（5.23分）在抑郁得分上同比流动男童（4.54分）更高（$t=-3.073$, $p=0.002$），且自11岁开始至15岁同比后者在各个年龄阶段均具有更高的抑郁得分。但值得注意的是，两类儿童在重度抑郁症上的差别不大，均在1.9%~2.1%的范畴内波动（$X^2=0.057$, $p=0.812$）。

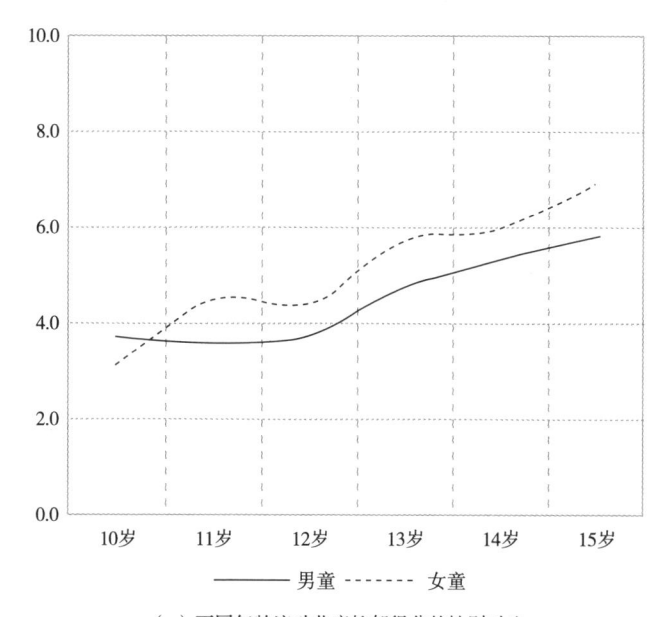

（a）不同年龄流动儿童抑郁得分的性别对比

---

[1] Evans, S. E., Steel, A. & DiLillo, D. (2013). Child maltreatment severity and adult trauma symptoms: Does perceived social support play a buffering role? *Child Abuse & Neglect*, 37 (11), 934-943.

[2] Wan, G., li, L., & Gu, Y. (2021). A national study on child abuse and neglect in rural China: Does gender matters? *Journal of Family Violence*, 7 (1), 1-11.

111

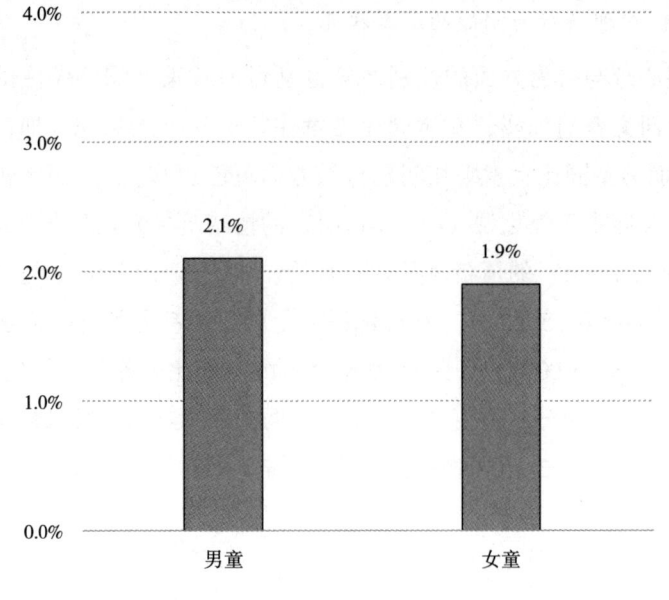

（b）流动儿童重度抑郁症的分性别对比

图 5-10　分性别被调查流动儿童罹患抑郁症的性别对比

从抑郁的影响因素来看，如表 5-4 所示，模型 14（$R^2=0.473$）和模型 15（$R^2=0.529$）证实男童与女童的一致性远大于异质性。不但儿童暴力（$B=0.284\sim0.357$，$p=0.000$）、同辈排斥（$B=0.052\sim0.062$，$p=0.003\sim0.023$）和网络欺凌（$B=0.369\sim0.517$，$p=0.000$）等伤害行为会对两者产生明确影响，而且随着亲子疏离降低（$B=0.209\sim0.262$，$p=0.000$）和抗逆力水平提高（$B=-0.219\sim-0.207$，$p=0.000$），两者的抑郁情绪也会得到普遍抑制，这显示出了不同性别儿童在抑郁形成规律上的高度一致。目前存在性别差异的领域主要集中在儿童忽视对男童的影响（$B=-0.067$，$p=0.011$）以及亲子沟通对女童的影响上（$B=-0.095$，$p=0.004$）。

表 5-4 不同性别流动儿童罹患抑郁的影响因素

指标	模型 14（男童）				模型 15（女童）			
	回归系数	标准差	显著性	方差膨胀因子	回归系数	标准差	显著性	方差膨胀因子
儿童暴力	0.357	0.035	0.000	1.609	0.284	0.039	0.000	1.710
儿童忽视	-0.067	0.026	0.011	1.891	0.007	0.033	0.834	2.531
同辈排斥	0.062	0.021	0.003	1.399	0.052	0.023	0.023	1.293
网络欺凌	0.369	0.059	0.000	1.213	0.517	0.090	0.000	1.173
亲子信任	-0.037	0.030	0.216	3.496	0.033	0.034	0.333	4.789
亲子沟通	-0.006	0.032	0.845	3.073	-0.095	0.033	0.004	3.682
亲子疏离	0.209	0.039	0.000	1.777	0.262	0.044	0.000	2.496
社会支持	-0.003	0.008	0.674	1.363	-0.017	0.009	0.078	1.458
抗逆力水平	-0.207	0.032	0.000	1.346	-0.219	0.034	0.000	1.503
城市	-0.273	0.092	0.003	1.110	-0.329	0.097	0.001	1.116
民族	3.663	1.378	0.008	1.041	-0.148	0.944	0.875	1.010
年龄	0.354	0.103	0.001	1.189	0.369	0.110	0.001	1.201
学习成绩	0.157	0.133	0.238	1.138	-0.079	0.152	0.606	1.095
身体状况	0.504	0.583	0.387	1.084	1.348	0.780	0.084	1.071
拟合程度	0.473				0.529			

在图 5-11 的焦虑测量中，两类流动儿童的也同样存在着焦虑得分上的性别差异（$t=-6.013$，$p=0.002$），且和抑郁相类似，女童（2.67 分）同比男童（2.51 分）的焦虑得分具有显著上扬。在焦虑得分的分布上，低于 10 分的儿童群体中男童（68.4%）占比同比女童（56.6%）显著升高（$\chi^2=34.220$，$p=0.000$），而 11 分以上的女童占比均高于男童，且在 11 岁之后女童同比男童在焦虑上的得分已经明显更高。调查证实流动儿童在焦虑领域存在着较大的群体差异，未来政策应当高度重视流动女童在焦虑、抑郁等情绪上的处置。

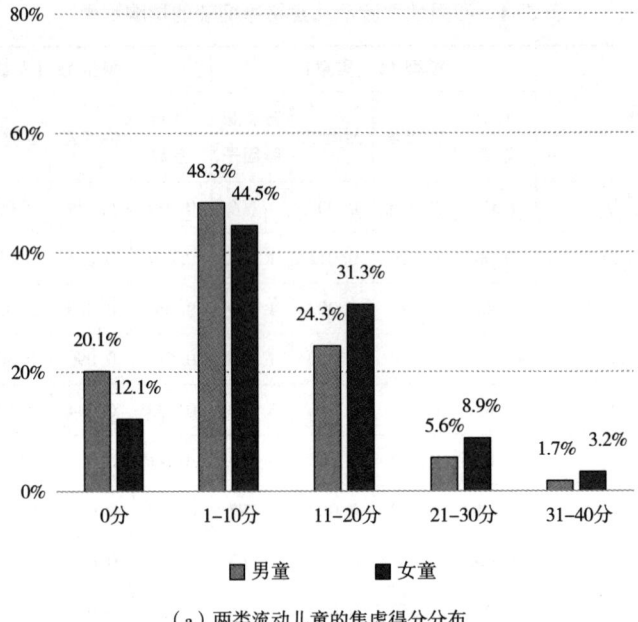

迈向中国式现代化：建构新时代中国流动儿童关爱保护体系

（a）两类流动儿童的焦虑得分分布

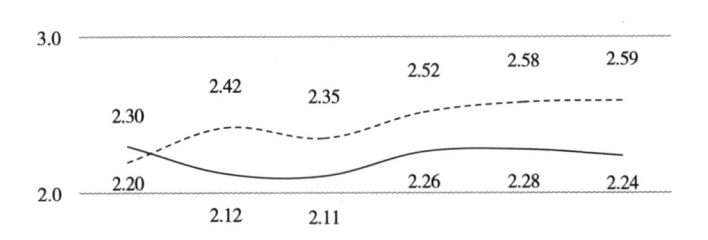

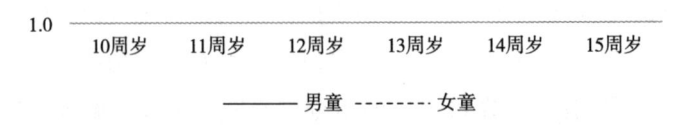

（b）不同年龄流动儿童焦虑的性别比较

图 5-11 分性别被调查流动儿童焦虑得分的性别对比

如表 5-5 所示，与抑郁的影响因素非常接近，模型 16（$R^2=0.382$）和模型 17（$R^2=0.460$）的研究结果证实，焦虑问题在整体上也与儿童暴力（B=0.359~0.387，$p=0.000$）、儿童忽视（B=-0.115，$p=0.007$）、网络欺凌（B=0.622~0.921，$p=0.000$）等伤害行为及亲子疏离（B=0.376~0.391，$p=0.000$）、抗逆力水平（B=-0.470~-0.349，$p=0.000$）等保护性因素有关，上述研究结果与儿童抑郁的形成极为类似，并侧面证实心理健康的不同病症具有干预机制上的相似性。

表 5-5 不同性别流动儿童罹患焦虑的影响因素

指标	模型 16（男童） 回归系数	标准差	显著性	方差膨胀因子	模型 17（女童） 回归系数	标准差	显著性	方差膨胀因子
儿童暴力	0.387	0.057	0.000	1.611	0.359	0.063	0.000	1.707
儿童忽视	-0.115	0.043	0.007	1.891	-0.048	0.055	0.377	2.530
同辈排斥	0.025	0.035	0.476	1.400	0.018	0.038	0.636	1.292
网络欺凌	0.622	0.096	0.000	1.213	0.921	0.148	0.000	1.173
亲子信任	-0.027	0.049	0.580	3.493	0.020	0.057	0.718	4.783
亲子沟通	-0.055	0.053	0.298	3.067	-0.043	0.054	0.426	3.683
亲子疏离	0.391	0.063	0.000	1.777	0.376	0.073	0.000	2.496
社会支持	-0.007	0.013	0.623	1.358	-0.060	0.015	0.000	1.458
抗逆力水平	-0.349	0.053	0.000	1.346	-0.470	0.057	0.000	1.503
城市	-0.537	0.151	0.000	1.111	-0.672	0.160	0.000	1.118
民族	5.498	2.254	0.015	1.040	-0.341	1.558	0.827	1.010
年龄	0.147	0.169	0.384	1.189	0.364	0.182	0.046	1.202
学习成绩	-0.427	0.217	0.049	1.137	-0.377	0.251	0.134	1.095
身体状况	-0.266	0.953	0.780	1.083	0.364	1.288	0.777	1.071
拟合程度	0.382				0.460			

两类心理健康的研究证实了流动女童更高的抑郁和焦虑，这通常被理解为与其抗逆力水平较低有关联[1]。研究调查也证实男童（15.78 分）

---

[1] Ruiz, S. A., & Silverstein, M. (2007). Relationships with grandparents and the emotional well-being of late adolescent and young adult grandchildren. *Journal of Social Issues*, 63 (4), 793-808.

迈向中国式现代化：建构新时代中国流动儿童关爱保护体系

与女童（14.57分）在抗逆力上的得分显示出了统计学意义（$t=6.364$，$p=0.000$），男童不但同比女童具有更高的抗逆力整体得分，而且在16分以上的高抗逆力状况的测量中也同比女童全面领先。在抗逆力水平满分的测量中，男童与女童分别64.4%和35.6%的占比也显示出了其整体的群体差异。研究综合认为，数据反映出了流动儿童更差的心理健康状况可能与其抗逆力水平的状况不佳有关，未来的流动儿童政策尤其是学校政策应当积极强化儿童的抗逆力培育。

如图5-12所示，在不良行为的测量中，研究发现与流动女童相比，流动男童的不良行为报告率更高（$X^2=24.911$，$p=0.000$），前者有三成左右的儿童有不良行为，而后者的比例约为四成。具体统计数据显示，男童主要在攻击行为领域出现了更高的风险，其中打架（12.1%）、辱骂他人（12.4%）、起绰号（18.1%）、被迫攻击他人（2.9%）的比例都要同比女童明显偏高，而在非攻击行为的统计中，男童则主要在沉迷网络方面（21.2%）具有大幅领先。研究结论证实两类儿童具有不良行为领域的群体差异，且主要以攻击行为的差距最为显著。

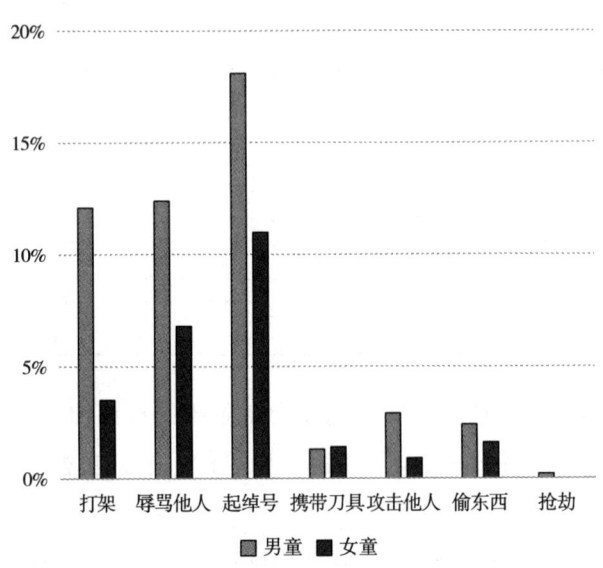

（a）七种攻击行为的性别对比

第五章　流动儿童的分类比较

（b）八种非攻击行为的性别对比

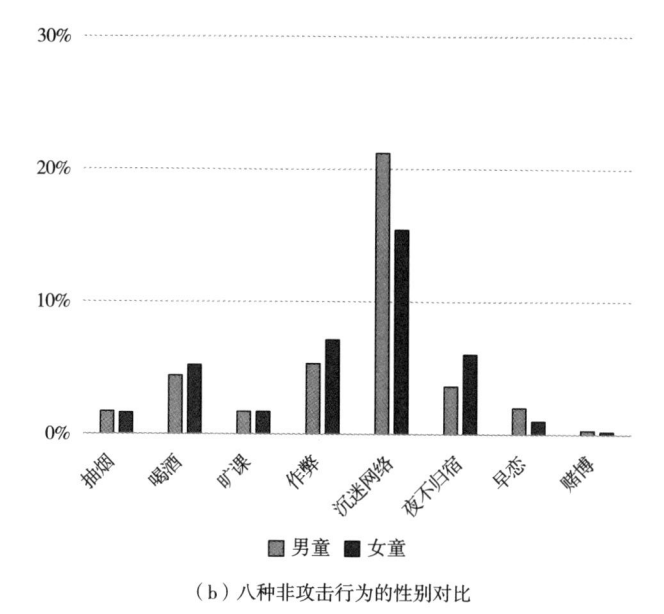

图 5-12　分性别被调查流动儿童攻击行为的性别对比

如表 5-6 所示，在模型 17（$R^2=0.145$）和模型 18（$R^2=0.171$）的分析中，两类儿童攻击行为的影响因素主要与儿童暴力（$B=0.056\sim0.061$，$p=0.000$）和网络欺凌（$B=0.077\sim0.176$，$p=0.000$）等攻击性较强的侵害行为有关，而情感伤害和忽视所产生的影响则相对局限，反映出暴力循环理论的良好解释力。此外，男童通常还与亲子疏离有一定关联（$B=0.035$，$p=0.026$），亲子疏离较多的女童往往具有更多的不良行为，但女童在此方面受到的影响不大。

表 5-6　不同性别流动儿童具有不良行为的影响因素

指标	模型 17（男童）				模型 18（女童）			
	回归系数	标准差	显著性	方差膨胀因子	回归系数	标准差	显著性	方差膨胀因子
儿童暴力	0.056	0.014	0.000	1.614	0.061	0.013	0.000	1.707
儿童忽视	-0.001	0.011	0.946	1.889	-0.006	0.011	0.610	2.530

117

续表

指标	模型17（男童）				模型18（女童）			
	回归系数	标准差	显著性	方差膨胀因子	回归系数	标准差	显著性	方差膨胀因子
同辈排斥	-0.009	0.009	0.297	1.400	0.009	0.008	0.270	1.292
网络欺凌	0.077	0.024	0.000	1.213	0.176	0.030	0.000	1.173
亲子信任	-0.011	0.012	0.382	3.498	0.006	0.012	0.575	4.783
亲子沟通	-0.013	0.013	0.335	3.076	-0.014	0.011	0.201	3.683
亲子疏离	0.035	0.016	0.026	1.778	0.018	0.015	0.220	2.496
社会支持	0.000	0.003	0.934	1.366	-0.001	0.003	0.673	1.458
抗逆力水平	-0.013	0.013	0.316	1.346	-0.001	0.012	0.954	1.503
城市	-0.102	0.038	0.007	1.109	-0.056	0.033	0.085	1.118
民族	0.811	0.563	0.150	1.040	-0.196	0.319	0.538	1.010
年龄	0.098	0.042	0.020	1.189	0.079	0.037	0.034	1.202
学习成绩	0.160	0.054	0.003	1.138	0.176	0.051	0.001	1.095
身体状况	-0.331	0.238	0.164	1.083	-0.159	0.263	0.546	1.071
拟合程度	0.145				0.171			

二、不同年龄的比较

（一）流动儿童的基本状况

年龄通常也是构成儿童身心变化的潜在影响要素，诸多研究发现随着年龄的增长，儿童所遭遇到的伤害以及由此导致的心理健康问题、不良行为等也会出现明显转变，因此我们选择进一步观察不同年龄阶段的流动儿童，以方便未来的政策拟定能够更准确地贴近不同年龄类别儿童的实际需求。从流动儿童的年龄对比来看，研究发现小学（50.6%）和初中（50.3%）阶段的男童和女童基本保持平衡（$\chi^2 = 0.015$, $p = 0.903$），故性别比例方面并未见显性的年龄差距。在健康率的统计中,小学和初中儿童普遍较为健康,其健康率分别为96.1%和97.6%,残疾率分别为0.24%和0.19%,整体上的年龄差距也均不明显。

图5-13的研究结果证实,初中阶段跨省流动儿童的数量急剧减少,其比重从小学时期的50.8%迅速下降到了28.2%(x^2 = 193.480, p = 0.000),其背后的原因可能与部分城市的中考政策不允许外地学生考试而导致的教育回流现象有关。另从儿童来到流入地的时间来看,小学和初中阶段流动儿童出生在流入地的占比分别为28.6%和24.2%,1岁以前就来到所在城市的比例分别为49.4%和37.5%,且在小学阶段和初中阶段均出现了学生的转入。研究表明,多数儿童在婴幼儿期已经来到流入地已经成为主要特征,后期转入的学生仅占很小比例。

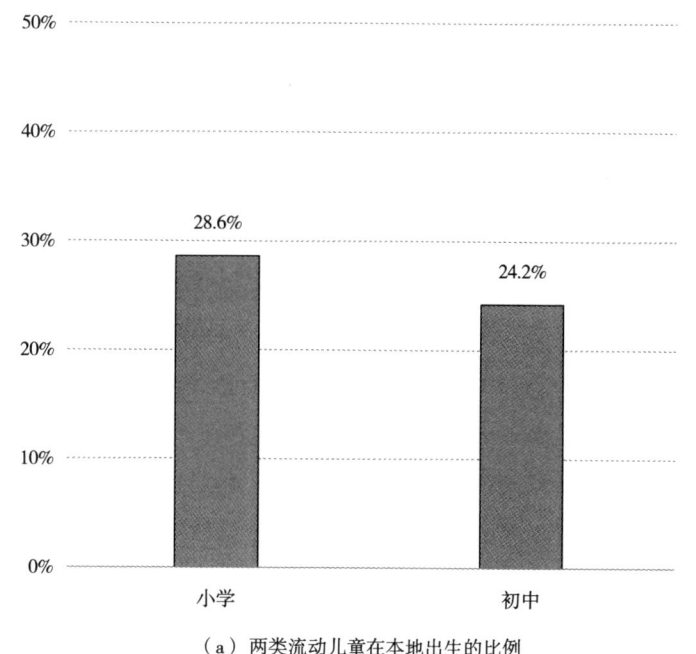

(a)两类流动儿童在本地出生的比例

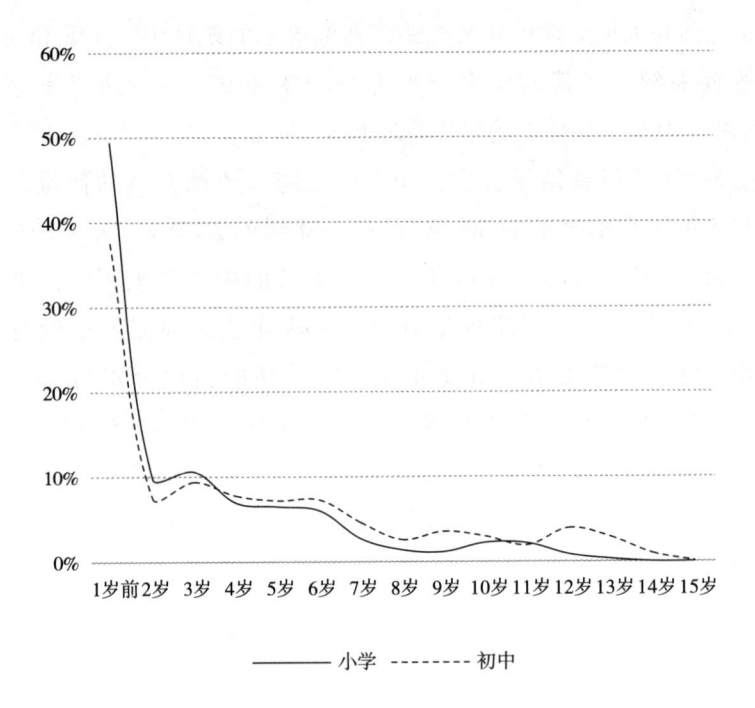

迈向中国式现代化：建构新时代中国流动儿童关爱保护体系

(b) 不同阶段流动儿童来到流入地的年龄

图 5-13　分年龄被调查流动儿童来到流入地的年龄差异

进一步的研究证实，不到两成的小学生（18.1%）和超过三成（31.7%）的初中生具有转学经历（$X^2=36.182, p=0.000$），由于部分初中生是学龄期来到流入地的，他们遇到了更多的转学状况。对于初中生而言，约有 19.4%、8.3% 的被访者转学一次和两次，而转学三次的比例则达到了 3.0%，上述三项数据均同比流动小学生的 11.5%、4.4% 和 1.2% 明显偏高。在学习成绩方面，流动初中生处于落后成绩尤其是后四分之一排位的比重显著上升（$X^2=37.620, p=0.000$）。

在户籍制度的比较中，流动小学生非农户口的比例同比初中生有所降低（$X^2=8.093, p=0.004$），这与其父母在流入地的工作时间以及是否买房具有关联。但因为从小生活在流入地的缘故，小学生反而更希望生活在大城市，他们中约有 67.7% 的被访者原因留在大城市，同比初中生

53.2%的比重具有显著提高（$x^2 = 51.985$，$p = 0.000$）。对于多数在婴幼儿时期就来到大城市的流动儿童而言，应以其将来留在大城市作为城市政策制订的基本考量。

(二) 流动家庭的基本状况

如图5-14所示，对于不同年龄阶段的流动儿童而言，其家庭的整体构成较为类似，即父母是所有流动儿童的最主要同居者，调查中分别有87.4%和84.8%的小学生和初中生和父母双方同时生活在一起（$x^2 = 3.328$，$p = 0.068$），未构成统计学意义上的性别差异。在父母以外，流动小学生和爷爷奶奶居住的比例较高，而初中生则下降了约10个百分点（$x^2 = 34.994$，$p = 0.000$），这与小学生需要更多照顾有关。而在父母失联比例的统计中，其整体比例均不高于0.5%，处于较低比例。

调查发现母亲是两类儿童（69.5%和76.2%）共同的首要照顾者，且初中儿童同比小学儿童受到更多母亲的照顾（$x^2 = 13.125$，$p = 0.000$），这与上文统计中初中生与母亲单独居住的比例更高有关。同时，初中生有兄弟姐妹共同居住的比例更高，一种推测的可能是其父母又重新进行了生育，另一种推测是居住在农村的留守儿童被接到城市中生活。在多代居住的测量中，由于小学生尤其需要更多的照顾，约有36.8%的被访者是多代混居同比初中生24.8%的比例显著增高（$x^2 = 39.011$，$p = 0.000$），这说明祖辈回归流出地的很重要的时间节点可能是流动儿童入读初中。

在父母平均学历的测量中，随着儿童年龄增长，其父母平均学历有稳定下降，这一定程度上证实我国教育事业的稳固进步。但研究也观察到，小学儿童的父母约有一半左右的仅具有初中以下学历，这一比例在初中流动儿童中虽然分别上升至60.1%和65.1%，但仍显示流动儿童父母的学历层次仍然普遍不高。在大专以上学历比例测量中，小学儿童的父母缓慢增长至18.0%和17.1%。

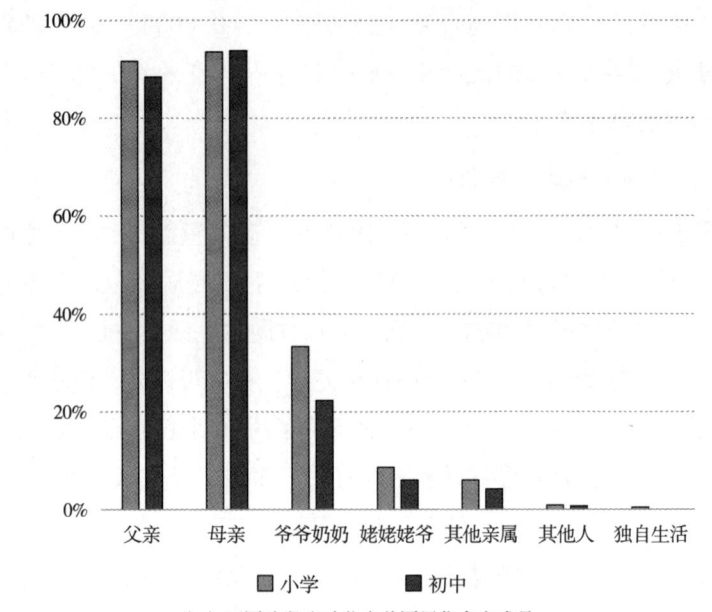

迈向中国式现代化：建构新时代中国流动儿童关爱保护体系

（a）不同阶段流动儿童共同居住家庭成员

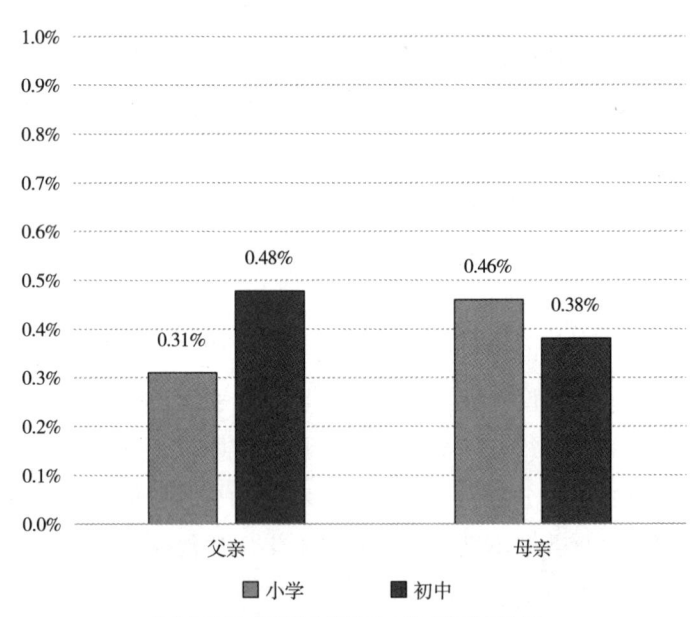

（b）不同阶段流动儿童父母去世或失联的比例

图 5-14 被调查流动儿童家庭结构的年龄差异

第五章 流动儿童的分类比较

学历教育整体上的不佳部分程度的反映到了职业领域，研究发现（如图5-15所示）流动小学生（88.4%）和流动初中生（90.5%）的父亲中各有接近九成的比例在非体制内工作，主要从事"做小生意""外出务工""司机"等工作，而从事教师、医生及行政事业单位职工等体制内行业的人员仅为10.2%和8.4%，整体上看年龄越小的流动人口似乎进入体制内行业的比重稍有提高（$\chi^2=2.305$，$p=0.129$）；但两类儿童父亲都较少在家照顾家庭（1.1%和0.6%）。在母亲的测量中，小学生（71.2%）的母亲进入非体制内的工作同比初中生（76.7%）有明显降低（$\chi^2=9.047$，$p=0.003$），降低的比例部分去了体制内领域，部分的选择居家照顾，因而母亲居家照顾家庭的比重从初中生母亲的15.8%上升至小学生母亲的18.4%。上述情况在10周岁和15周岁儿童的测量中得到了更全面的展示，小学流动儿童的父母在体制外行业的从业率上明显降低，母亲居家照顾比例上明显增高（从9.1%到18.5%）。研究意识到，流动儿童母亲可能会在孩子长大后选择再次工作，但受限于学历教育水平及就业能力，她们通常以协助丈夫做小生意或打工为主，这成为其普遍的再就业策略；同时，现代流动人口进入体制内行业的比重可能也有所增长，但整体上看其增幅是比较有限的。

研究还观察到（如图5-16所示），随着儿童年龄的增长，其家庭出现功能障碍的比重有所上升，15周岁儿童（20.6%）同比10周岁儿童（10.4%）面临的家庭功能障碍比例翻倍（$\chi^2=4.704$，$p=0.030$）。家庭功能障碍在分居率（$\chi^2=2.355$，$p=0.125$）和离婚率（$\chi^2=1.081$，$p=0.299$）上都有明确表现，流动初中生在此两方面的比重分别为9.0%和5.6%，同比流动小学生7.3%和4.6%的比例均有明显提高；在丧亲比例上，不同年龄阶段儿童的差距较小，均保持在不到1.0%的范畴内。同时，两类儿童父母童年经常遭受暴力的比重也有小幅差异，7.9%和5.8%的小学生父母谈及他们经常遭受暴力，而此领域初中被访者的比重则分别仅有6.3%和5.2%，年轻父母童年期遭受到暴力的情况似乎没有根本性的降低。

123

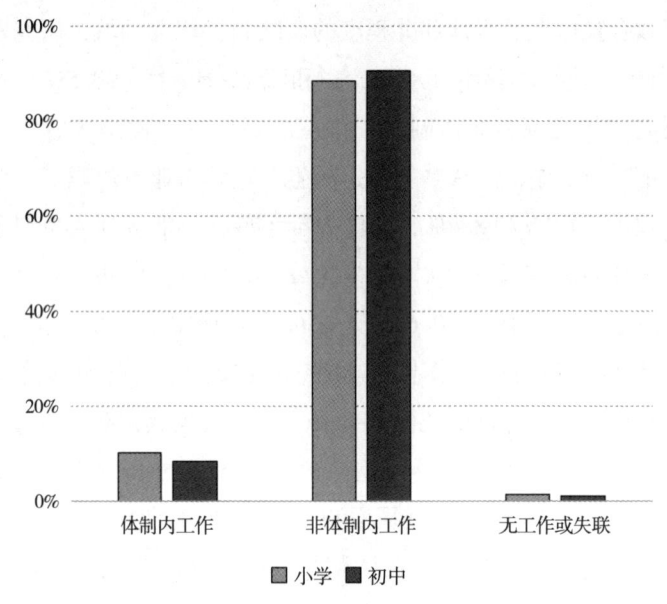

迈向中国式现代化：建构新时代中国流动儿童关爱保护体系

（a）两类流动儿童父亲的工作类型

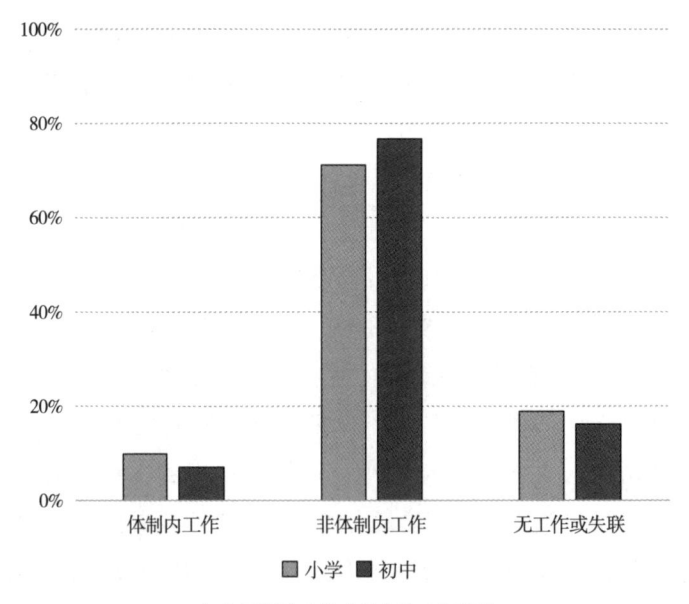

（b）两类流动儿童母亲的工作类型

图 5-15 被调查流动儿童父母职业类型的年龄差异

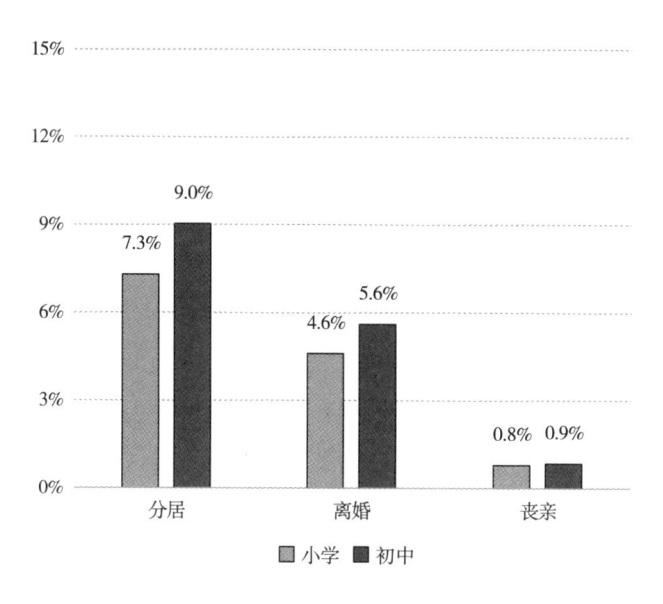

第五章 流动儿童的分类比较

（a）家庭分居、离婚和丧亲的比例

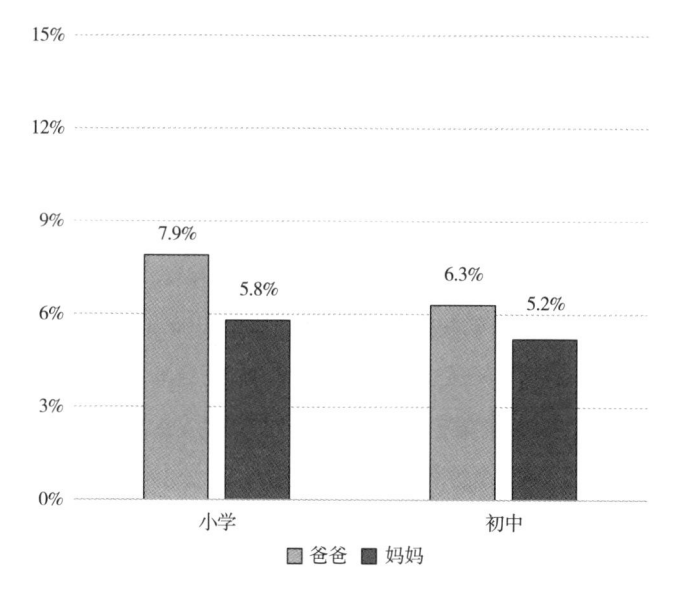

（b）两类流动儿童父母童年经常遭遇暴力比例

图 5-16 被调查流动儿童家庭功能障碍情况的年龄差异

迈向中国式现代化：建构新时代中国流动儿童关爱保护体系

在亲子关系的测量中，10周岁到15周岁流动儿童的亲子关系呈现出整体上的下降趋势，从96.7分显著下降到了89.7分（$t=3.116$，$p=0.002$），尤其是进入初中阶段的时间点后亲子关系下降非常剧烈，12周岁和13周岁儿童之间的差距异常明显（$t=4.424$，$p=0.000$），这一方面可能与流动初中生学业压力的增加及父母对流动儿童学业焦虑的增长有关，另一方面也可能由家庭功能障碍尤其是父母的离婚率增长所形成，并需要在政策上高度注意这种亲子关系对流动儿童相关心理和行为健康所造成的负面影响。在分类测量中，亲子信任和亲子沟通的得分分别从39.9分和32.7分（$t=2.683$，$p=0.008$）下降至37.2分和30.1分（$t=2.962$，$p=0.003$），而亲子疏离的得分则从12.0分上升至13.6分（$t=-2.809$，$p=0.005$），显示不同类型的亲子关系均会随着流动儿童年龄而变得更为恶化。

（三）家庭内部伤害的基本状况

既有研究很多发现年龄会对儿童遭受到的躯体暴力产生影响，一般认为随着年龄的增长及儿童身体变得更加强壮，儿童遭受到的躯体暴力会有显著下滑[1]。实证调查显示的研究也发现了这样的结果，与初中生相比，小学生过去一年的躯体暴力报告率增加了超过10个百分点（$\chi^2=30.703$，$p=0.000$），且其躯体暴力得分从15周岁的0.56分上升到了10周岁的1.12分（$t=1.903$，$p=0.050$），展现出我国流动儿童的躯体暴力状况也与国际规律相符，随着年龄的增长流动儿童的躯体暴力得分会有显著上扬。另外在情感暴力方面，小学阶段（45.4%）和初中阶段（46.9%）流动儿童遭受情感暴力的报告率大致类似（$\chi^2=0.568$，$p=0.451$），且其得分也基本维持在1.42分到1.77分的分值区间中，未能形成明显的依循年龄而上扬或下降的态势。

从不同年龄阶段家庭暴力的影响因素来看（如表5-7所示），在两个

---

[1] Damashek, A., Nelson, M.M., & Bonner, B.L. (2013). Fatal child maltreatment: Characteristics of deaths from physical abuse versus neglect. *Child Abuse & Neglect*, 37 (10): 735-744.

模型均具有良好统计效果的前提下（R^2 = 0.280~0.367），亲子关系作为共通性影响因素的价值仍然存在，即随着亲子信任程度的提高（B = -0.153~-0.151，p = 0.000）以及亲子疏离程度的降低（B = 0.273~0.287，p = 0.000），各年龄阶段流动儿童获得的暴力会显著降低，这与之前的不分年龄阶段模型的分析结果是高度类似的。但两类儿童也有一定的群体差异，其中小学阶段儿童更容易受到父母童年暴力的影响（B = 1.476，p = 0.000），这可能与其父母童年遭受到的暴力更为严重有关；而初中阶段儿童获得暴力的情况与父母的平均学历水平有关（B = 0.553，p = 0.012），这可能与他们父母的学历水平普遍更低有关。研究意识到了这种群体差异，并建议未来的家庭暴力防治政策要多关注两类群体背后的差异化影响机制，积极识别儿童暴力的高风险家庭，降低流动儿童遭受暴力的潜在风险。

表5-7 不同年龄阶段流动儿童遭受家庭暴力的影响因素

指标	模型19（小学阶段）				模型20（初中阶段）			
	回归系数	标准差	显著性	方差膨胀因子	回归系数	标准差	显著性	方差膨胀因子
亲子信任	-0.153	0.026	0.000	3.388	-0.151	0.038	0.000	3.862
亲子沟通	-0.016	0.028	0.570	3.038	-0.017	0.039	0.675	3.648
亲子疏离	0.273	0.036	0.000	1.917	0.287	0.045	0.000	1.754
父母遭受童年暴力人数	1.476	0.269	0.000	1.067	0.419	0.395	0.289	1.040
家庭经济条件	0.331	0.236	0.161	1.081	-0.178	0.373	0.633	1.106
父母平均学历	0.064	0.154	0.680	1.185	0.553	0.219	0.012	1.115
父母工作状况	0.188	0.364	0.605	1.075	0.818	0.524	0.119	1.048
父母是否分居或离婚	-0.495	0.417	0.235	1.241	-0.140	0.512	0.785	1.488
与父母同居人数	0.119	0.199	0.551	1.238	-0.218	0.249	0.380	1.492
与兄弟姐妹同居人数	-0.207	0.142	0.144	1.031	0.248	0.230	0.282	1.065
城市	0.034	0.087	0.698	1.281	0.176	0.134	0.187	1.113
性别	0.022	0.232	0.923	1.039	-0.020	0.309	0.948	1.035

续表

指标	模型19（小学阶段）				模型20（初中阶段）			
	回归系数	标准差	显著性	方差膨胀因子	回归系数	标准差	显著性	方差膨胀因子
民族	-1.242	0.950	0.191	1.022	2.739	1.493	0.067	1.038
年龄	-0.189	0.149	0.204	1.160	-0.209	0.223	0.348	1.082
学习成绩	0.176	0.137	0.199	1.061	0.303	0.155	0.051	1.112
身体状况	2.689	0.531	0.000	1.069	1.406	0.995	0.158	1.046
拟合程度	0.367				0.280			

在对家庭忽视问题分析中展现出了流动儿童遭受家庭忽视的基本情况。调查反映出从小学到初中，流动儿童的躯体忽视率和情感忽视率分别从51.4%和78.6%增长至59.0%和83.9%，均反映出了明显的增长态势（$X^2=10.835\sim13.668$，$p\leq0.000$），这证实随着年龄的增长，儿童的两类忽视率均会出现明显的上升。但是在忽视得分的年龄分布上，躯体忽视的严重性并未产生实质性变化（$t=-0.216$，$p=0.829$），而情感忽视的得分则出现了显著的依循年龄而逐步上升的态势，15周岁流动儿童（5.69分）同比10周岁流动儿童（4.31分）的情感忽视得分增长了31.8%（$t=-2.325$，$p=0.021$）。基于如上的分析结果，研究倾向于认为低龄流动儿童在家庭伤害领域的防护重点应当主要放置在躯体暴力的防控上，而大龄流动儿童在家庭伤害领域的防护重点应当主要为情感忽视的预防，这构成了未来流动儿童家内伤害防治政策的主要方向和基本策略。

在模型21（$R^2=0.489$）和模型22（$R^2=0.510$）均具有统计学意义的前提下，从两个阶段流动儿童忽视的影响因素来观察（如表5-8所示），可以发现亲子关系因素同样是儿童忽视最为重要、最为直接的影响诱因。随着亲子信任的增强（$B=-0.397\sim-0.337$，$p=0.000$）、亲子沟通的增加（$B=-0.198\sim-0.165$，$p=0.000$）以及亲子疏离的降低（$B=0.103\sim0.119$，$p\leq0.051$），两类流动儿童忽视问题都会得到较大程度的缓解，因而未来持续增进亲子关系质量是有效降低儿童忽视感的最关键手段。在两类群体差异化的影响因素方面，与父母同居人数是小学阶段儿童忽视报告的来源，随着父母同居人数的减少，其忽视程度也会有显著的增长（$B=0.514$，$p=0.047$）。研究认为在亲子关系以外，应当密切关注流动小学生和父母的同居状况，通过替代性照料来减少此类儿童的忽视状况。

表5-8 不同年龄阶段流动儿童遭受家庭忽视的影响因素

指标	模型21（小学阶段）				模型22（初中阶段）			
	回归系数	标准差	显著性	方差膨胀因子	回归系数	标准差	显著性	方差膨胀因子
亲子信任	-0.337	0.034	0.000	3.388	-0.397	0.044	0.000	3.862
亲子沟通	-0.198	0.036	0.000	3.038	-0.165	0.046	0.000	3.648
亲子疏离	0.119	0.046	0.011	1.917	0.103	0.053	0.051	1.754
父母遭受童年暴力人数	0.058	0.349	0.868	1.067	0.289	0.459	0.530	1.040
家庭经济条件	-0.180	0.307	0.558	1.081	0.129	0.434	0.767	1.106
父母平均学历	-0.107	0.200	0.592	1.185	0.187	0.255	0.462	1.115
父母工作状况	0.070	0.472	0.882	1.075	-0.112	0.610	0.855	1.048
父母是否分居或离婚	-0.206	0.541	0.703	1.241	-0.005	0.595	0.994	1.488
与父母同居人数	0.514	0.258	0.047	1.238	0.177	0.289	0.541	1.492
与兄弟姐妹同居人数	0.085	0.184	0.643	1.031	0.163	0.267	0.543	1.065
城市	0.091	0.113	0.419	1.281	0.010	0.155	0.951	1.113
性别	-0.935	0.301	0.002	1.039	-0.651	0.360	0.071	1.035
民族	-0.893	1.233	0.469	1.022	2.632	1.737	0.130	1.038
年龄	-0.153	0.193	0.429	1.160	-0.131	0.260	0.613	1.082
学习成绩	0.698	0.177	0.000	1.061	0.331	0.180	0.067	1.112
身体状况	-0.618	0.689	0.370	1.069	-0.507	1.158	0.662	1.046
拟合程度	0.489				0.510			

迈向中国式现代化：建构新时代中国流动儿童关爱保护体系

　　图5-17进一步利用图示形式更清晰的反映出了两个年龄阶段流动儿童暴力和忽视、暴力与亲子关系、忽视与亲子关系的三组关联。与之前的结论相仿，研究发现暴力和忽视两种伤害类型总是相伴而生的，对于不同阶段儿童并未有实质性差别，且亲子关系与两类伤害行为的关联也不受年龄区分。

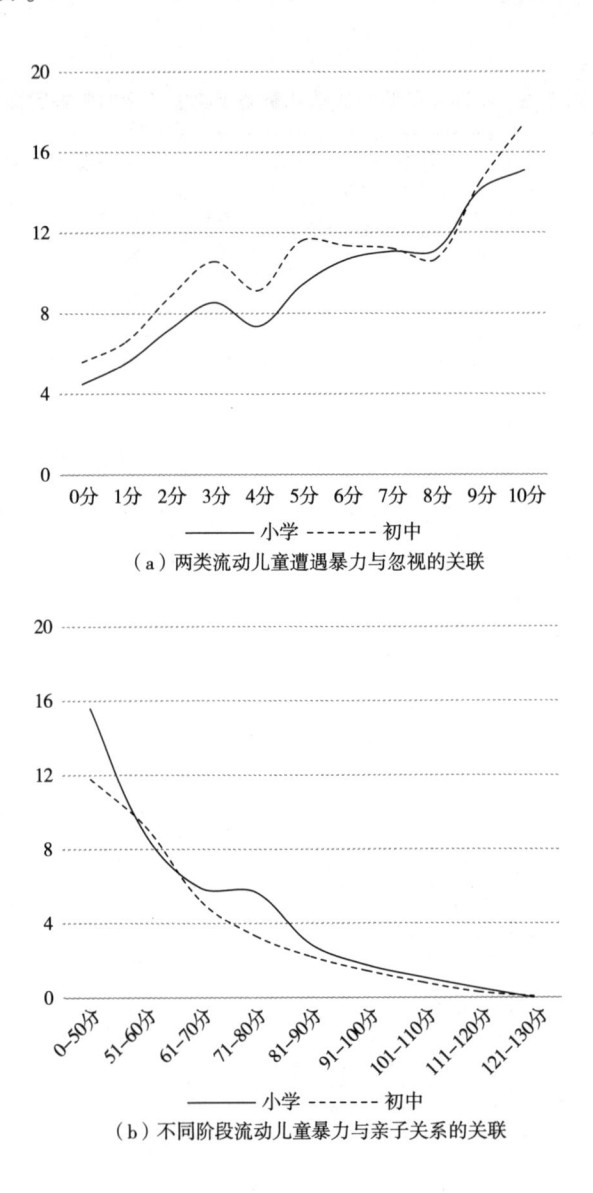

（a）两类流动儿童遭遇暴力与忽视的关联

（b）不同阶段流动儿童暴力与亲子关系的关联

130

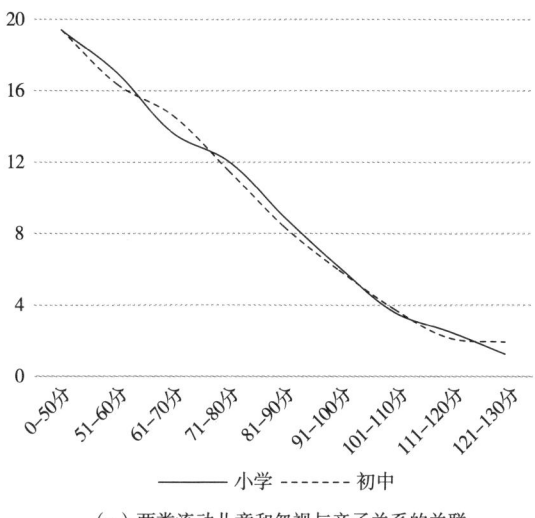

(c) 两类流动儿童和忽视与亲子关系的关联

图 5-17　分年龄被调查流动儿童亲子关系与家内伤害的关联示意图

（四）家庭外部伤害的基本状况

在家庭外部伤害领域，儿童的年龄也被普遍认为与其遭受到的风险有关[1]，我们的研究也将进一步讨论两类儿童的家外伤害情况。如图 5-18 所示，调查证实两类儿童所遭受的社会排斥得分似乎存在一定的变化，虽然 20 分以上高社会排斥得分区间的年龄差距不大，但初中生罹患中等同辈排斥（10~20 分）的情况要更为严重，而小学生具有低同辈排斥得分的比例同比初中生明显增加。在具体排斥得分的比较重，两类儿童在"拒绝维度"上的得分相差较小（$t=-1.066$，$p=0.286$），但小学生（4.18 分）在"忽视维度"上的得分明显低于初中生（5.07 分），显示初中生在同辈忽视领域的风险更高（$t=-5.191$，$p=0.000$）。在五种同辈忽视行为得分的比较中，流动儿童同辈忽视状况从 10 周岁的 3.04 分逐步上升到了 15 周岁的 5.66 分，反映出大龄儿童面临的同辈忽视问题更严重。

---

[1] Bradshaw, J., Crous, G., Rees, G., & Turner, N. (2017). Comparing children's experiences of schools-based bullying across countries. *Children and Youth Services Review*, 80, 171-180.

(a)两类儿童的同辈排斥得分比较

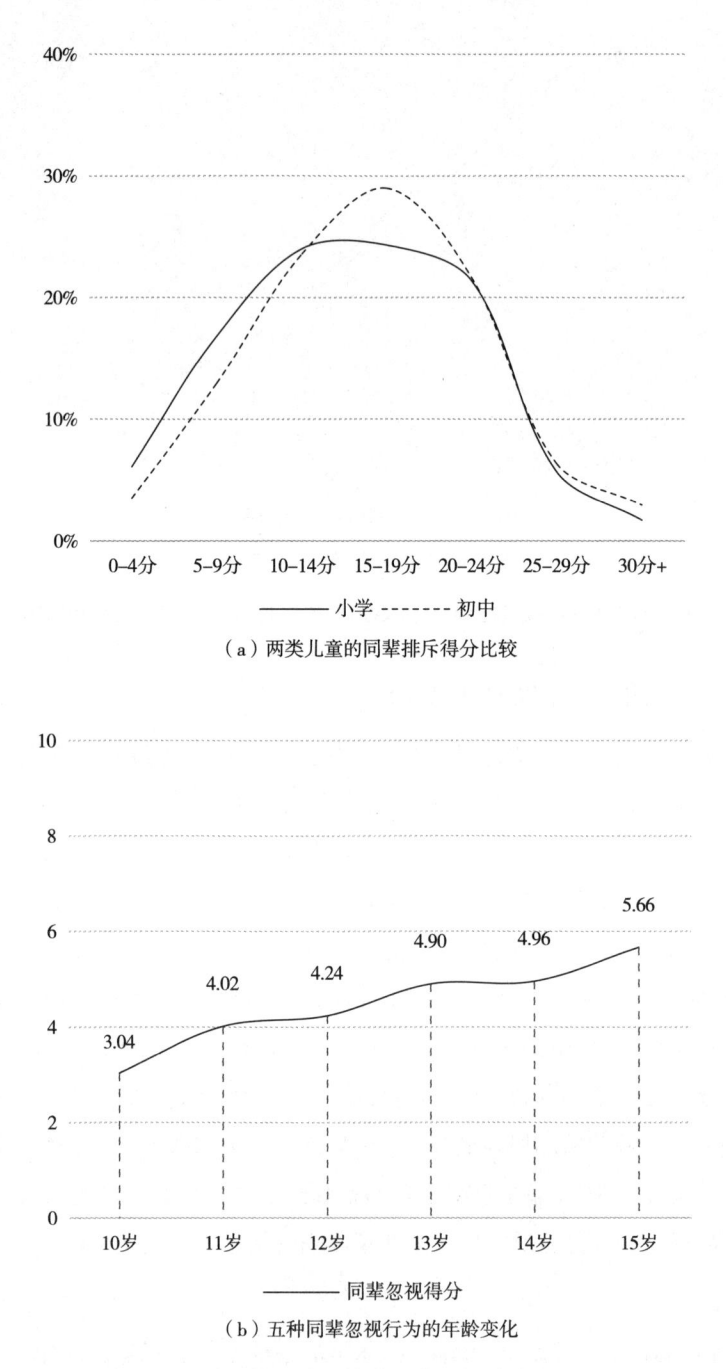

(b)五种同辈忽视行为的年龄变化

图 5-18 被调查流动儿童遭受同辈排斥的年龄差异

研究同样观察到，流动小学生同比中学生获得的社会支持似乎更多。在六类社会支持行为的统计中，小学生的平均社会支持得分为30.53分，同比初中生28.55的得分明显偏高（$t=2.683$，$p=0.007$），且高社会支持方面也同比后者具有显著优势。另外在不同年龄的统计中，10周岁流动儿童的平均社会支持得分为32.79分，随着年龄的增长开始缓慢下降至15周岁的27.04分，展现出了年龄与社会支持的密切关联。研究意识到，由于初中阶段流动儿童面临着更强的同辈忽视和更低的社会支持，他们应当成为社会排斥问题的主要关注对象。

除了同辈忽视以外，初中阶段流动儿童也遭受到了更多的网络欺凌（如图5-19所示）。其中流动儿童中小学生和初中生的网络欺凌报告率分别为18.0%和25.3%，前者同比后者具有显著的领先（$\chi^2=18.508$，$p=0.000$）；另有得分方面分别为0.54分和0.83分，也在统计学上展现出了明确的群体差异（$t=-3.258$，$p=0.001$）。在具体网络欺凌行为的分析中，初中生在"侮辱信息""羞辱照片""八卦谣言""社交骚扰""散布隐私""社交排挤"领域遭受到的网络欺凌都同比小学生明显更高。

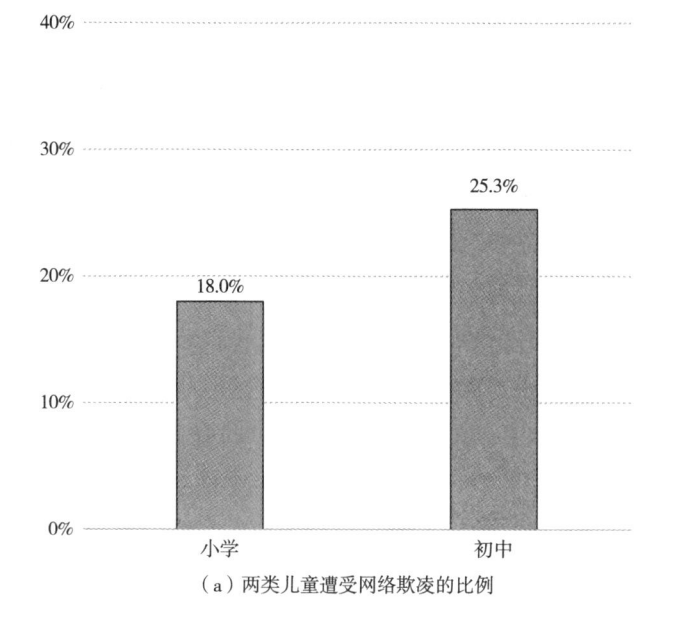

（a）两类儿童遭受网络欺凌的比例

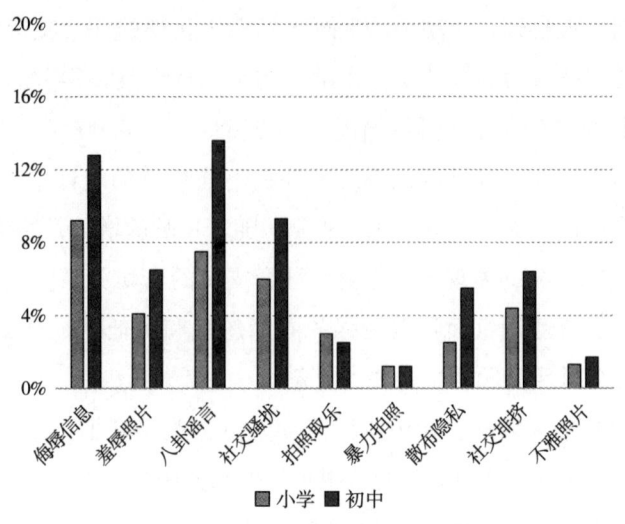

（b）两类流动儿童遭受网络欺凌的具体比例

图 5-19 被调查流动儿童遭受网络欺凌的年龄差异

在意外伤害领域（如图 5-20 所示），初中生虽然平均遭受到的意外事件种类（0.70 种）同比小学生（0.63 种）更多，但两类流动儿童没有统计学意义上的年龄差距（$t=-1.492$，$p=0.136$）。在具体事件的统计中，初中生在"吸入异物""马路打闹"等部分事宜上同比小学生也面临更高的危险，只是其所遇到的意外事件并不具有全面的严重性，故研究倾向于认为两类儿童的意外伤害情况大致类似，因循年龄而产生的变化并不显性。

调查结果进一步展示出了不同年龄阶段流动儿童的求助对象。就其首先求助对象来观察，妈妈（35.7%和31.8%）、爸爸（26.2%和28.9%）、警察（16.9%和17.2%）和教师（13.5%和9.9%）是儿童遭受伤害后最主要的求助对象，在求助人的选择方面并未呈现出显著的群体差异。在无人求助者的测量中，由于同辈排斥更高且获得的社会支持更少，初中生无人求助的比例同比小学生上升了约一倍，且两者呈现出了一定的统计学差别（$\chi^2=5.683$，$p=0.017$）。研究意识到，我国儿童伤害的发现报告制度应当重点围绕着初中阶段流动儿童来建设。

第五章 流动儿童的分类比较

(a) 两类流动儿童遭遇意外伤害的种类

(b) 两类流动儿童遭受意外伤害的具体比例

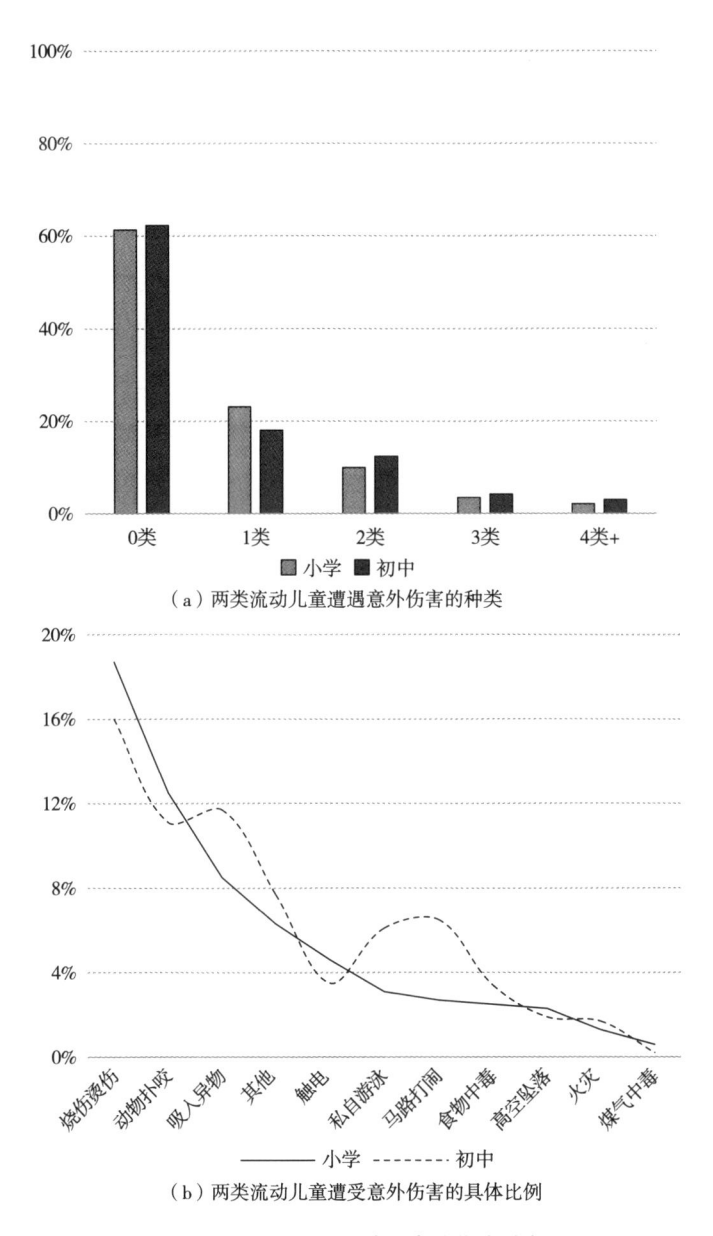

图 5-20 被调查流动儿童遭遇意外伤害的年龄差异

(五) 心理与行为问题的基本状况

除了家内内部及家庭外部伤害以外，流动儿童面临的另一个突出问

迈向中国式现代化：建构新时代中国流动儿童关爱保护体系

题是心理与行为问题，目前也有部分研究证实儿童因循年龄而在此方面具有诸多变化[①]。我们的研究首先观察到（如图5-21所示），初中阶段流动儿童（5.71分）的抑郁得分同比小学生（4.24分）出现了34.7%的增长（$t=-6.585$，$p=0.000$），且其重度抑郁症的占比也从1.9%上升到了2.4%。此外，随着年龄从10周岁增长到15周岁，流动儿童的抑郁得分也从3.87分迅速上升至6.32分（$t=-3.466$，$p=0.001$），重度抑郁症占比从1.3%上升至2.3%。在十类具体项目的比较中，研究观察到无论是抑郁行为还是经常抑郁行为，初中流动儿童罹患抑郁的比例均同比小学流动儿童有显著增长，尤其是"失败感""睡觉困难""精力局限"等方面的群体差异最为典型。研究认为与国际经验相仿，随着年龄的增长，流动儿童的抑郁水平出现了明显的变化，这可能与他们所面对的学业压力增长、父母离婚率的增长以及对于压力的感知增加有关。

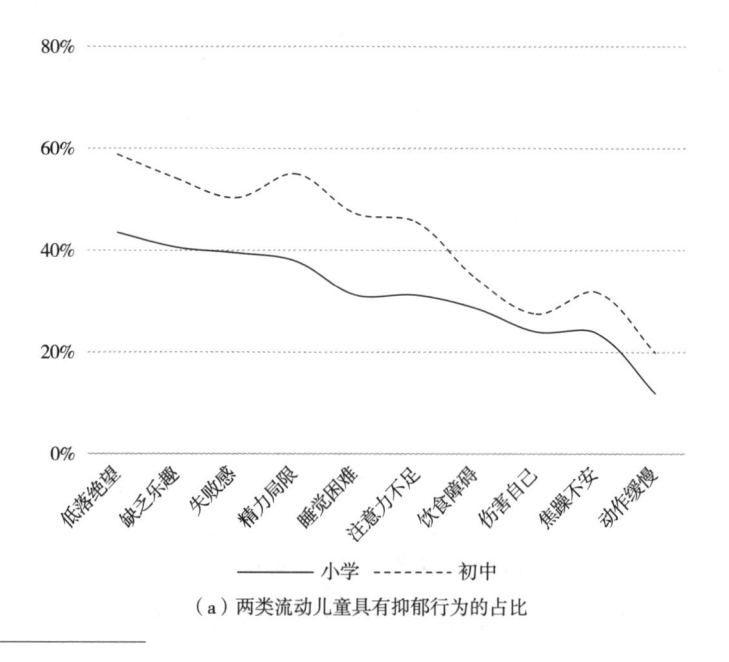

（a）两类流动儿童具有抑郁行为的占比

[①] Dunn, E. C., Nishimi, K., Powers, A., & Bradley, B. (2016). Is developmental timing of trauma exposure associated with depressive and post-traumatic stress disorder symptoms in adulthood? *Journal of Psychiatric Research*, 84, 119-127.

（b）流动儿童重度抑郁症的年龄分布

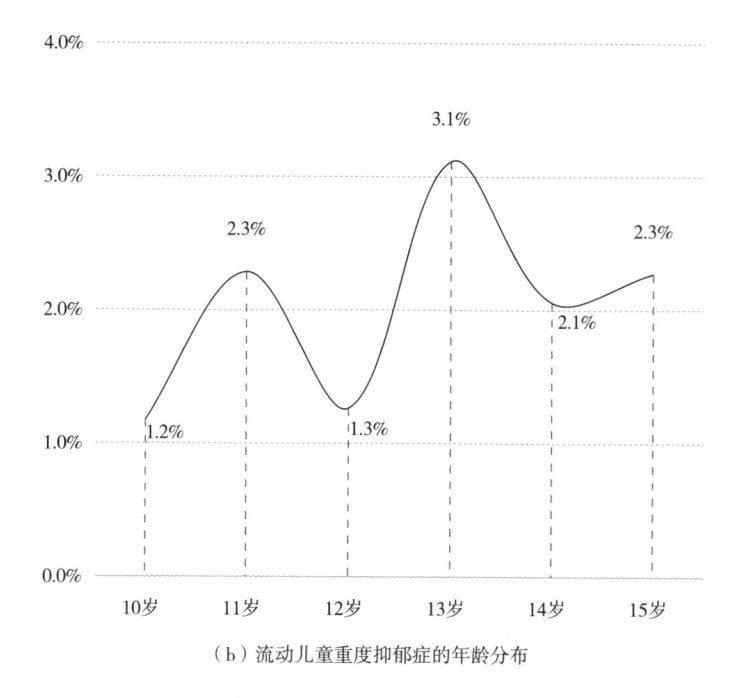

图 5-21　被调查流动儿童抗逆力水平的年龄差异

如表 5-9 所示，从抑郁的影响因素来看，在模型 23（$R^2=0.500$）和模型 24（$R^2=0.497$）均具有统计学意义的基础上，小学和初中阶段流动儿童受到三类共通性因素的深度影响，分别为儿童伤害因素、亲子疏离因素和抗逆力因素。具体而言，儿童伤害领域中的儿童暴力（$B=0.245\sim0.447$，$p=0.000$）、同辈排斥（$B=0.035\sim0.092$，$p\leqslant0.051$）和网络欺凌（$B=0.259\sim0.531$，$p=0.000$）对于抑郁的形成都具有促进作用，亲子疏离的增加也会持续强化抑郁的风险性因素（$B=0.197\sim0.274$，$p=0.000$），而抗逆力指标则是抑制抑郁的重要保护性因子（$B=-0.304\sim-0.173$，$p=0.000$）。研究综合认为，与不分年龄的总体模型相比较，两类流动儿童在抑郁影响因素方面没有本质性差别，由儿童伤害所发起、由亲子沟通不畅及抗逆力局限所加剧的抑郁形成机理具有不同年龄群体的普适性。

表 5-9 不同年龄阶段流动儿童罹患抑郁的影响因素

指标	模型 23（小学阶段）				模型 24（初中阶段）			
	回归系数	标准差	显著性	方差膨胀因子	回归系数	标准差	显著性	方差膨胀因子
儿童暴力	0.245	0.031	0.000	1.657	0.447	0.044	0.000	1.618
儿童忽视	-0.008	0.024	0.752	2.069	-0.086	0.036	0.017	2.194
同辈排斥	0.035	0.018	0.051	1.289	0.092	0.029	0.002	1.399
网络欺凌	0.531	0.071	0.000	1.156	0.259	0.072	0.000	1.227
亲子信任	-0.017	0.026	0.501	3.741	-0.010	0.043	0.815	4.460
亲子沟通	-0.067	0.026	0.011	3.050	-0.035	0.042	0.398	3.747
亲子疏离	0.197	0.035	0.000	2.101	0.274	0.049	0.000	1.913
社会支持	-0.015	0.007	0.029	1.369	-0.002	0.012	0.897	1.435
抗逆力水平	-0.173	0.028	0.000	1.500	-0.304	0.040	0.000	1.335
城市	-0.362	0.077	0.000	1.191	-0.217	0.138	0.117	1.086
性别	0.363	0.217	0.095	1.056	0.097	0.324	0.764	1.048
民族	1.889	0.844	0.025	1.022	-0.718	1.563	0.646	1.037
年龄	0.340	0.137	0.013	1.176	0.338	0.233	0.146	1.085
学习成绩	-0.093	0.127	0.465	1.088	0.151	0.162	0.353	1.123
身体状况	1.358	0.495	0.006	1.095	0.229	1.043	0.826	1.048
拟合程度	0.500				0.497			

图 5-22 进一步关注到不同年龄阶段的焦虑得分，研究发现流动中学生的焦虑情况同样要比流动小学生更为严重，前者 10.49 的平均得分同比后者 8.42 的平均得分提升了 24.6%。在具体得分的分布测量中，初中儿童在 11 分到 40 分的得分区间明显同比小学生占比更高，展现出了其焦虑问题的更高严重性是较为全面的。在不同年龄焦虑值的对比中，10 周岁到 12 周岁流动儿童的焦虑值普遍在 8.23 分到 8.85 分的区间内波动，而 13 周岁到 15 周岁所面临的抑郁值则迅速增长到了 10.05 分到 10.44 分的区间。研究观察到，与抑郁的分析结果具有一致性，流动儿童的焦虑问题也会随着青春期的到来而变得更为严重。

第五章 流动儿童的分类比较

（a）两类流动儿童焦虑得分的具体分布

（b）不同年龄流动儿童的焦虑值

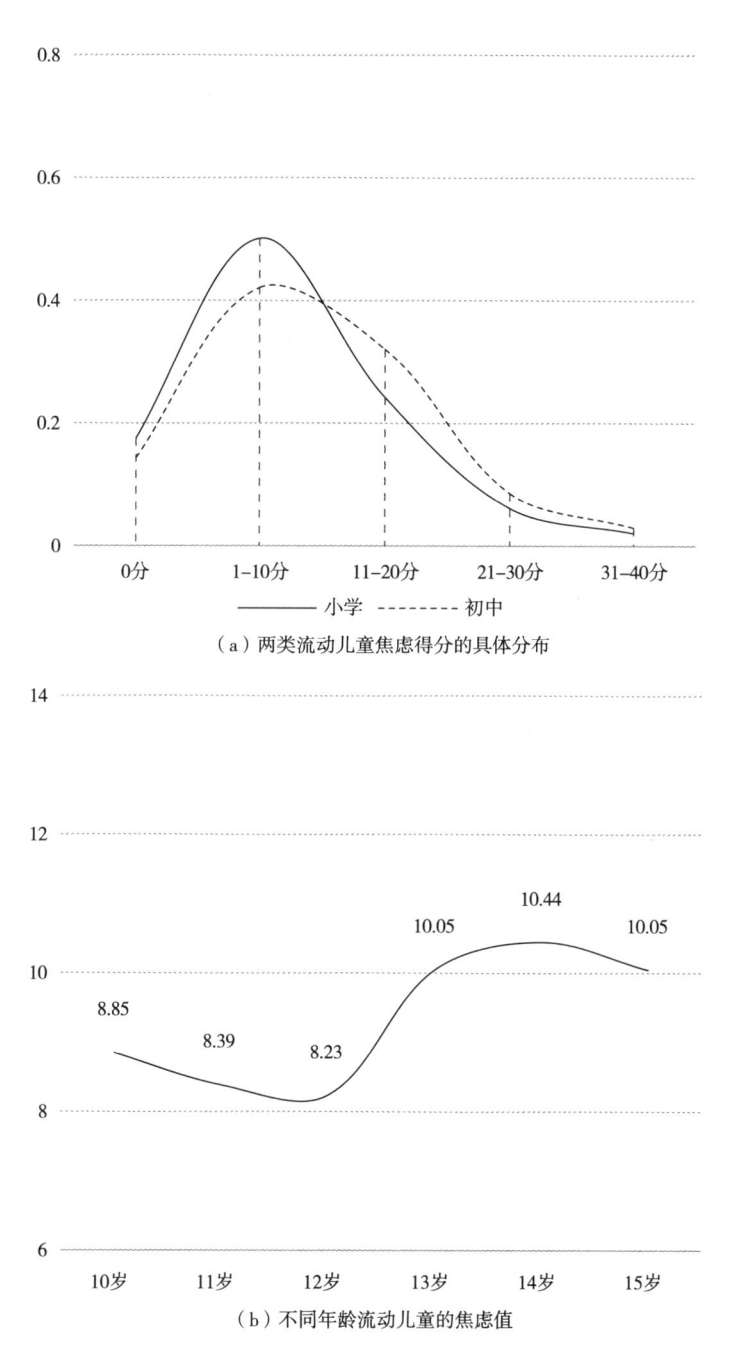

图 5-22 被调查流动儿童罹患焦虑的年龄差异

两类流动儿童焦虑的影响因素与抑郁的成因大致类似，且并未展现出了过于显著的年龄差异。在两类模型均具有显著性的条件下（R^2 = 0.412~0.447），表 5-10 展现出儿童暴力（B = 0.338~0.478，p = 0.000）、网络欺凌（B = 0.540~0.832，p = 0.000）这两个伤害类型的影响均相当明显，两类流动儿童均会随着暴力与欺凌的增长而增加焦虑感。另有亲子疏离对流动儿童焦虑情绪也有促进效应（B = 0.372~0.380，p = 0.000），而抗逆力水平则对两类流动儿童的焦虑均有抑制效果（B = -0.552~-0.330，p = 0.000）。在群体差异方面，小学阶段流动儿童似乎更加受到社会支持变量的影响（B = -0.034，p = 0.006），而初中阶段流动儿童的焦虑状态则与儿童忽视的关联性更强（B = -0.186，p = 0.001）。研究认为，与抑郁的统计结果保持了高度的一致，流动儿童的焦虑也可以采用通用性的方法来加以防控，减少伤害、降低亲子疏离和增加抗逆力是主要的建议举措。

表 5-10　不同年龄阶段流动儿童罹患焦虑的影响因素

指标	模型 25（小学阶段） 回归系数	标准差	显著性	方差膨胀因子	模型 26（初中阶段） 回归系数	标准差	显著性	方差膨胀因子
儿童暴力	0.338	0.055	0.000	1.657	0.478	0.066	0.000	1.617
儿童忽视	-0.027	0.043	0.523	2.070	-0.186	0.055	0.001	2.193
同辈排斥	-0.012	0.031	0.693	1.288	0.071	0.044	0.109	1.400
网络欺凌	0.832	0.126	0.000	1.157	0.540	0.109	0.000	1.227
亲子信任	-0.019	0.045	0.667	3.742	-0.001	0.064	0.983	4.447
亲子沟通	-0.048	0.046	0.301	3.051	-0.063	0.063	0.318	3.743
亲子疏离	0.372	0.062	0.000	2.103	0.380	0.075	0.000	1.914
社会支持	-0.034	0.012	0.006	1.369	-0.027	0.018	0.129	1.426
抗逆力水平	-0.330	0.050	0.000	1.500	-0.552	0.061	0.000	1.337
城市	-0.680	0.136	0.000	1.192	-0.629	0.210	0.003	1.086

续表

指标	模型25（小学阶段）				模型26（初中阶段）			
	回归系数	标准差	显著性	方差膨胀因子	回归系数	标准差	显著性	方差膨胀因子
性别	1.101	0.385	0.004	1.057	1.356	0.491	0.006	1.049
民族	2.929	1.498	0.051	1.022	-1.633	2.370	0.491	1.037
年龄	0.189	0.243	0.437	1.177	-0.327	0.353	0.354	1.085
学习成绩	-0.645	0.226	0.004	1.087	-0.224	0.246	0.362	1.125
身体状况	0.386	0.879	0.661	1.095	-0.652	1.582	0.680	1.047
拟合程度	0.412				0.447			

抑郁和焦虑问题的呈现被认为与抗逆力水平有关。分析结果还发现，流动儿童的抗逆力呈现出了年龄差异，不但初中生（15.50分）同比小学生（14.74分）的抗逆力得分更为局限（$t=4.007$，$p=0.000$），得分分布更加趋向于5分到13分的得分区间，而且会随着年龄的增长而逐次降低其抗逆力水平，从15.94分逐步下降至14.33分（$t=2.717$，$p=0.007$），这可能对初中生较为严峻的心理健康问题产生了直接影响。从未来的政策设计来看，如何在青春期持续稳固甚至提高流动儿童抗逆力水平可能是一个需要重点考虑的问题。

在不良行为的测量中，流动儿童依循年龄变化的趋势也得到了数据上的证实。在统计中（如图5-23所示），流动儿童不良行为的种类从10周岁时的平均0.49类上升至15周岁时的1.26类，其提升幅度约为157.1%。在两个年龄的比较中，15周岁儿童在"打架""辱骂他人""起绰号""携带刀具""偷东西"等攻击行为和"抽烟""喝酒""沉迷网络""早恋""夜不归宿"等非攻击行为的比较中均比10周岁儿童具有更高的风险。上述研究结果证实，流动儿童不良行为的防治应当以大龄儿童为主，初中阶段的学校教育对其风险降低尤为重要。

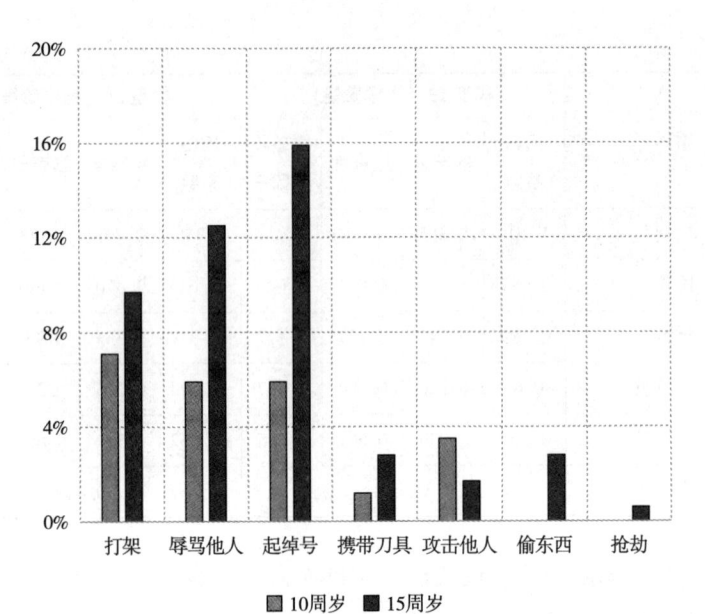

(a) 10岁和15岁流动儿童攻击行为的比例

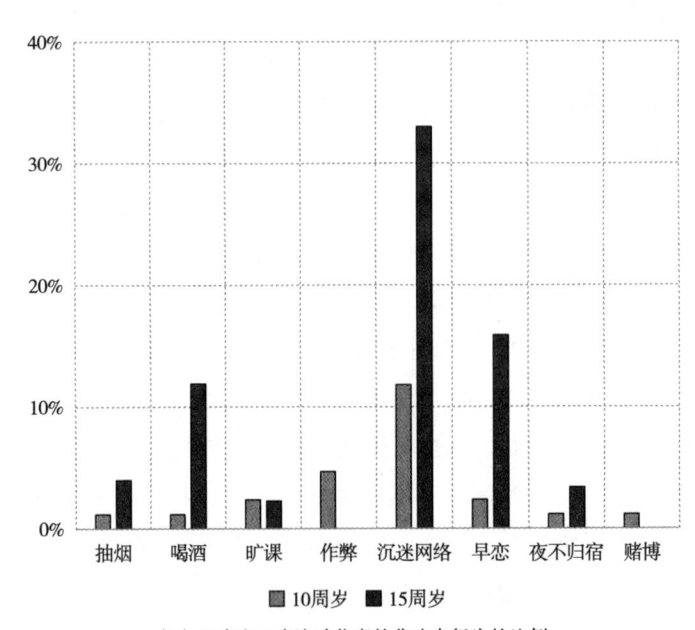

(b) 10岁和15岁流动儿童的非攻击行为的比例

图 5-23 被调查流动儿童不良行为情况的年龄差异

未来不良行为的控制应当主要以儿童暴力和网络欺凌两类伤害行为为主，它们构成了儿童不良行为的共同影响诱因。如表 5-11 所示，在模型 27（$R^2=0.154$）和模型 28（$R^2=0.175$）具有统计学意义的前提下，随着儿童暴力（$B=0.050\sim0.068$，$p=0.000$）和网络欺凌程度（$B=0.061\sim0.173$，$p\leqslant0.023$）的增长，儿童的不良行为会明显增多。另外对于小学流动儿童而言，有效降低其亲子疏离状况也是减少其不良行为的重要因素（$B=0.044$，$p=0.001$）。

表 5-11 不同年龄阶段流动儿童罹患焦虑的影响因素

指标	模型 27（小学儿童）				模型 28（初中儿童）			
	回归系数	标准差	显著性	方差膨胀因子	回归系数	标准差	显著性	方差膨胀因子
儿童暴力	0.050	0.012	0.000	1.659	0.068	0.016	0.000	1.617
儿童忽视	-0.008	0.009	0.400	2.068	0.008	0.013	0.535	2.193
同辈排斥	0.006	0.007	0.402	1.288	-0.011	0.011	0.295	1.400
网络欺凌	0.173	0.027	0.000	1.157	0.061	0.027	0.023	1.227
亲子信任	0.009	0.010	0.344	3.744	-0.013	0.016	0.418	4.447
亲子沟通	-0.009	0.010	0.343	3.055	-0.018	0.016	0.257	3.743
亲子疏离	0.044	0.013	0.001	2.103	0.009	0.018	0.636	1.914
社会支持	-0.001	0.003	0.791	1.375	0.000	0.004	0.912	1.426
抗逆力水平	-0.011	0.010	0.311	1.500	-0.006	0.015	0.711	1.337
城市	-0.042	0.029	0.142	1.190	-0.109	0.052	0.035	1.086
性别	-0.288	0.081	0.000	1.057	-0.234	0.121	0.053	1.049
民族	0.525	0.315	0.097	1.022	-0.655	0.583	0.261	1.037
年龄	0.071	0.051	0.164	1.175	0.129	0.087	0.139	1.085
学习成绩	0.028	0.048	0.551	1.087	0.295	0.060	0.000	1.125
身体状况	-0.270	0.185	0.145	1.095	-0.100	0.389	0.798	1.047
拟合程度	0.154				0.175			

第六章 流动儿童的质性研究

一、监护照顾状况

(一) 育儿性别分工及"丧偶式"育儿

除了问卷调查以外,研究团队还利用针对上海、南京、苏州、天津、合肥和威海等六个城市流动儿童、主要照顾者、政府工作人员、校长、教师和儿童社会工作者的深度访谈来反映流动儿童的主要风险。调查首先发现,当前流动儿童主要是由父母单独来养育的,祖辈参与养育的流动儿童数量同比预想中低,这与定量调查结果保持了一致。同时在父母的养育角色分配中,传统"男主外、女主内"的思想在多数流动家庭中得到了坚持,育儿行为仍然被广泛认为是女性的主要责任。实践中,父亲通常负责维持家庭收入,但囿于其自身教育水平的局限性以及所从事工作通常以灵活职业为主,因而其因工作繁忙而较少能够参与儿童照顾。母亲是多数流动儿童最主要的照顾者,部分流动母亲甚至需要牺牲掉自身的工作来迎合家庭的育儿需要。这种育儿结构也产生了很多问题。在被访家庭中,多数母亲对于父亲在育儿领域中的较少参与也表现出了强烈的怨念,部分母亲甚至使用"丧偶式育儿"这样的词汇来表达对育儿领域性别不平等的强烈不满。调查注意到,我国流动家庭仍然坚持了传统的育儿形式,这种育儿形式实质上是以牺牲女性的劳动力价值和拉大男女经济不平等作为代价的,并可能对流动儿童尤其是流动男童的性格养成造成一定的困扰。针对多个地区的访谈结果都证实了这种母亲为主育儿形式的广泛存在:

第六章 流动儿童的质性研究

张先生："孩子一直是我们俩带的，只有暑假寒假有时候回去看父母的时候他们才会带一段时间。但是我有工作，孩子妈妈就只能自己单独带，所以她那会就辞职不在工厂干了，全职带孩子。"（编号：TJ202201001）

石女士："孩子从出生到现在都是我带的，所以我就没出去工作。好在孩子比较听话，所以自己也能带得了。"（编号：TJ202201002）

赵女士："我们能说爸爸不管吗？我感觉现在都是丧偶式育儿。他们（爸爸们）都是早上出去，晚上回来，基本都是我们照顾。父亲陪伴的少，小孩子就会变得不一样。"（编号：HF202201001）

深度访谈还显示，与农村留守儿童的养育结构不同，祖辈事实上很少能够真正参与流动儿童的养育过程。针对多地的调查进一步展现出了祖辈难以参与育儿的原因，主要有两个方面：一是部分家庭的祖辈对于大城市的生活并不适应，气候环境及城乡文化适应性等因素使得祖辈难以长期生活在流动儿童的居住地；二是祖辈因劳动力衰减或丧失而无法提供育儿帮扶，部分祖辈还面临着多个子女同时生育的问题，难以完全兼顾每个孙辈的照顾。另外，对于离异、再婚等流动家庭而言，更复杂的家庭关系尤其是婆媳冲突也会影响祖辈辅助育儿的意愿。质性研究发现，由于现行流动家庭中普遍以母亲为主来开展儿童养育，这使得女性的育儿责任和育儿压力都明显偏高，尤其对于多胎子女家庭而言更为突出，因而在政策上提供价格适中的公共托育服务是很多女性家庭成员迫切希望建设的。如下的调查反映出了祖辈难以参与育儿的潜在原因：

赖女士："我的俩孩子都是我自己带的，老人有工作，对天津的生活也不习惯，所以老人没有帮忙带孩子。我从孩子出生就没工作，专职带孩子。孩子爸爸是做物流的，每天下午比较忙，晚上才能休息，所以只能我自己带。我觉得现在不让办辅导班挺不好的，我们孩子在双城（地名）学的英语，我刚好能缓口气，现在又不让办了，其实我们都不想

停。"（编号：TJ202201003）

马同学："现在爸爸一个人上班，妈妈不工作，所以我家有一些经济压力。妈妈原来是在上班的厂里上班，每天六点钟就得去，晚上五点多才下班，上学时间跟不上，所以就没有去工作，现在洗衣服、做饭和打扫房间全是妈妈一个人在做。我的爷爷去世了，奶奶没有劳动能力。奶奶现在年纪也大了，没有工厂会要她，家务上也帮不了太大忙。"（编号：NJ202105002）

孙女士："我是再婚家庭，和婆婆关系不大好。二婚后生的男孩，之后就被婆婆接走了，从小就和爷爷奶奶一起生活。我老公也不好协调的，这边是妈，那边是老婆，只要不吵就行。"（编号：HF202201003）

（二）存在短期独居的现象

由于流动家庭主要以父母单独养育为主，因而在实际监护中就有可能发生短时间内流动儿童独自居住的情况，父母因工作上的原因或家庭去功能化原因而造成流动儿童此类独居通常是主要形式。深度访谈发现，尽管流动儿童独居的情况远远少于青春期留守儿童3.1%的调查结果[①]，且其独居的时间长度也要远低于农村留守儿童，但是仍然有部分小学五年级以下的流动儿童未能在父母离开家庭的过程中获得足够的委托照护，一些家庭甚至将多个未成年子女留置在家中，并显著增加了流动儿童的看护风险。考虑到青春期流动儿童有可能会遭遇更高的独居率，在政策上需要在强化家长责任意识的同时增加对于特定困难儿童的社区临时监护与定期巡查等制度的保障力度。基于南京多个流动儿童的访谈结果均证实了上述现象：

郭同学："我有时会一个人在家。就从上个暑假吧，我爸要出去工作，离开南京市工作，好几天不回来，我就自己在家。然后这个暑假也

[①] 万国威：《我国农村儿童的权益保障现状及政策优化研究》，中国儿童福利和收养中心编，载《中国未成年人保护发展报告蓝皮书》，中国社会出版社，2022年11月。

是的，去七八天，我自己在家。"（编号：NJ202105001）

叶同学："有。最早好像是在我五年级的时候吧，那时候我爸爸妈妈跟着公司旅游了，他们在那边待了两天多，然后我自己在家带着妹妹。带妹妹的话，就是我爸爸妈妈已经准备好了那些奶粉什么的，就放在桌子上。有时候她饿嘛，就给她冲点奶粉，搞点米糊。"（编号：NJ202105004）

石同学："妈妈去世了，现在都是爸爸一个人带我，他在工地上，比较忙，所以有时候我会自己住。最早自己住的时候应该是五年级左右吧。"（编号：NJ202105005）

（三）"丧偶式"育儿对生育行为的影响

令人惊讶的是，对于流动家庭而言，尽管女性家庭成员明确表示具有沉重的育儿负担，且在访谈中部分母亲对于生育子女的意愿不高，但是拥有两个孩子仍然是多数流动家庭普遍的行为选择，这显示传统的"多子多福""儿女双全"等育儿观点仍然在当代流动家庭中得到了坚持，生育态度和生育行动似乎也并不完全统一。当然，从三胎的生育意愿来看，目前多数流动家庭都不会选择生育三胎，即使是已经具有两个女儿的家庭也明确表明不会再次生育，因而保持流动家庭以两胎为主的生育格局可能是未来在政策上需要努力的方向。我们的调查结果与量性分析类似，尽管生育促进政策对于当前已具有二胎的人口影响不大，但有效引导和鼓励新生代流动人口持续保持二胎生育的可能性较高，这对于中国持续构建健康的人口结构极为必要。如下的调查反映出了当前的家庭生育观念：

孙女士："现在我们二孩都不想养了，别说三孩。主要是没人给带。我婆婆在我生二孩的时候就说，她七十岁了，没有精力再给你带孩子了。"（编号：HF202201003）

钱女士："有些老人说以前自己都能带多少个，但是你想以前带小孩

147

和现在带小孩完全不一样。我反正不会再要小孩了。"（编号：HF202201002）

王女士："我不会再要三胎了。我家老大已经快20岁了，老二是8岁，二胎放开后生的。老大是真好带，现在的孩子是真难带，这个真的好难啊。"（编号：HF202201004）

从未来的生育促进政策来看，生育意愿的提升与经济压力和养育压力有关，其背后体现出当前流动家庭的生育行为也已经日趋理性。对于母亲而言，巨大的养育压力以及精力上损耗是她们不愿意再次生育的主要原因，同时现代女性对于自身及其生活质量的追求也一定程度上降低了生育意愿。对于父亲而言，对于生育子女似乎同比母亲具有更大的吸引力，但是他们也会理性的考虑家庭的经济压力，以避免给自身带来沉重的收入负担。由于男性和女性在生育意愿领域都具有符合自身理性的"利益考量"，因而如何通过长期的政策投入来促进流动家庭增收并减少家庭照顾负担才是使得流动家庭在生育问题上认为"划算"的关键。在深度访谈过程中，研究认识到我国流动家庭生育意愿正处于激烈的斗争期，传统生育理念和现代生活质量优先理念的思想博弈，正在深刻影响多数流动家庭的生育选择，但其更为重视家庭而非自身的价值选择，仍然同比城市本地居民更容易促进生育意愿及生育率的回升，所以抓紧开展好收入分配改革并建设好公共托育等制度，对于推动该人群稳定保持二胎生育至关重要。

王女士："一个是金钱方面，经济上和住房上有压力，还有一个是精力方面，父母年纪也大了，未来也需要照顾。现在真的一个孩子出来了，面临着好多麻烦事情。我家也是两个女儿，但是没打算再生了，主要是经济压力，精力也不够。"（编号：HF202201004）

杨女士："经济到位也不行，我也不会再生了，太累了，估计妈妈都不愿意生。"（编号：HF202201018）

孙女士："现代人觉得自己过挺好，也不是一个都没有，我觉得行了。安于现状，不需要生那么多啊。我看现在很多人不结婚都可以，一个都不想生，我身边大部分人都是这种想法。"（编号：HF202201003）

胡先生："我有要第二个孩子的想法，但是也要看近两年的经济发展情况。说白了你经济没有发展，再养一个孩子肯定不行。"（编号：HF202201015）

二、教育保障状况

（一）均等的学前教育权难以获得

儿童教育机会的获得也是流动儿童可能存在问题的潜在领域，研究团队将进一步观察他们的教育保障情况。质性调查首先显示，流动婴幼儿面临着比较普遍的公立幼儿园入园难的问题。与民办幼儿园相比，公立幼儿园具有收费低、师资稳定且资源投入度高等优势，但限于当前各地的政策及公办幼儿园的稀缺性，各地流动儿童普遍未能进入到公办幼儿园中就读。正如部分学者的一些研究发现，即由于教育资源的不均衡，隐性的教育分流已经从小学阶段甚至幼儿园阶段就开始了[1][2]。但也需要看到，公办幼儿园对于流动家庭的吸引力并不是那么高，其资源获得与费用付出之间呈现出正比，因为当前公办幼儿园在严格管理下学习到的知识较少，所以部分家长仍然愿意在费用允许的情况下将孩子送到民办幼儿园。唯一值得警惕的是，目前部分民办幼儿园的收费过高，约为公办幼儿园的五倍，并已经成为流动家庭在城市生活中的重要经济负担。从未来的政策部署来看，在积极推动公办学前教育普惠性的同时，规范民办幼儿园的收费、管理和日常监管，有条件地区应增加政府对于民办幼儿园的财政补贴，从而形成"公办+民办公助"相结合的学前教育体系

---

[1] 洪岩璧等：《中国社会分层与教育公平：一个文献综述》，载《中国农业大学学报》（社会科学版），2008年第4期。

[2] 李忠路等：《家庭背景如何影响儿童学业成就？——义务教育阶段家庭社会经济地位影响差异分析》，载《社会学研究》2016年第4期。

迈向中国式现代化：建构新时代中国流动儿童关爱保护体系

是符合现有情况的。

　　石女士："我孩子是在金河宝贝幼儿园上的（民办幼儿园）。因为户籍限制，公办幼儿园上不了。学校学的还是比较多的，教师也还比较负责任。每个月大概是 800 元还是 1200 元，我有点忘记了。"（编号：TJ202201002）

　　赖女士："公办幼儿园现在都要户口，没户口没法摇号。公办幼儿园主要是费用低，一个月我孩子上学那会大概六百块，但是他们学得少。我孩子上的幼儿园一个月要 2700 元，价格比较高，但是学得多一些，会开展一些幼小衔接。其实质量还可以，主要是价格太高了。"（编号：TJ202201003）

　　钱女士："其实我还是挺想让孩子上公立幼儿园的。但是公立幼儿园现在很少，你找人也上不上。一般几个小区才能有一个公立的幼儿园。公立幼儿园有的是只要求是那个小区的，就算你是附近小区买了房子的也上不去。"（编号：HF202201002）

　　王女士："公立幼儿园我们上不了，私立幼儿园好一点的挺贵的，一年得一万多块钱吧。我们在楼下上的，孩子都是随迁子女，一个学期现在得三千一二吧，但是教育质量不好。"（编号：HF202201012）

　　钱主任："幼儿园也有要求的，（流动）夫妻两个可能在这边打工了后生了小孩，只能临时找老人带带或者是一方带一下，然后真正要到孩子读幼儿园了，那没办法只能送回老家，因为他们社保达不到。"（编号：SZ202305006）

（二）义务教育阶段均等教育机会落实较好

　　到了小学阶段，多数流动家庭已经可以进入到公立学校中，这显示我国"两为主"政策已经能够比较好地保障流动儿童义务教育阶段的入学权利。当然，很多地区的就读学校通常是以流动儿童为主的专门学校。在入学资格的审定过程中，目前各个地方的要求差异很大，其实际执行的效果也参差不齐。其中，天津要求流动儿童家庭需要"五证齐全"，其中比较重要的证件是居住证和社保缴费证明，但其实际获得的门槛要求不高，多数流动家庭可以在租房的情况下通过和房主协商来在派出所开具居住证证明，只要有较为稳定的工作通常即可取得社保缴费证明，因而流动儿童就读外来迁移人口占比较为集中小学的难度似乎不高。当然，在一些学区争夺激烈的地区，如天津市和平区要求"六年一学籍"，想要通过租房寻求获得优质教育资源的机会几乎不存在，但这种严重稀缺教育机会的争夺可能本身也并非流动家庭所强烈追寻。在学校收费方面，天津基本上形成了同城化的待遇，流动儿童和本地儿童在入读费用方面的差异不大，其费用普遍能够被家长所接受。但目前天津等地流动家庭在儿童入读小学过程中的手续仍然比较复杂，信息透明度不高，因而如何增强小学入读过程中的便捷性、降低入读手续的复杂性并提升就学信息发布的通畅性是下一阶段政策考虑的方向。如下的访谈材料体现出了天津流动家庭对于小学入读政策的看法：

张先生："我们孩子上的是公办小学，就是这个附近的华鑫小学（音译）。天津这边上小学主要看社保，只有你工作单位给交社保就行。还有一个就是居住证，这个也不难，现在很多租房你只要跟房东协商好就能办理。现在天津的外地孩子上小学没有借读费，额外的费用也没有，和本地孩子好像是一样的。而且中午会提供一餐饭，我去看过，吃的还可以，也可能因为我们去所以做得比较好，大概七块钱。就是辅导班费用有点高，现在一个月要200多块钱了。"（编号：TJ202201001）

赖女士："华明学校（音译）是不招外地人的，他们很多信息也不通知，我们也不了解。华鑫学校（音译）招外地人，它也是公办的，但是需要有五证，还要提前一年预约，一般主要是居住证和社保比较重要。我那年排队等了四个小时，总算给孩子报了名。华鑫学校整体上我还挺满意的，老师对孩子挺负责的，校长每天早晨站在大门口接学生。"（编号：TJ202201003）

迈向中国式现代化：建构新时代中国流动儿童关爱保护体系

对于合肥等地而言，该地区主要执行"两证"政策，即入读者需要同时具有房产证和本地户籍，如果没有上述条件，则原则上受到名额条件的约束。当然由于合肥等地流动儿童可入读学校较多，在实际操作层面上流动儿童无书可读的情况也几乎没有，所以多数流动家庭的担忧并不准确。该地流动儿童小学入读过程中的主要问题在于借读费的缴纳，据家长介绍因证件不齐全需要缴纳一定的借读费。基于天津和合肥等地的深度访谈经验认为，当前我国在义务教育入学阶段已经基本解决好了有稳定收入流动家庭子女的入学问题，各地对于流动家庭入学的手续繁杂，通常与对流动人员固定在本地工作的最低年限有关（如至少工作一年），对于频繁流动或者仅居住几个月的流动家庭并不适合，因而这一政策设计逻辑整体上是合理的，仅需要在未来加强政策宣传和信息及时发布即可。同时在深度访谈过程中也并未发现因孩子入读而出现的违规行为，多数家庭对于子女就读公立小学持正面评价态度。如下访谈结果反映了合肥市流动儿童入读小学过程中的看法：

赵女士："我孩子户口在肥东，现在正在上私立幼儿园，幼儿园现在对户口和房产没什么太大要求，入学呢也没有太大问题。我了解了下，最主要是小学以后是有住房要求的，入学等方面也有很多要求，公立小学全部都要求是两证（房产证和户口）齐全的，如果不齐全的话没有名额就不能在这里上，这是我们最担忧的。名额够了的话也要一次性交借读费，如果有一证大概要五六千块钱吧，如果是两证都没有就要找关系。入学信息这块学校有张贴，但是需要自己去询问和去关注。信息这块确实有时候还挺迷茫的，如果有小学和幼儿园的一个信息共享就更好了，哪怕留个电话我们去问也好啊。"（编号：HF202201001）

钱女士："我家明年要上小学了，我是两证都没有，据说借读费就要两万多块钱不到三万块钱，而且好像政策还不明确，私立小学的名额也不清楚明年报名情况，价格也很贵，一学期要五千多块钱，所以我都不

第六章 流动儿童的质性研究

知道孩子要去哪里上学。我为了这个跑了很长时间,我很头痛。"(编号:HF202201002)

周校长:"我们学校主要是随迁子女,95%的都是随迁子女。我们这随迁家庭上初中需要居住证满一年,主要就是这个条件,否则的话学籍不好办。你不能说你来我这一个月两个月就在这里上学,那不可能的。如果名额满了,一个都放不下了,那么就不能在我们这里上学了,因为教育部对我们班额有限制,超过44个人就不允许你有大班额出现,可能就分到别的学校,但是孩子都会安排上学的,这是政府肯定会保障的。"(编号:HF202201011)

对于义务教育阶段的流动儿童而言,其所在的随迁人口较多学校的质量经过多年的政府投资已经有了很大程度的提升,尤其是公立学校的硬件设施、教师素质及教师责任心都有了很好的保证,并有力地促进了这些学校教学水平的提升,这些都得到了被调查家长的普遍认可。对于少数仍然有民办学校的地区,如上海市开发较早且较早开展流动家庭子女就读的浦东新区,也正在通过对民办学校的削减及增强"民办公助"学校的比例,来提升教育资源的均等化水平。因而,调查认为义务教育阶段流动儿童占比较高学校的满意度整体较高,以下有关天津、南京等地家长和儿童的调查结果印证了相关结论:

赖女士:"学校里面的氛围还可以,没什么本地人的歧视,因为孩子读书的学校都是外地人上的,这块住的附近都是外地人比较多。天津市本地人还是有歧视的,但是他们人很少。"(编号:TJ202201003)

胡先生:"虽然我们上的是外来务工学校,但是我对学校老师们的付出还是很认可的,我没有感觉到对于教育方面的不公、老师的态度不公和教育资源的不公,这个完全没有。这点是让我很欣慰的。"(编号:HF20220015)

叶同学:"语文老师关注我的纪律、学习方面,英语老师的话关注一些

153

生活的和学习的。就是有时候下课，他会问我一些问题，问我家住在哪边啊，早上起来早不早或者自己过来还是家长送。"（编号：NJ202105004）

当然实践中，教师稳定度不高和转学率过高仍然是目前义务教育阶段流动儿童面临的两大困境。由于教育资源的差别尤其是一个地区优质教育资源和学区房的捆绑，目前流动儿童所在学校仍然面临着优质师资招募和稳定的天然矛盾，招募资质优良的教师往往意味着他们会在几年后选择"跳槽"或者"辞职"，这严重破坏了学校的正常教学秩序，并使得部分家长误认为在一校之内存在着"好班"和"差班"之分。研究认为，在持续落实国家针对流动儿童义务教育阶段支持政策的同时，积极维持教师的稳定性也是下一步政策设计中需要认真考虑的问题。本研究基于家长和校长的访谈对上述问题进行了证实：

钱女士："未来最希望解决的政策就是教育政策。现在本地人或者家里有关系的，现在刚升小学一年级就有好坏之分，公开的没有，但是私底下还是会分开的，甚至有家长花了很多钱进的重点班，这个挺明显的。政府对这块应该好好关注下。"（编号：HF202201002）

赵女士："我了解到的情况是所谓好班是指班主任稳定性较高的班级。现在很多班级的班主任都是刚毕业的大学生或者实习的，有的干两年就走了，这就会很影响教学效果。"（编号：HF202201001）

周校长："所谓的好坏班级主要是教师的稳定性。我们学校是城区学校，虽然教育部门也会鼓励我们去交流，但是老师们考虑到自己在周边买房的情况或者是孩子教育问题，很难真正交流，真正交流的比例低于10%，其他调动的人数就更少了。教师流动比较多的是郊区的新学校，他们招了很多九八五大学的大学生或者是免费师范生，他们的流动率是很高的，因此也就形成了好班和坏班的认识。在学校里我们是没有任何差别的分班。"（编号：HF202201011）

流动儿童转学问题也是当前面临的另一个问题，尤其是在上海和南京等跨省流动人口较为集中的地区。实践中，部分转学问题来自流动家庭的自主迁居，父母因将流动儿童带到另一个城市就读而自愿转学，也有转学来自学校本身，如学校本身的装修或者改造导致很多流动儿童被迫前往其他学校就读。之前的问卷结果已证明，频繁的转学会导致流动儿童的学业更差并增加其遭受校园欺凌的风险，因而有效的保证流动儿童非自愿的转学是未来政策的一项重点事务。本研究基于上海和南京的深度访谈证实了上述问题：

郭同学："我是先去了门坡（地点），然后转到这个小学的。先到燕子矶上了一个二年级下册，三年级去了那边，三四年级在门坡上的，五六年级来这边上的。"（编号：NJ202105001）

叶同学："转过三次左右。小时候那个学校总要装修，我第一次在那个学校上的是一年级，上到了三年级那边就要拆了，然后就转了。第二次的话是那边要搞装修，校长好像说要搞几年，然后就又转了。"（编号：NJ202105004）

谢校长："流动儿童，他这个学期在这里上学，那下个学期就可能转到其他学校了，这种情况是很正常的，也是很普遍的，其实五年级的学生里面有很少的同学是从一开始就在这里上的，大多数同学是中途转过来的，每个学期都会有进出的。"（编号：SH202105001）

（三）高中阶段均等教育权实现困难

在义务教育阶段之后，跨省流动儿童所在家庭普遍对于子女入读高中保持焦虑。其原因来自跨省流动儿童父母对于因不同省份之间高考政策或差异文化而带来的适应性具有担忧，对于其子女是否能够在本地参加中考或高考持悲观态度，他们认为一旦政策不允许在本地参加高考那么孩子入读大学的概率将变得非常渺茫。实践中，这些家庭主要集中在跨省流动人口较为集中且高考优势较为明显的上海或天津等地，由于积

迈向中国式现代化：建构新时代中国流动儿童关爱保护体系

分落户制度及流动家庭普遍社会经济地位不高的现实，他们中的部分人口想要拿到户籍并自动取得高考资格仍然存在一定难度，因而这成为他们在子女入读领域最为担忧的问题。我们甚至观察到，一些流动家庭因为惧怕教育政策的变动而提前返回家乡创业，这与一些既有研究的结论是类似的，即部分城市的落户或入学政策可能会因限制流动儿童的普通高中教育而使得流动人口感到排斥[1]。深度访谈结果证实了此结论：

石女士："我还是挺担心未来的政策的。尽管孩子才上小学三年级，我还没有考虑初高中的问题。但是会对未来有一些担心，怕孩子如果回老家上学有很多的不适应。"（编号：TJ202201002）

田女士："现在说九年义务，那么九年之后呢？所有的政策感觉都不明确，我还是很担心的。你不能说到孩子上到那个年龄阶段了还两眼一抹黑，到时候回到老家哪个学校呢？现在西安这边和天津的教材都不一样，你说孩子到时候回老家学的都不一样，考试也不一样，你说怎么办？"（编号：TJ202201004）

吴先生："我是19年从昆山迁过来的，因为我儿子在那边考不了高中，所以就来到这里了。昆山是苏州的一个县，只能够接受义务教育，高中名额很少，所以我把工作也迁过来。"（编号：HF20220113）

杨女士："我原来是在上海的，但是上海幼儿园费用很贵，我又有两个孩子，而且像我们这个条件在上海孩子只能上技校，肯定上不了高中，所以我们也是为了孩子上学就回合肥来了。"（编号：HF20220117）

陶校长："现在我们这里（苏州）上中学必须要两个条件，一个是住房，一个是积分，越好的中学积分越高。我前两天家访有个事情，就是夫妻两个都在这里打工，但是他们积不到分，因为夫妻两个都在比较小的工厂打工，他们没有社保，没有社保他就没有积分呀，他们现在纠结

---

[1] 熊春文：《两极化：流动儿童群体文化背后的教育制度结构》，载《探索与争鸣》2021年第5期。

要不要回老家。不回去吧孩子没办法读中学，一个人带孩子回去吧又担心夫妻两地分居的婚姻问题，两个人都回去收入又不行。我看这个家庭都快抑郁了。"（编号：SZ20230001）

（四）"双减"并未降低家庭经济压力

对于合肥等省内流动家庭较多的地区而言，由于高考政策和文化适应性在省域内的趋同，流动儿童家长并不会过度担心教育政策变动和班级适应给孩子带来的压力，但他们对于"双减"政策以外带来的课外培训公平性问题却异常关心。在实际访谈中，发现相当部分的家长对于"双减"之后的政策去向不清楚，他们既担心自己孩子的学习成绩也担忧在教育培训领域形成的新的不公平，尤其是在"普职分流"大背景下面临越加内卷的竞争压力下，流动家庭表现出了对教育公平性的担忧。针对合肥等地的调查结果反映出了这一结果：

黄女士："现在我们只有50%的人能上高中嘛，补习班也不让搞了，那么家庭好的肯定要找私教啊，所以我们还是很焦虑的。"（编号：TJ202201016）

魏女士："其实我们关心的最主要问题是公平性问题。要么大家都能上，要么大家都不能上。"（编号：HF202201019）

质性研究还发现，"双减"政策并未实质性的降低流动家庭的经济压力。基于望子成龙以及希望子女留在大城市的想法，流动家庭通常会为子女教育进行大量投资。在现有调查中每名流动儿童的年均花费普遍在两万元以上，部分家庭在此领域的花费会达到五万元左右，这一数值基本是衣食住行等日常消费的三倍，并构成了流动家庭当前最大的经济支出负担。同时，虽然有家长表示随着目前"双减"政策的落实，各地流动家庭此领域的支出稍有好转，但仍然有家长指出给孩子报兴趣班是多数流动家庭的主流选择，其课外教育的实际支出水平并未有本质性的降

157

低。基于合肥市多名家长访谈证实了上述情况：

胡先生："我现在只有一个孩子。我孩子现在两万肯定不止，因为兴趣班什么的花费，我家孩子每学期的兴趣班费用要一万五，寒假暑假还有很多花费要给孩子增长见识。所以一个孩子五万每年差不多。"（编号：HF202201015）

黄女士："虽然现在说是双减了，但是该补课的一点没少。不过补习班还是有用的，没用的话家长也不会投资。孩子反映说课内和课外学的吧，还是不一样的。吃喝住行也就三分之一吧，课外学习得是三倍。"（编号：HF202201016）

同时调查发现，尽管"双减"政策已经在积极推动，但部分地区仍然存在违规高价补课的问题，这是目前流动家庭在教育领域持续支出的隐性原因。由于国家在高中阶段"普职分流"带来的巨大压力，流动儿童的家长普遍陷入一种"两难"焦虑，如果不给孩子补课则可能面临上不了高中的问题，这通常意味着自己的孩子将重复自己辛苦的人生，而如果持续补课则需要迎合部分教育培训机构的违规高收费，继续在"内卷"中增加自身的教育投资。因而这一局面仍然有赖于政府对于教育培训政策的严格落实，尤其是对不同地区、不同形式的违规课外补习行为进行更为严格的打击与限制，确保教育领域的基本公平。

周校长："目前我市正在进行教培机构的营改非，每个学生上课的收费是有上限的，比如30个人的小班每节课只能收费三四十元，费用会大大降低。一个家庭可能原来要交三四千块的费用，可能现在是一千多一点，这对家长绝对是利好。问题是这些机构还会不会继续办？毕竟它们不盈利了。我市原来有一万多家机构，这次只有七家机构在做了，但是这几家也是因为房租和前期投资才做的，不盈利，可能坚持一两年也就不做了。但是一些机构还在非法运作，还是向家长收很高的费用，这是

不合法的，抓住了它就说自己整改，抓不住就照样高收费，这是有的，关键要看政府的执行力。"（编号：HF202201011）

三、身心健康状况

（一）婴幼儿免疫政策得到了全面执行

子女的身心健康目前是流动家庭最为关注的事宜之一。从当前的深度访谈结果来看，流动儿童与非流动儿童的身体健康基本上不存在明显差别。由于流动人口在携带子女前往流入地的过程中会充分考虑子女的健康状况（这一定程度上可以看作父母是否认为子女值得"投资"），因而在流动儿童中残疾率极低，甚至低于城市有户籍儿童。实际调研中，各地政府对于流动婴幼儿的免疫均实行了较为开放的政策，无论是天津抑或合肥流动儿童都具有和本地儿童同城化的保障标准。尤其是，随着近年来社区医院承接儿童免疫工作的能力越来越强，在基层社区已经能够便捷的为多数流动儿童提供疫苗服务，这大大降低了流动儿童罹患传染病的风险。研究认为我国此领域落实国家基本公共服务均等化政策的水准较高，基本实现了流动与非流动家庭均等性的疫苗接种权限。相关的调查结果可以从针对多名家长的调查中得以反映：

赖女士："打预防针和本地的孩子没啥区别。"（编号：TJ202201003）

田女士："我们孩子打了两针，都和本地孩子是一样的。原来需要去冷锋（地点），特别远，而且排队的人特别多，后来社区医院这边能打就好多了。"（编号：TJ202201004）

刘女士："疫苗免费的我都打了，以前需要排很长的队，现在能在社区医院可以打好就多了。"（编号：TJ202201005）

黄女士："疫苗没什么问题，和本地孩子都是一样的。"（编号：HF202201016）

（二）医疗保险政策仍然需要持续优化

在医疗保险领域，目前流动家庭在享受充裕医疗资源方面仍然面临着一定的困难。主要问题有三个：一是由于在医疗保险缴费领域没有针对流动儿童的补偿和减免政策，他们和其他人群一样要缴纳类似的医疗保险费用，这使得部分流动儿童父母认为该费用过于昂贵而不予缴纳，这影响到部分流动儿童在生病后享有的医疗报销待遇。二是由学校统一给儿童购买医疗保险的地区往往存在着医疗费用报销不畅的问题，这与我国现行医疗保险制度的复杂性有关。按照我国各地现有的医保政策，儿童参加的居民医疗保险主要以住院报销为主，门诊诊疗的很多费用不易纳入报销范畴；同时，医疗保险的报销还受到严格药品和服务目录的约束，只有纳入支付范围的药品和服务才能够在各地医疗保险体系中报销，这些相对复杂的设计在报销环节中使得流动家庭感觉相当不便，并成为当前流动儿童医疗保险领域的一大诟病。三是部分在家乡参加城乡居民医疗保险的儿童，囿于异地报销政策的限制而必须大幅降低报销比例，其缴费和实际享有报销的权限严重不对等，这也使得很多流动家庭对于当前的医疗保险制度有所不满。研究认为，未来的医疗保险政策仍然需要对流动儿童提供持续性的政策红利，对于儿童较为常见的疾病提供更多的报销优惠以及报销程序上的便捷，适度补贴医疗保险缴纳费用，并及时做好相关惠民信息的汇总与发布工作。基于多位家长的调查反映出如下问题：

钱女士："现在医疗保险也起不到太大作用。感冒、发烧、输液啥的很多都不给报，一到医院最少两百起步，根本报不了。我们家孩子一年花了一万多，我爱人还埋怨我。"（编号：HF202201002）

黄女士："现在很多费用报销不了的。像是感冒、咳嗽、吊水啊之类的都是自费的。"（编号：HF202201016）

魏女士："我孩子看眼睛的费用都是自费的，治一次眼睛就要一两万，报销不了，每年这是一笔很大的花销。"（编号：HF202201019）

吴先生:"现在外地户口的报销比例大概就是40%,老家报销比例高,可能能达到70%到80%,在合肥很多是不给报的。"(编号:HF202201018)

杨女士:"你像我老家是山东的,我在老家报销就很方便,但是在合肥基本上交了钱什么也用不上,没什么实际用途,说是可以免费领什么药,但是什么也领不了,还得有慢性病啥的。"(编号:HF202201017)

(三)心理健康面临着严峻的问题

在心理健康方面,与定量研究的结果非常类似,流动青少年面临着较为严重的情绪问题。既有的学理研究普遍发现,青春期的到来使得儿童情绪识别能力显著增强,这会明显加剧其面临多重压力时的心理不适感并可能导致严重的抑郁或焦虑等精神障碍[1],而有效的情绪处理方式是缓解多重压力及其潜在精神创伤的有益办法[2]。然而在调查中,研究并未发现流动儿童具有合理的情绪处理技巧,流动儿童尤其是流动女童主要是以内化情绪处置方式为主,并且已有案例发现一些流动儿童存在重度抑郁症。因此对青春期流动儿童提供必要的心理健康咨询服务,尤其是着力优化其情绪处置技巧,是未来政策的优先考虑方向。针对儿童和家长的访谈均证实了上述问题:

叶同学:"情绪排解的话,有时候实在不行的话我就会自己下楼散散步,或者站在阳台上站半个小时,发发呆。有时候会跟朋友倾诉,但那么晚了怕打扰到他们,就不会说了。"(编号:NJ202105004)

---

[1] Brockie, T. N., Dana‐Sacco, G., Wallen, G. R., Wilcox, H. C. & Campbell, J. C. (2015). The relationship of adverse childhood experiences to PTSD, depression, poly-drug use and suicide attempt in reservation-based native American adolescents and young adults. *American Journal of Community Psychology*, 55, 411-421.

[2] Lowell, A., Renk, K., & Adgate, A. H. (2014). The role of attachment in the relationship between child maltreatment and later emotional and behavioral functioning. *Child Abuse & Neglect*, 38(9), 1436-1449.

田女士："其实小孩子的情感也会非常细腻。有一次我家孩子选优秀学生进入了最后三个人的投票，但是三选一没选上，他就感觉别的小朋友都不喜欢他。他可能不懂排斥这个词，但是这个年龄的小孩实际上就有了这种意识，需要去关怀和引导他了。"（编号：TJ202201004）

孙女士："学校和社区可以考虑未来做一些心理疏导，现在小孩子的心理问题挺麻烦的。我身边有一个外地朋友的孩子，现在住院了，她有重度抑郁。她也是二婚家庭，女儿跟着前夫的，所以可能也受一些影响。"（编号：HF202201003）

调查中，流动儿童情绪问题的排解通常还伴随着他们对网络的迷恋，部分流动儿童试图通过在网络环境中来舒缓自身的不良情绪，并表现为成人眼中的"沉迷网络"。实践中，尽管多数流动儿童家长都会对儿童使用网络进行严格的管控，如规定使用手机时间和限制使用手机频率等，但是儿童由此和家长进行的"冲突"和"博弈"似乎也是在所难免的。我们意识到，部分流动儿童对于网络空间的沉迷并不完全来自网络空间多么有趣，而是儿童在网络世界中能够找寻到亲密伙伴关系和安全依恋。研究认为2021年刚刚完成修订的《未成年人保护法》通过17条的细致规定显著提升了"网络保护"在儿童保护工作中的重要价值，很好地回应了新时代的基本诉求。但在未来政策设计中，仍然需要在严格规范网络空间秩序并依法做好网络监管的同时，为流动儿童找寻到现实世界中可用的舒压渠道，只有这样才能根本性的解决儿童的网络沉迷问题。

张先生："孩子就是对手机很迷恋。拿着手机就爱看视频和打游戏。但是我们管得比较严，他玩手机的时间我们会控制。"（编号：TJ202201001）

赖女士："我大孩子现在9岁，他挺爱玩手机的，但是我们要求他周末做完作业才能玩，时间上我们没限制。"（编号：TJ202201003）

田女士："我孩子是二年级，他现在要求要看手机了，经常到点了不想放下。不过我们也会对他管束，现在是早中晚一共三十分钟。"（编号：

TJ202201004）

郭同学："我在这边的第一年我就开始玩手机了，当时妈妈让我跟她回去，我不回去，他就说把手机给我，那时我就有了第一个手机。好像一年级的时候也有一个，被老妈给摔了。现在爸爸妈妈会管我玩手机，但我会偷偷地玩。玩手机主要就是玩王者、和平、曙光英雄，也会玩快手，二三年级我就开始玩了。我现在最希望爸爸妈妈的事就是不要管我玩游戏。我有时孤独的时候就是玩游戏，因为游戏好友上线了我就不孤独了。"（编号：NJ202105001）

除了舒压技巧以外，亲子关系的恶化也是导致流动儿童面临严重心理问题的重要原因。质性调查发现，随着孩子年龄的增大，部分儿童与父母的情感关系正在变得更有距离，这与量化的研究结果高度吻合。尤其是青春期的到来以及学业压力的增大，使得良好的代际关系更加有赖于父母正确的沟通方式。但在调查中也发现，流动儿童的父母在家庭教育领域恰恰缺乏基本的技巧，其家庭教育的方式方法主要来源于自身家庭的传承以及在网络上的信息查询，具有良好专业性的家庭教育指导目前是非常缺乏的，这使得他们在知道孩子以及与孩子沟通的过程中经常手足无措。在未来的政策部署中，构建学校或社区依托的家庭教育指导体系，对于青春期流动儿童形成与父辈良好的代际关系非常必要，也是通过亲子关系的改善，来撬动流动儿童社会风险降低的重要手段。基于多个地区的调查结果也证实了上述观点：

赖女士："俩孩子和我和孩子爸爸的关系差不多，但是有啥想法现在不会主动给我们说，你问他才行，孩子大了好像就都有自己想法了。"（编号：TJ202201003）

韩女士："我们家大的女儿现在有些问题，现在五年级了，很多事情不愿意给我说，喜欢自己独处，和我说话都是很小声，可能是大了有自己想法了。她也不愿和爸爸交流，喜欢自己发呆。老师也发现了，给我讲你家孩子不知道在想什么。有时候我也会和她谈谈，但是效果不是那么理想。有时候我们也不知道采取什么样的方法，就是一遍一遍唠叨，坐在她床边唠叨，哪怕她在那里装睡我也继续说，最后她说妈妈你放心，我会好好的。"（编号：HF202201018）

王女士："三年级其实是个分水岭，孩子实际上慢慢就有自己想法了。叛逆是个过程，只要不是原则性问题，我就不会管她，如果是过分了，我就会和他聊一聊。我家孩子呢原来长年在外地居住，所以她会很不尊重他爸爸，但是比较怕我，跟我好一点。"（编号：HF202201012）

沈主任："家庭氛围其实蛮重要的。现在一些流动家庭的婚姻关系往往会直接影响到孩子的情绪。他们比较年轻，婚姻观念和我们也不大一样了，要分就分，要吵就吵，也不会顾及孩子，所以家庭氛围的影响特别大。"（编号：SZ202305003）

在南京等地小学高年级阶段儿童的访谈中，我们也从儿童角度观察到了儿童与父辈的代际安全依恋正在变得日益脆弱。调查显示，父辈对于儿童更加严格的管理和对学习成绩的更高要求，在儿童看来更像是一种巨大的压力和负担，并使得他们的倾诉对象逐步从父辈身上转移出去，部分儿童甚至在面临困难时变得无人倾诉。在未来家庭教育指导体系的建设过程中，需要深刻认识到儿童年龄变化对代际情感交流技巧的更高要求，也需要在家庭教育指导过程中，增加对其家庭情感交流的专业指导。如下的访谈结果证实了上述的结论：

郭同学："班里面的情况我不会给爸爸妈妈说。他们不关心学校的事情，只关心我的学习成绩。爸爸比较忙，妈妈只会让我写作业，所以我和爸爸妈妈交流比较少。我不喜欢信任别人，很多秘密我不想给别人讲。有时候痛苦的时候我就找个枕头和被子打打。"（编号：NJ202105001）

马同学："我爸爸因为他上班，分白班和夜班。上白班的时候，我在看书的时候他就走了，我就没有时间和他说话，一直到晚上五点钟，吃完饭我写作业他就在吃饭，吃完饭直接回去睡觉，没有时间跟我说话。上夜班的时候呢，比如今天他就是从下午三点钟一直干到明天的早上三四点钟才回来，那个时候就上学了，也没有时间。星期天在家的话他睡觉又不好打扰他。我妈妈对我太严格了，我希望她和别的小朋友一样别管我太多。他们觉得只要我学习好，就一切都能满足。"（编号：NJ202105002）

叶同学："爸爸他很少陪我，但是他每次教我学习的时候我还是挺开心的。爸爸工作比较忙，有时候到凌晨才回来。爸爸虽然在学习上要求我很严，但他有时候在晚上凌晨差不多两三点回来还要检查我作业。我妈妈她要带我妹妹，有时候她会检查我作业，但是不是那么严。我觉得如果她可以多关心我一下，我觉得还挺开心的，因为她现在关心妹妹比较多。"（编号：NJ202105004）

为了有效舒缓儿童的不良情绪，目前很多学校都建设有心理咨询机制。从整体效果上看，这种心理咨询机制所起到的作用是有目共睹的，多数被访家庭认为学校的心理咨询机制对于儿童的心理问题进行了很好的预防。各学校所配备的心理老师也接受过良好的培训，少数条件较好学校的心理老师甚至取得了专业资质。当然，校园中的心理咨询也面临着一定的窘困局面，一是由于编制等因素的限制，从事校园咨询的教师数量比较有限。二是社会舆论对心理疾病的污名化降低了儿童主动求助的意愿。在未来政策的设计中，高效开展主动求助流动儿童的心理咨询服务难度不大，但如何准确识别未求助但有实际需要儿童的心理辅导则是更为重要的事宜。有关校长的深度访谈证实了上述状况：

周校长："我们学校是有心理老师的，还是国家二级咨询师，有这么一位。我们也设置了一个小信箱，可以主动求助的，但是主动寻求帮助的人很少，主动求助的孩子主要就是压力大的。因为我们学校毕竟还不是那么竞争激烈的学校，你要到好一点的中学，他们可能悄悄有个排名，家长再不停地唠叨，小孩背负的压力就很大，这个就问题很大。能够主动求助的孩子其实我们不担心，我们比较头疼的是不说的，蒙在里面的，这部分就需要老师自己去发现，这个反而是最难的。目前我们最难的是五六年级到初二学生的心理管理，这部分是难度最大的。"（编号：HF202201011）

实践中，单纯依靠学校教师来主动发现潜在心理干预对象是相当困难的，而有效调动家长参与儿童问题心理的发现可能是更加便捷的方式。当然，由于流动儿童家长对于孩子心理问题通常没有明确且敏感的认知，有时候甚至不能够意识到特定行为的意义及潜在后果，因而对于很多心理问题可能会相当忽视。部分学校采取的针对家长养育方式方法的讲座或培训很好地解决了上述问题，它通过提升家长们的责任感、意识与能力来更全面的观察及反馈儿童的问题心理，便于学校专业心理咨询机制发挥良好的作用。研究认为在提升校园心理干预机制专业性的同时，有力的为家长普及相应的育儿及心理沟通技巧是极为必要的。针对多个家长的访谈证实了上述情况：

杨女士："我以前在孩子教育方面就是个小白，开了几次家长会，受益很深。"（编号：HF202201017）

田女士："学校给我们家长好像开过孩子教育的讲座，请了一个很专业的男的讲的，但是对于孩子的话好像没有。给我们的讲座其实我有很多反思，以前一年级的时候逼孩子太紧了，总拿一些我托管班带的比较优秀的孩子和他比较，我每天辅导他到八点半或者九点，我也很努力，孩子也很努力，但是成绩就是上不去，我也曾经很焦虑。听了这个讲座，我有一些感触，现在好多了，现在不怎么管他，反而要好些。"（编号：TJ202201004）

四、社会保护状况

（一）儿童伤害的隐形化趋势明显

儿童伤害问题是流动儿童当前面临的重要困扰。自青春期开始，对

第六章 流动儿童的质性研究

于流动儿童更高的学业要求通常也预示着其遭受家庭惩罚概率的增长。在我们针对多地的调查中，家长们没有任何一人会承认自己有躯体惩罚行为，但儿童方面的访谈结果证实家庭基于学业等原因的躯体惩戒是广泛存在的。尤其是对于父母具有酗酒经历的家庭而言，流动儿童会因自身不良的表现得到更大的惩戒概率，这与目前国际上的主流研究结果类似[1]。当然，考虑到东亚地区儒家文化对于此类因学业或表现不佳而导致的家庭惩戒行为具有高度的文化容忍性[2]，且家庭躯体惩罚通常是低频率及低烈度的，因而此类伤害对儿童造成的心理创伤整体上是局限的[3]，也不宜将其全部视为一种典型的儿童侵权行为。未来此领域的政策应当主要集中在，对具有严重儿童虐待经历流动儿童的主动甄别和动态监管上，普通流动家庭则需要通过家庭教育指导，来增加家长正向引导及亲子交流的技巧。如下的访谈基本证实了上述观点：

马同学："我妈妈会打我。就是我妈妈她管教我学习嘛，然后她看我学习比较费劲就会打。妈妈打我就是因为不好好写作业。什么姿势问题，仔细的问题，字体，然后呢还有一些考试考不好的问题。我爸爸呢他就是酒喝多了话，也会挨打。但他就是一次性的，很厉害，然后几天都没有这样子，他除了酒喝多了，听见我妈妈对我们发火，他也就来了兴趣，就跟着一起。"（编号：NJ202105002）

郭同学："我爸爸虽然打过我，不过他有时候没有这么严厉，只是偶

---

[1] Ross, A., Dion, J., Cantinotti, M., Collin-Vézina, D., & Paquette, L. (2015). Impact of residential schooling and of child abuse on substance use problem in indigenous peoples. *Addictive Behaviors*, 51, 184–192.

[2] Antai, D., Braithwaite, P., & Clerk, G. (2016). Social determinants of child abuse: Evidence of factors associated with maternal abuse from the Egypt demographic and health survey. *Journal of Injury and Violence Research*, 8 (1), 25–34.

[3] Wan, G., Tang, S, & Xu, Y. (2020). The prevalence, posttraumatic depression and risk factors of domestic child maltreatment in rural China: A gender analysis. *Children and Youth Services Review*. 116, 105266.

迈向中国式现代化：建构新时代中国流动儿童关爱保护体系

尔会那样打重我，很少，一年的话个位数吧。"（编号：NJ202105008）

李同学："有，一年大概五六次，打得不是很重。一般都是爸爸打，有时候我作业不好好做出去玩的时候会打。"（编号：NJ202105009）

调查还发现，各地虽然建立起了儿童伤害的临时庇护和干预机制，但当流动儿童面临一些潜在的伤害风险时，官方机构和社区能够发挥的作用却是相当局限的。按照新修订《未成年人保护法》的规定，国家工作人员及社区工作者在发现儿童侵权行为时应当及时报告，且未能履行发现报告义务的需要依法接受处分。研究调查了社区对于儿童伤害行为的日常寻访和管理力度，但从调查结果来看普遍在此类服务上相对较弱，而社区居民的发现报告也具有很强的随意性，这为未来高强度儿童虐待和忽视风险的发生提供了滋生土壤。针对各城市的调查结论均证实了上述结论：

徐科长："未保中心建设我们是参与当中的。我们现在是采用了一站式救助中心的形式，这个的话就是我们自己的功能链，主要是避免儿童被二次伤害，比如说针对受侵害的一些少女，我们建设了检查室、问询室，取证室，然后还有一个是心理辅导室。在设计之初，我们是想联合多个部门，一旦发生这种情况就一起会商，然后来就把这个儿童给保护起来，然后在我们未保中心设置了一站式救助中心，楼上我们有一个临时庇护的场所，就是他（她）一旦受到家暴或者受到侵害，可以到我们这边来进行一个临时的居住。但主要还是司法那边先发现，民政还是比较难以及时发现这种情况的，尤其是一些特案和个案。主要的困难在于户籍人口在公安这边有数据，而流动人口没有数据反馈，这使得他们的很多困难我们无法掌握。"（编号：SZ202305009）

李主任："在发现处理响应方面，特别是儿童受侵害方面，可能公安和检察院跟进的也比较多，因为我们民政局未保中心也是刚成立不久，跟他们的联动性并不是特别高，他们只会在案件处理中，孩子临时监护

缺失时,可能会跟我们进行联动。从儿童主任走访来说,现在还没有很好的涉及孩子。"(编号:WH202301021)

刘女士:"我不知道儿童伤害有什么举报电话。我甚至都不知道我们社区在哪。"(编号:TJ202201005)

黄女士:"社区里面没有做过什么你谈到的(关于儿童伤害的)家访。有些家庭医生会讲一下孩子保健知识,其他没什么。我们社区老人的活动有一些,给老人免费剃头发什么的,但是孩子的是很少的。"(编号:HF202201016)

(二)校园课外服务具有良好的吸引力

从流动儿童能够享受到的其他社会保护服务来看,目前校园中的课后看护服务和假期家访活动对于流动家庭具有较高吸引力,家长对此类服务的满意度也较高。同时,虽然以"延迟课堂"为代表的校园课后看护服务一度给学校带来了较大压力,但在一些校长的访谈中此类服务仍然得到了正面的评价。研究认为积极推动学龄期儿童的课后看护服务和假期家访服务,既有利于缓解流动家庭的接送、照看及育儿困难,在管理上也是高效的,因而在持续提升各学校课后服务质量的基础上,保持此项政策的稳定性较为必要。另外,考虑到流动儿童父母的工作繁忙度较高且工作时间较长,部分硬软件设施比较好的社区也组织了假期看护服务,此类服务通过组织一些课外知识技能的培训课程也获得了流动家庭的好评。针对各地的调查普遍证实了上述结论:

杨女士:"我家小孩小时候就是面临没人接送的问题,只能找亲戚、朋友或者同学的爸妈来帮忙。不过现在学校很多有延迟课堂了,原来三点十分就结束了,现在就是五点半家长来接,这样好多了。"(编号:HF202201017)

周校长:"我们学校从三点多延长到了五点,把很多责任交给学校和老师了,但是国家这项政策整体上还是很好的。中午现在我们学校也提供午餐，一个孩子十三块钱吧，也还挺好的，一般是一个大荤，两个半荤，还有一个汤，饭无限加，都是政府招标的，统一配送，如果哪个菜不好吃我们可以反馈的，很干净，这就解决了孩子中午需要接送的问题，这个很受欢迎的。"（编号：HF202201011）

陶校长："我们学校为每一个孩子都建立了一个档案，班主任现在都要求做到'一生一档'，平常的谈话和日常的记录要附在后面。假期开始一段时间和开学前我们都要进行家访，了解孩子和家庭的情况，看看他们的生活状况和家庭氛围，这个我们都会去观察的。"（编号：SZ202305001）

邹老师："我们现在早上七点就可以到校了，按照规定是七点半，但是家长们七点就上班了，所以就把孩子早早送到学校了，他们总归觉得学校要安全一些。"（编号：SZ202305004）

王女士："我们所在的社区有一些针对孩子们的课后活动，周末时候有教书法的，免费的，只要报名都可以上的，挺好的。"（编号：HF202201012）

（三）社区儿童服务严重匮乏

在进一步的调查中，被访者普遍对于社区未来开展更优质的儿童服务或亲子服务具有期待，尤其是对于很多流动儿童母亲而言尤为如此。在参与意愿的调查中，流动儿童家庭对于儿童心理健康、儿童知识讲座及儿童技能培训等项目保有很高的热情，部分家庭对于如何和儿童沟通等问题也相当感兴趣。在未来的儿童服务类项目的选择中，研究认为政府可以优先支持具有较高可操作性的一线儿童服务类项目，作为政府购买服务的优先方向。

韩女士："我希望社区能够开展一些更多的针对我们这类家庭的服务，比如说家长课堂啊、儿童心理课堂啊这样的，我希望社区活动更加全面更加丰富吧。"（编号：HF202201018）

黄女士："我也是希望未来社区能够提供一些更丰富的活动，比如教孩子免费画画这样的活动，这样他学习了一天，能够在社区里面解解

压。"（编号：HF202201016）

杨女士："我现在是全职妈妈，自己带孩子，我希望国家在'延迟课堂'推广后也能够真正减轻我们的负担，因为我未来也想上班。假如有一天我没有能够及时接孩子，或者说接完了他自己在家我不放心，希望能够放在社区里面照看下，如果有这样就好了。"（编号：HF202201017）

沈主任："现在特别希望社区能建家长学校，最好是有专职的人员来负责父母教育这块，目前是个很大的问题。"（编号：SZ202305003）

钱主任："现在我们的暑托班挺受欢迎的，大概十多个孩子，他们的妈妈都需要上班，送过来我们给他们有些兴趣班，结束了再接回去，这方面的活动特别受到家长的喜欢。"（编号：SZ202305006）

当然在实践中，对于绝大多数社区而言，目前社区仅仅能够在临时救助等资金领域提供一些帮助，但能够在儿童服务领域提供的专项服务仍然非常匮乏。调查中尽管绝大多数流动家庭对于上述服务有所期待，但他们均表示实践中社区基本上没有儿童类的专项服务。在社区工作者的访谈中，他们也表示除非是社区内特别困难的儿童，其他较为普惠的儿童服务项目均严重不足，且现有的各项儿童服务普遍需要与户籍高度绑定。下列访谈材料证实了相关观点：

田女士："社区现在什么服务都没有。孩子寒暑假全部得自己带，像我的话就得带着孩子去工作，我也在托管所嘛，就带他一起去。"（编号：TJ202201004）

荣女士："现在社区的活动资金都是公共资金，也开展了一些免费的活动，主要是志愿者帮助辅导下暑假作业。平时的时候就是隔三岔五有活动，暑假就集中一个时间段来开展。对于困难的流动孩子，主要是帮助申请救助，提供一些资金上的支持，比如患病后的临时救助这样的。"（编号：SZ202305007）

孙女士："我现在在社区工作，除非有特别困难的儿童，否则社区

171

不会有什么特别关照。而且就算关照，也需要他们户口在这里，户口不在这里也不行，他不属于我们管的呀，所以流动儿童现在肯定没什么社区服务。"（编号：HF202201003）

宫主任："我们主要会协助申请相关困难儿童的补贴待遇或纳入保障范围。平时各个社区的儿童服务站可能还会定期开展一些关于儿童的志愿服务，给他们提供一些志愿活动，我们也会一起去参与。我们会固定为这些辖区的儿童开展相关的活动，比如禁毒方面的法律知识普及，还有一些关于儿童生活技能、生活常识的培养以及兴趣培养。"（编号：WH202301002）

那么为什么社区难以提供儿童类专项活动呢？调研中三个原因是最为普遍的。一是由于我国社区建设长期以来发展不足，尤其是专职的社会工作者在社区中的配备严重缺失，专业社工人员流失也较为严重，因而当前我国社区内针对流动儿童等人群提供的专项服务尚不具有专业性。二是专项服务专业性的不足往往导致流动儿童家庭参与活动的热情降低，部分流动儿童家长通常还对部分家庭教育类活动具有抵触心理，认为只有问题家庭才需要参加上述活动。三是流入地通常对于流动儿童没有组建专门的数据库，这使得很多社区在设置专门活动的时候没有依据，对于社区活动的规模、范围、内容、形式等都没有计划，这样会大大限制他们开展活动的积极性。如下的访谈证实了上述结论：

张主任："现在基层的社工留不住，待遇低、工作强度大，他们坐一坐就走了，这样专业的人员很难真正的留下来，做起来的活动就没有专业性。"（编号：SZ202305012）

李主任："城市社区的工作确实很忙，儿童主任不一定是专业化的儿童主任，可能兼任各种其他事务，很多地方都是由社区来兼任，他肯定不会有太多精力放在儿童事务方面。"（编号：WH202301021）

魏社工："有一个失败的案例，家长始终不听我们，我们用了浑身解数做服务,他始终也没有改变。其实他对孩子很严厉,我们观察到,他参加我们活动的时候,他对这个孩子没有看顺眼的地方,大声呵斥孩子。针对这种家庭,也可能是我们能力有限,没有更好地为他服务。"(编号:WH202301014)

孙主任:"之前我们开过一个新时代课程,它是针对家长的课程,涉及如何跟孩子沟通以及如何走进孩子的内心等内容。其中最大的问题是有些家长不觉得自己有问题,从我们对他们家庭的评估或者平时的调查来看,我们觉得他存在问题,应该过来进行辅导。但是他总是因为一些理由进行搪塞,我觉得下一步应该想办法针对这样确实存在问题的家长进行教育。"(编号:WH202301016)

徐科长:"现在社区开展儿童活动的很大问题是没有数据。数据过来之后,我们可以根据它的情况来设计项目,我们的区、镇、村三级就可以联动起来,目前信息不对称的问题使得我们在流动儿童社区服务上没有抓手,不知道从何开展。我们现在就算对每一个流动人口很熟悉,半年后他们一换地方,就又不熟悉了。"(编号:SZ202305009)

(四)儿童友好环境的创建未达预期

此外在儿童友好环境的创建中,流入地社区的表现也往往不尽如人意。一方面,由于流动家庭为了节省房租通常会选择居住在老旧小区,其社区管理的软硬件水平均较为局限,因而给很多流动儿童的人身安全造成了极大的隐患。基于流动家庭的深度访谈显示,相当部分家庭对于所居住社区的安全表示出了强烈的担忧,并希望未来的社区管理能够更为规范。另一方面,当前各地社区能够为流动儿童提供的安全活动场所非常有限,部分流动儿童需要前往附近的大型广场进行活动,在社区内进行活动则面临着安全风险,这同样凸显出我国在社区内儿童场地及基础设施建设方面的长期欠账。针对多个城市的调查结果均显示出了此问题:

王女士："我住的社区是比较老的小区，我希望能够注意一些安全问题。小区里面有个小广场，但一到星期六星期天乱的我在五楼都听得清清楚楚的。前门后门谁想进谁进、谁想出谁出，孩子一到晚饭时候没回来我就开始担心了。这个安全问题我觉得一点都没有保障的。我们社区小朋友挺多的，其实社区可以组织一些孩子们的公益活动，这样的话我们都会很支持的。"（编号：HF202201012）

黄女士："现在小区管理很不规范，所以就少让孩子在外面待着呗，安全问题肯定是每个家长都会担心的。"（编号：HF202201016）

张先生："儿童活动场地也没有，我们玩的时候都是去广场。"（编号：TJ202201001）

刘女士："儿童的活动设施太少了，基本上就没有，然后像这周边几个小区都没有。我们希望周边多一些儿童活动的设施。"（编号：TJ202201005）

第七章 流动儿童关爱保护的制度反思

一、流动儿童风险的制度解释

(一) 流动儿童风险背后的制度逻辑

基于定量和质性的分析结果证实，流动儿童在家庭内部伤害、家庭外部伤害、心理与行为问题、婴幼儿监护照料、非义务阶段均等教育权等多个领域面临较为突出的社会风险，现有的流动家庭尤其是具有功能障碍的流动家庭无法单独预防与避免诸多社会风险（如图7-1所示），这构成了流动儿童的巨大挑战。同时研究也观察到，制度性的帮扶举措存在

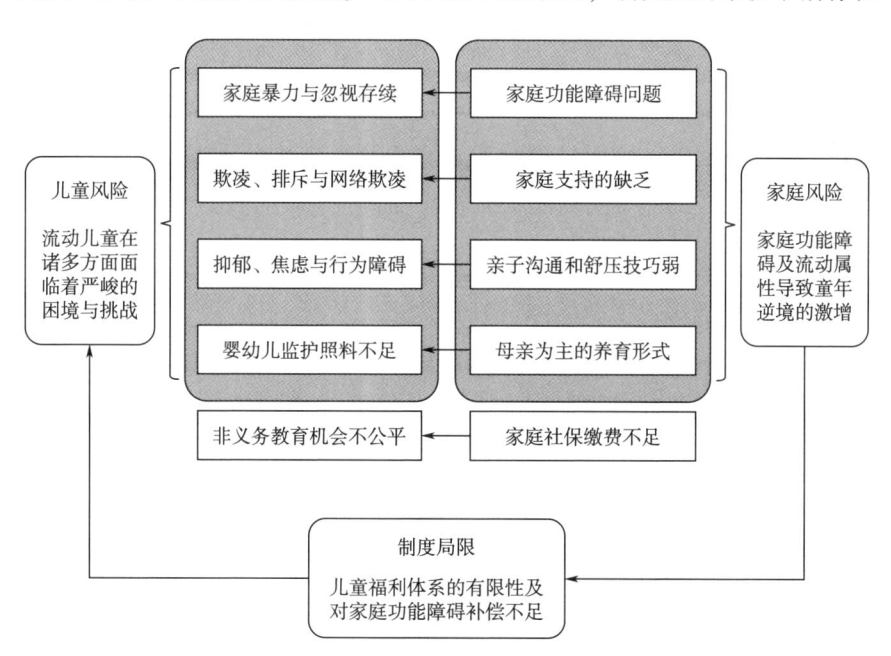

图 7-1 家庭风险外溢导致流动儿童风险上升的示意图

迈向中国式现代化：建构新时代中国流动儿童关爱保护体系

严重桎梏，流动儿童通常只能获得有限的临时救助等资金帮扶，或者说在政策上通常将流动儿童视为贫困儿童来处置。但是在服务类帮扶举措上，目前流动儿童可以获得的帮助仍然偏少，除了在婴幼儿免疫、义务教育等领域可获得较为充裕的基本公共服务，在医疗保险获得、公共托育、学前教育、高中教育、心理健康教育和家庭教育指导等多方面均存在明显的漏洞。这种流动儿童在诸多领域的高风险以及制度性帮扶的局限性，成为流动儿童关爱保护领域的典型冲突，并进一步使得流动儿童的社会风险在现有制度上难以管控。

与既有的很多文献相类似，本研究也发现以流动儿童为代表的特定弱势儿童不但表现出了更多的童年逆境，而且在基本公共服务满足领域也存在严重的不足[1][2]，这组看似怪异矛盾的背后，是我国家庭养育形式的巨大漏洞以及当前儿童福利制度的严重不足。事实上，家庭去功能化儿童福利提供的不足，并不应当完全归咎于家庭养育责任的下降，恰恰相反，由于生活、疾病、住房和子女婚育等四大"财务刚需"在中国社会普遍存在，我国多数流动人口在学历教育有限、兜底保障政策不佳及灵活就业岗位居多的前提下，只能选择以牺牲子女照顾质量为代价来满足其家庭经济所需，因而过度苛责家庭福利提供的下降没有任何政策意义。或者说，流动儿童问题本质上就是一个"危险的高空杂耍"，由于同时兼顾经济负担与儿童照顾的要求在现实中很难做到，这一脆弱的平衡本身就意味着有相当多的家庭会有"摔落"风险，该风险既不容被忽视也难以被避免。而现行制度中过度倚重家庭成员的自主照顾，虽然能够节省儿童福利的公共开支，但是却是以家庭拥有高规格的照顾为前提的，在现代社会丧亲、离异、分居等功能障碍增多的今天，将良好的儿童保护和照顾建筑于这一前提之上的逻辑本身就是错误的，这在前述的定量和定性研究中都得到了广泛证实。研究意识到，当前家外福利补偿

---

[1] 徐延辉等：《居住空间与流动儿童的社会适应》，载《青年研究》2021年第3期。
[2] 干伟溢：《流动少年儿童的社会支持研究述评》，载《中国青年研究》2012年第5期。

第七章 流动儿童关爱保护的制度反思

机制的匮乏,尤其是国家近年来积极推动的公共福利项目落地能力不足,才是导致流动儿童出现典型困局的深层原因。这使得多元主体的福利责任共担,事实上演变为了家内福利责任的内循环,并由此造成了福利组合的失衡失序,其直接后果就是家庭禀赋直接决定了儿童养育质量,并促使很多存在家庭功能障碍的儿童暴露在日益增长的社会风险下。

(二) 既有儿童福利制度的脆弱性

上述特征所展现出的儿童福利制度脆弱性,深刻反映出既有的福利组合已经很难适应现代社会多重童年逆境的持续挑战,即既有的以家庭为内循环的儿童福利提供机制,已经越来越难以应对去功能化家庭的儿童福利满足问题。对于广大流动儿童而言,两方面因素是导致其社会风险显著上升的深层原因。首先,现代社会对于家庭去功能化的负面影响被严重低估。一方面,从现实压力来看,由于在城市奋斗的流动家庭同时,面临着经济增收和家庭照顾的双重负担,加之儿童养育所付出的精力财力,正随着现代社会的内卷化而变得成本高昂且收益局限,仅仅依靠家庭力量已经越来越无意愿及无能力支撑高质量的养育服务,因而部分移民家庭可能会以直接或间接放弃部分养育义务的"躺平"方式来弱化自身责任。另一方面,从伦理约束来看,中国正处于传统社会向现代社会快速转型的阶段,婚姻家庭观念兼具保守与现代的二重属性,家庭照顾的性别不平等及"女性化"在新时代面临着离婚率上升、人口跨区域迁移及家庭核心化等家庭变迁的影响,民众对家庭育儿态度的多元化,使得家庭伦理的有效约束力下降,以单纯亲情文化来引导家庭彰显功能的能力日益不足。其次,我国既有儿童福利制度应对现代社会风险的能力被严重高估。我国长期以来坚持的重法律惩治而轻服务干预、重事后保护而轻前期预防、重资源赋予而轻资源链接、重家庭责任而轻家庭支持的儿童福利制度,在现阶段所展现出的"儿童照顾赤字"已经愈加难以适应新时代的兜底保障要求,它不但无法有效地为面临家庭照顾困境的儿童提供替代性保护,无力回应因离异、死亡或分居而形成的父母缺

177

迈向中国式现代化：建构新时代中国流动儿童关爱保护体系

席风险，而且也已经不适应青年外出务工人口新的婚姻观、家庭观、育儿观和福利观。在此基础上，国家在福利提供过程中被迫面临两项选择，一是迅速调整陈旧的儿童福利建设理念，并尽力推动儿童福利向普惠性方向改革，增强对有儿童家庭尤其是特殊困难家庭的公共福利供应；二是继续漠视儿童既有风险并维系现有的低成本儿童福利制度，不断容忍因家庭不平等而带来的儿童不平等及人力资本损伤，将儿童现有的可干预风险扩大至未来不容忽视的地步。

从制度维度去解析福利组合的失衡，可以发现长期以来我国儿童福利主要以"补缺型"制度为主，家庭在法律上承担儿童养育的基础及首要责任，当家庭出现问题时由亲属为主、其他主体为辅进行福利补偿，而国家则实现最终的兜底保障。但是通过实证调研可以发现，这一机制事实上已经演变为了家庭内部的福利责任共担，即当父母出现福利提供问题后只能由亲属（尤其是父系祖辈）来提供福利补偿。同时，这一福利组合的责任划分，不但高估了去功能化家庭的实际育儿意愿、能力以及亲属的福利替代效应，而且基层服务体系的不健全和儿童福利从业者专业服务技巧的匮乏，也使得公共部门的兜底保障能力匮乏，加之当前公益慈善、邻里互助和志愿服务的方兴未艾，故低水平的儿童福利财政投资反而是以降低部分儿童的养育质量，并增加社会长期负担为代价的，这与英国、德国、瑞典等国发现的社会福利多元化并不能提升福利供应效率的研究结果颇为类似[1][2][3]，过于强调福利多元主义尤其是家庭承担过高的育儿责任，可能会带来儿童福利的削减而非责任的合理转换。

---

[1] Aiken, M., & Bode, I. (2009). Killing the golden goose? third sector organizations and back-to-work programmes in Germany and the UK. *Social Policy & Administration*, 43 (3), 209-225.

[2] Dahlberg, L. (2005). Interaction between voluntary and statutory social service provision in Sweden: A matter of welfare pluralism, substitution or complementarity? *Social Policy & Administration*, 39 (7), 740-763.

[3] Chaney, P., & Wincott, D. (2014). Envisioning the third sector's welfare role: critical discourse analysis of "post-devolution" public policy in the UK 1998-2012. *Social Policy & Administration*, 48 (7), 757-781.

尤其是随着市场经济以来不同家庭社会经济地位的差距拉大,这一政策设计下的家庭育儿能力不平等能够很顺利的转化为儿童发展上的不平等,家庭功能障碍能够很自然的转化为儿童成长障碍,育儿事宜过分倚重于家庭本身,既无限放大了家庭在育儿过程中的话语权,也增加了对违规家庭处罚的沉没成本,并在流动儿童等特殊弱势儿童身上体现得尤为明显,这才是流动儿童面临越来越多社会风险的制度性原因。

二、儿童福利制度的转型升级

(一) 儿童福利转型升级的方向

基于此事实,如何实现儿童福利责任的重组,将家庭内部福利责任共担转变为真正的多元主体责任共担机制,并利用相关制度安排切实督促多维主体在儿童福利提供中正确履责,就成为未来政策的重中之重。从现实来看,我国三个育儿现状短时间内难以改变,这决定了我国以家庭为主体的福利组合,需要进行积极的转型升级才能适应时代要求:一是离婚率上升、家庭核心化及跨区域劳动力流动等因素而导致的家庭功能障碍,短时间内难以根本性逆转,但核心家庭所承担的养老、助残和育儿压力反而在节节攀升,家庭照顾能力衰减与家庭照顾压力增长之间的矛盾将长期存续。二是亲属类型与数量的减少、婚育年龄的推迟和祖辈老龄化增多等趋势明显,父母之外的亲属尤其是祖辈亲属能够提供的替代性养育能力呈衰减态势,儿童福利责任履行的家内循环可能会开展得越来越艰难。三是由于我国第三次分配还处于加快发展中,公益慈善、志愿服务等民间社会力量的成熟度不高。社会力量短时间内作用还有限。上述三个方面的育儿现状,使得我国应当积极考虑降低现有家庭照顾领域的"单核心"作用,而应充分激发公共部门、学校/社区和社会在福利提供中的"三驾马车"功能,在维护前者在儿童福利提供中基础及首要地位的同时,应切实增强政府职能部门在家庭履职指导和监督、社区或学校等基础平台、儿童福利项目递送能力建设、公益慈善力量引导等领域的全过程监管和资源整合能力,充分提高公共福利服务项目的落地能力，逐步构建核心家庭（基础责任）、亲属（辅助责任）、公共部门（兜底责任）、学校/社区（补充责任）和社会（参与责任）协同参与的新型福利组合形式（如图7-2所示），从而全面形成"家庭为基础、政府为兜底、机构为补充、社会广泛参与"的流动儿童关爱保护新格局，以制度性举措坚定维护流动儿童基本权益，并坚决避免重大负面舆情。

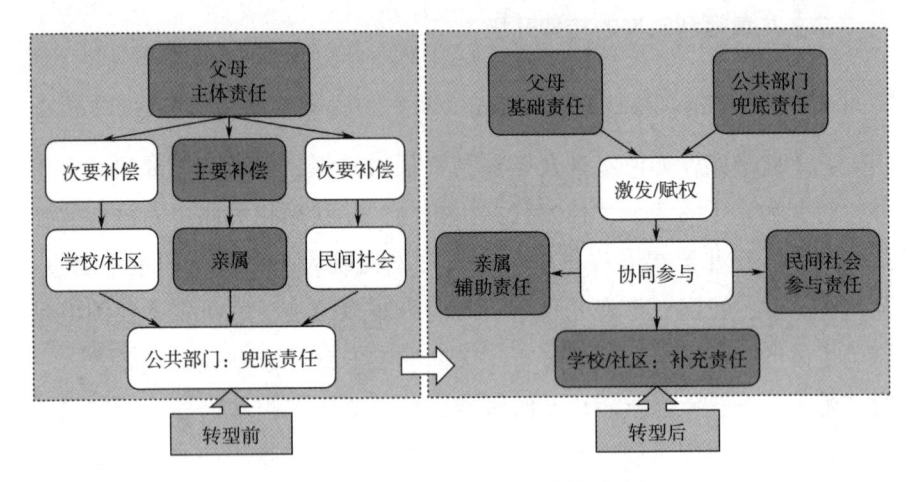

图 7-2　我国儿童福利制度的转型升级

在流动家庭这一新型福利组合的建设过程中，公共部门角色的激发与赋权将是决定性的，因为发展中国家的大量经验显示"公私发展组合"（public-private development mix，PPDM）模型很可能因两者在资源占有上的不对等性而变得虽美好但脆弱①②。因此，必须高度强调公共部门在长期普惠型民生建设领域所能发挥的引领性作用③，在中短期内则应重点

---

① Wigell, M. (2017). Political effects of welfare pluralism: Comparative evidence from Argentina and Chile. *World Development*, 95, 27-42.

② Shi, S. (2016). The bounded welfare pluralism: Public-private partnerships under social management in China. *Public Management Review*, 19 (4), 463-478.

③ 关信平：《全面建成小康社会条件下我国普惠性民生建设的方向与重点》，载《经济社会体制比较》2020年第5期。

打通限制儿童福利递送的"最后一公里"障碍。具体而言，应当在五个方面尽快进行政策优化：首先，公共部门进一步明确普惠型儿童福利的转型方向。调查显示当前我国流动儿童关爱保护政策未能出台，已经成为严重限制流动儿童风险降低的主要原因，家庭以外福利服务提供对于流动儿童而言严重匮乏，由此导致流动儿童在情绪、越轨行为方面的巨大风险，在未来可能会给我国带来更大的长期经济损失，因此迫切需要一次大规模的福利变革，来凝聚儿童福利建设的全民共识。国家应当以共享发展为切入点，在这场转型行动中，主要以推动院外儿童福利服务普惠性、强化城市儿童服务专业化、完善儿童福利提供的监测评估体系以及构建可获得的专业支持等四方面为主要目标，着力破解当前流动儿童公共福利服务严重缺失的问题。其次，通过严格且高效的家庭教育指导监督方案，来督促家庭正确履职。目前我国流动家庭的功能障碍日益增长，离异父母中有相当比例的会放弃或部分放弃自身育儿职责，且在现行法律框架下没有有力的惩罚威慑机制。我国应当依循新修订的《未成年人保护法》和《家庭教育促进法》严格执法，在家庭履职过程中进行严格的指导、监督和干预，通过通用性家庭教育指导方案的普及，提升父母的懂法守法意识，严格依法进行不履责家庭成员的督促、监管和惩戒，推动父母扎实落实首要和基础的育儿责任。第三，应当通过持续推动既有社区儿童福利改革，来破解儿童福利递送的"终点线困局"。积极推动"两个机构转型"和"一支队伍建设"改革，尽快将基层未保中心和基层儿童福利院转型升级为信息统合/资源链接中心、临时庇护和干预中心、服务从业者培训督导中心，在做实儿童主任的基础上，推动其向专职社会工作从业者进行转变。此项环节的核心工作乃是适度增加儿童福利的财政投资，加速基层民政机构改革，通过岗位聘任、政府购买等形式给予儿童一线从业者较好的薪资待遇和职业稳定性，使社区能够留住稳定从事相关工作的人员，并为基层儿童主任提供持续的服务督导。第四，在为教师赋权增能的基础上，强化校园心理健康指导服务和校园欺凌干预服务的保障力度。目前学校是家外儿童福利提供过程中的主阵地，在其场域内所完成的家庭教育指导、安全保障、教育经济资助为去功能化家庭提供了重要的支撑，但在实践中其功能未能完全发挥。针对上述两个挑战，政府应当在校园增设心理健康指导教师的专有岗位，通过专业引导培育学生舆论领袖，增加心理健康服务和暴力求助渠道的畅通路径，提高儿童抗逆力水平及风险求助意识。最后，积极利用促进第三次分配的良机，激发邻里互助、公益慈善和志愿服务等民间力量。当前我国社会蕴含丰富的"恤老慈幼""邻里守望"民间慈善资源有待开发，社会组织服务的简单化、形式化及社会服务的专业性不足也严重影响到了民众参与到儿童服务进程中[①②]，因而可通过专业社会组织的孵化培育、民间慈善观念的优化调整和社会舆论的正确引导，来形成流动儿童关爱保护的良好氛围。

（二）儿童福利转型升级的基础

近年来，我国儿童福利事业发展不断迈上新台阶。在立法层面，以新颁布的《民法典》《未成年人保护法》等为代表，通过五个维度的举措增强约束力：首先，新颁布的政策从体系设计上展现出较强的福利组合特征。例如，新修订的《未成年人保护法》通过 10 个条款的"家庭保护"、16 个条款的"学校保护"和 22 个条款的"社会保护"和 19 个条款的"政府保护"分别对家庭、学校、民间社会和公共部门的责任进行分门别类的说明，条款明确阐释了儿童相关利益人在救助性服务、保护性服务和预防性服务等领域的关键问题，对于形成广义儿童福利提供的多主体合力具有重要价值。其次，新颁布的政策着力夯实了家庭的福利责任履行。新出台的两部法律不但明文规定了监护人的 10 项监护职责与 11 项禁止行为，对监护人的委托监护权责提出了法定要求，而且阐明了国家监督监护人履职的法定义务，强化了国家督促家庭作为基础及首要

---

① 陆士桢等：《社会治理现代化视野中的志愿服务运行与管理》，载《中国青年社会科学》2021 年第 6 期。

② Shi, S. (2016). The bounded welfare pluralism: Public‑private partnerships under social management in China. *Public Management Review*, 19 (4), 463–478.

儿童福利提供者的能力。第三，新政策明确了公共部门在儿童福利建设上的部门职能定位。相比以往的法案通常以泛泛的保护原则来界定政府责任，新修订的《未成年人保护法》新增了"政府保护"专章，通过专有条款的规定对于各级民政、教育、公安、卫健及基层政府，在儿童安全、教育、健康、免疫、救助、监护、设施建设、心理健康指导等方面的部门责任权属进行了规定，尤其是其对富有兜底保障义务的民政部门在家庭监护监督指导、救助监护等方面的工作，提出的8条15项具体要求，对于夯实政府的福利责任履行意义巨大。第四，新修订的法律政策还通过了一系列的机制，加强了国家在全过程兜底与支持过程中的能力。通过家庭教育指导、委托监护监管、问题家庭惩戒、未成年从业者黑名单、侵害报告、全国儿童保护热线、社区儿童服务专岗、长期监护、临时监护等制度，我国不但首次将留守未成年人和困境未成年人关爱帮扶纳入到法律框架中，而且强化了政府在有效预防、识别和介入困境儿童问题上的具体保障机制。最后，新颁布的政策对于社区、学校和民间社会等多元主体进行了正向的引导。其中在社区和学校的相关规定中主要突出了在社区岗位设置、社区寻访、校园暴力、失学风险、校园欺凌、关爱帮扶、安全管理、性教育和心理健康教育方面的责任，在民间社会领域则积极鼓励社会组织、志愿团队和非正式网络，在家庭教育、发现报告、案件转介和干预治疗等儿童全流程服务过程中发挥其专业能力。

在政策落实层面，近年来我国也在为儿童福利的转型升级做前期准备。首先，财政支出规模的快速提升为公共育儿福利项目的开展奠定了经济基础。我国2018年与民生福祉事务密切相关的"教育支出""社会保障与就业支出""医疗卫生与计划生育支出"分别达到了3.22万亿、2.71万亿和1.57万亿元[①]，该数据同比2009年三者的1981亿、3297亿

---

① 财政部：《2018年全国一般公共预算决算表》，财政部官方网站http://yss.mof.gov.cn/qgczjs/index.html。

和 1277 亿分别增长了 15.25 倍、7.22 倍和 11.29 倍[①]。这种快速的经济发展势头及显性的民政保障财政投入增长为普惠型儿童福利项目的建设提供了资金保障。其次，党和国家机构改革后的民政工作新格局为政府兜底保障奠定了组织基础。在 2019 年的机构改革中，民政部出现了较大规模的部门调整，不但救灾、优抚安置、医疗救助等传统业务被剥离出民政系统，而且养老服务、儿童福利等业务职能也得到了加强。作为此次机构改革中变动较大的领域，儿童福利既是下一阶段民政工作新的业务增长点，也是检验民政系统建设成效的重要考核标准，这显然为我国儿童福利的良性发展及增强儿童福利投资的效率做好了组织准备。其三，近年来"两个机构转型"和"一支队伍建设"已经实质性地迈出了院外儿童福利服务的转型步伐。通过将孤弃儿童集中至条件较好的区域性养育中心，极大程度地释放了基层儿童福利机构和基层未保中心的养育潜力。而乡镇儿童督导员和村居儿童主任岗位的普遍建立，则在实现了儿童家外监督监护的"专人管理"。截至 2023 年第 3 季度末，全国已配备乡镇（街道）儿童督导员 5 万名、村（居）儿童主任 65.1 万名，基本实现全覆盖，基层工作力量得到有效充实。这对于后续开展高水平的发现报告、社区寻访、技能培训和专业服务提供了人力准备。第四，我国陆续开展的儿童福利综合试点，为政府、学校和社区的福利项目实施奠定了经验基础。近年来，各部门通过"中国儿童福利示范区项目"（2010年）、"适度普惠型儿童福利制度建设试点"（2014 年）、"农村留守儿童关爱保护和困境儿童保障示范活动"（2018 年）等试点行动及"家庭暴力受害人庇护"（2015 年）、"留守儿童关爱保护"（2016 年）等专项行动，为儿童福利服务提供的理念转变、物资投送、人才培育、机制建设、过程监管和效果评估积累了宝贵的经验。此外，地方政府积极探索的校园暑期托育、强制报告、热线电话、临时安置、儿童评估、案件转介、

---

① 财政部：《2009 年全国一般公共预算决算表》，财政部官方网站 http://yss.mof.gov.cn/qgczjs/index.html。

"四点半课堂"和留守儿童之家等制度也为普及儿童福利服务提供了试点方案。

(三) 儿童福利转型升级的障碍

当然现实中,长期以来对家庭照顾的过度依赖及附着其上的机制设计,仍然深刻限制了这一转型进程。具体而言,影响基层儿童福利递送能力的三重障碍,需要尽快在制度上加以解决:一是从财政支出结构角度去看,目前我国儿童福利能够获得的财政资金量仍然非常局限。以2021年财政部公布的数据为例,当年度我国儿童福利的财政投资规模仅为79.38亿元,约占狭义社会福利投资额的9.02%,约为社会保障和就业总投资的0.23%,约为全国财政支出的0.32‰①。此外,由于儿童福利通常被认为是地方性事务,中央财政在儿童福利总投资中的占比也很低,部分地区对于儿童福利事务的不重视也进一步导致其财政支出额比较紧张。二是我国基层儿童福利服务队伍建设仍然相对缓慢。目前我国"两个机构转型"正在遭遇瓶颈,基层未保中心和基层儿童福利院由于人员编制和部门意愿等原因,难以转型成为院外儿童服务的支持中心。"一支队伍建设"则因财政拨款不足,不能形成专人专岗,这对于基层民政干部本就繁重的工作而言无疑将成为沉重负担。另有基层群团组织的人手也非常紧张,很多业务的开展均由兼职人员完成,这会进一步加剧基层儿童福利队伍的人员紧张。而我国公益慈善、志愿服务、邻里互助等第三方力量的缓慢发展,也限制了其协助公共部门参与儿童福利建设的能力。三是我国一线儿童福利从业者普遍面临着专业技能不足的问题。实践中,基层儿童福利从业者在医疗康复、特殊教育、心理健康指导、社会工作干预等专业技能上的严重不足,深刻限制了社区儿童福利服务提供的质量,并使得部分儿童福利服务流于形式,而流动儿童面临风险最高的婴幼儿托育、家庭教育指导、心理健康指导、伤害防控等,恰恰是

---

① 财政部.2017年全国一般公共预算支出决算表 [EB/OL]. (2018-05-03) [2019-02-10]. 财政部官方网站 http://yss.mof.gov.cn/2021zyjs/202207/t20220728_3830482.htm.

需要较强专业服务技能的领域。上述专业服务能力匮乏的背后，是长期以来基层儿童福利从业者低待遇、高强度、专职率低、稳定性差所导致的低就业吸引力和高从业流失率，以及国家对儿童服务相关专业教育、培训和资格认证体系的不重视。整体上看，尽管儿童福利提供组合的调整方向是明确且笃定的，但当前制度向普惠型方向转型仍然会因国家财政支出结构、基层服务队伍以及专业服务技能等现实障碍而面临种种困难，这也恰恰是公共儿童福利项目尤其是专业性要求较高项目，难以真正落地并被流动家庭所认可的深层原因。

三、儿童福利建设的国家责任

（一）重塑国家责任的历史必然性

前文已经阐释了流动儿童家庭中福利组合结构性失衡及儿童福利体系脆弱性的障碍，主要来自国家财政支出局限、基层服务队伍羸弱和专业服务技能匮乏等三领域，这些因素共同促使以流动儿童为代表的弱势儿童面临较高的社会风险。但从根本上看，我国儿童福利建设的三重障碍主要来自，国家在社会保障构架中对社会福利过于边缘化的制度设计，而彻底解决上述问题必须且只能有赖于对现行社会福利架构重二元关系而轻公民权利、重收入保障而轻福利提供、重特殊人群而轻一般人群、重经济发展而轻社会福利发展的制度缺陷[1]做出重大调整，以构建起资金保障和服务保障均衡发展的新型社会保障形态。

从历史维度追溯这一问题，我国社会福利边缘化的制度设计逻辑源于改革开放初期的四个时空背景，因而其具有特定时期的历史合理性。首先，以普惠性为主要特征的社会福利制度在全球构建的过程中通常是最晚的，其在西方各国的构建时代约为20世纪40年代到60年代的福利国家建设时期，其同比近代社会救助制度的开端1601年的伊丽莎白《济贫法》和社会保险制度的开端19世纪80年代的德国三大社会保险法案

---

[1] 彭华民：《中国组合式普惠型社会福利制度的构建》，载《学术月刊》2011年第10期。

第七章 流动儿童关爱保护的制度反思

都要明显更晚。构建时间更晚的原因主要来自两个方面：一是以"公民权"（civil right）为基础的社会福利获取资格，以及社会福利服务提供的天然高成本，使得这一制度同比其他制度更为"奢侈"，因而要推行政策时也要达成更全面的全民共识；二是由于社会救助、社会保险和社会福利分别是回应农业时代、工业时代以及后工业时代主要风险的典型制度[①]，故社会福利建设也需要与民众日益觉醒的福利需要相匹配。我国20世纪80年代人均GDP仅为300多美元，我国在财政上根本无力构建如此代价高昂的社会保障项目。其次，任何一场社会保障改革必须尊重和重视改革成本，因而在我国社会保障架构初创期，就必须综合考量原有制度的红利及转轨成本。计划经济时期，作为民生保障政策核心的单位/集体制福利本质上是以劳工福利为纽带、以"国家-单位/集体-劳动者-家属"为链条来提供全民福祉的，因而当单位/集体因市场改革而面临自负盈亏的问题时，牢固锁定劳工与企业的福利关联并将就业、物价、工资和单位福利等隐性社会政策成本显性化就成为最优选择，而这一选择对于以收入关联为基础的社会保险制度而言显然是最为友好的。同时，政府当时在财政上的不充裕性、对于市场机制参与福利建设的充分信心以及特定历史条件下劳动密集型产业的限制[②]，也使得以社会保险为主体的改革表现出了最佳的福利机制与市场机制契合性。第三，东亚福利体制是影响我国社会保障架构的另一重诱因，其"家庭中心"和"生产主义"的特点[③]在降低政府福利责任、削减政府福利财政支出的同时，也为其制度设计赋予了体制合理性，因此东亚国家在部署普惠型社会福利政策时往往较为谨慎，有研究甚至表明"亚洲国家社会福利的开支往往仅仅为GDP的5%以内，给予失业人口、老人、穷人、残疾人的财政平均支持水

[①] 郑功成：《中国社会福利改革与发展战略：从照顾弱者到普惠全民》，载《中国人民大学学报》2011年第2期。

[②] 关信平：《中国共产党百年社会政策的实践与经验》，载《中国社会科学》2022年第2期。

[③] 需要指出的是，目前也有一部分学者对于东亚福利体制是不太认可的，故有关东亚福利体制是不是一个单独的福利体制并表现出独立的福利特征在学术界尚有争议。

迈向中国式现代化：建构新时代中国流动儿童关爱保护体系

平仅为联合国规定的 35%"①。考虑到我国社会保障建设初期财政资源有限，积极推动以家庭为中心的、以免费家务劳动为标志的保障形式，能够合理利用福利体制优势来提高我国特定时代的财政支出效率。四是我国改革开放初期在学理上无法使用中立的态度来评价西方社会福利理论，20 世纪 80 年代社会保障架构初创期面对西方国家的福利改革基本维持了批判性的态度，加之公共管理、社会学学科的建设在当时步履蹒跚，因而对于普惠型社会福利建设的必要性和有益性缺乏深刻的学术认知②。正是由于上述四个方面的时空背景，使得我国改革开放以来的社会保障建设自初创时期开始，就形成了以社会保险制度为主体、以社会救助制度为兜底、以社会福利制度为边缘的社会保障格局，老龄、儿童和残疾人等社会福利保障对象及其保障形式仍然延续了 20 世纪 50 年代的狭义标准。

　　时至今日，市场经济下的社会保障发展已近四十年，其原有的时空背景也已然有了天翻地覆的改变，这也决定了我国需要重新思考当前社会保障布局，并深刻认识到构建普惠型社会福利建设的历史必然性。首先，经过改革开放四十余年的快速发展，我国 GDP 总量已经从 1992 年③的 23938 亿元迅速增长至 2021 年的超过 114 万亿元④，人均 GDP 也从三十年前的 2043 元跃升至今天的 80976 元⑤；与此同时，我国 2021 年"社会保障和就业"的财政支出总额也已经达到了 33867 亿元⑥，其同比十年

---

　　① 郑功成：《从高增长低福利到国民经济与国民福利同步增长——亚洲国家福利制度的历史与未来》，载《天津社会科学》2010 年第 1 期。
　　② 万国威：《我国社会福利制度的理论反思与战略转型》，载《中国行政管理》2016 年第 1 期。
　　③ 本研究使用了 1992 年的数据进行对比，因为在 1991 年及以前国家统计局公布的数据是以"国民生产总值"或者"工农业生产总值"而非"国内生产总值"进行统计的。
　　④ 国家统计局：《全国年度统计公报》，国家统计局官方网站 http：//www.stats.gov.cn/tjsj/tjgb/ndtjgb/index_1.html。
　　⑤ 国家统计局：《全国年度统计公报》，国家统计局官方网站 http：//www.stats.gov.cn/tjsj/tjgb/ndtjgb/index_1.html。
　　⑥ 财政部：《2021 年财政收支情况》，财政部官方网站 http：//gks.mof.gov.cn/tongjishuju/202201/t20220128_3785692.htm。

第七章 流动儿童关爱保护的制度反思

前也增长了约十倍,这为我国下一阶段提供高质量的普惠型社会福利项目奠定了重要的物质基础。其次,我国在社会保障初创时期的诸多转轨红利,因经济社会形势的变化而逐步转化为严重的社会风险,以社会福利服务不足为代表的典型问题,严重制约了社会保障功能的发挥,现代社会的典型福利服务问题,如长者照顾问题、院外儿童服务问题、低收入群体文化贫困问题和残疾人照护问题等,都越来越难以通过家庭的主责承担以及政府有限的资金兜底来化解,因而社会福利领域的财政投资局限,就容易转变为养老、育儿和助残等诸多领域的社会代价,这与我国持续提升民生福祉并保障基本公共服务均等化的国家愿景相冲突,并为我国社会福利的转型升级提供了社会基础。第三,日韩等东亚国家近年来因普遍性的少子老龄化威胁正在向保守社团主义转型,其部分国民在巨大家庭照顾压力下选择以"躺平"方式来变相抗争,政府被迫在老龄居家照顾、公共托育、儿童假期看护、残疾人护理等诸多方面提升了财政预算,以避免出现伦理危机。一个典型的例证是日韩两国近年来的儿童福利立法都加大了政府在福利提供中的责任。与此类似,我国近年来的民意在实证调查中,不但表现出了对国家福利责任的积极期待[1]和对收入差距的明确感知[2],体现出新生代民众的需求和改革决心,而且近年来我国在"共同富裕""共享发展""第三次分配"等重要民生保障领域凝聚了新共识,国家认识到日益增长的美好生活需要和不平衡不充分的发展之间的矛盾业已转化为当前社会的主要矛盾,让所有民众共享改革开放的宝贵制度成果,才符合中国特色社会主义的核心要义,这为普惠型社会福利的持续建设奠定了思想基础。第四,随着近年来我国公共管理和社会学等学科的不断完善,我国学术界对欧美各国的社会福利制度安排及其优势劣势,有了更为深刻且清醒的认知,学者们普遍意识到在民生保障领域,中国与欧美国家日益面临着相似的现代化风险

---

[1] 万国威:《中国大陆弱势群体社会福利态度研究》,载《公共管理学报》2015年第1期。
[2] 岳经纶等:《收入不平等感知、预期与幸福感——基于2017年广东省福利态度调查数据的实证研究》,载《公共行政评论》2018年第3期。

迈向中国式现代化：建构新时代中国流动儿童关爱保护体系

及因应之策，因而"全球社会保障制度模式各异，多样化发展，但又殊途同归"①，这为我国构建符合时代诉求的普惠型社会福利奠定了学理基础。

(二) 重塑国家责任的现实必然性

实践中，重塑我国儿童福利转型升级，并推进普惠型社会福利发展的国家责任也具有深刻的现实必然性。与儿童福利的中西方差异一样，在西方视野下被广泛视为"国家依法为公民提供旨在保证一定生活水平和尽可能提高生活质量的资金、物品、机会和服务的制度"②的广义社会福利概念，在我国也被定义为"专为弱者提供的带有福利性的社会服务与保障"③的狭义社会福利概念，并在制度设计中和社会保险、社会救助、优抚安置等一起被视为社会保障架构的必要组成部分。这一设计原则不但与西方国家重视收入与服务均衡保障的制度建设逻辑具有显著差别④，而且也决定了"在许多国家中仅仅意味着社会保险和现金救济的社会保障一词在中国反而成为包含一切的总称。相反，社会福利服务、社会救助和优抚安置等重要的项目则变成了这一社会保障制度的组成部分，从制度上被降低到福利制度的较为次要的组成部分"⑤，这与人类社会的普遍民生建设规律并不相符。不仅如此，从国家在重要文件中的官方表述⑥、财政分配结构⑦

---

① 郑功成：《中国社会保障改革与未来发展》，载《中国人民大学学报》2010年第5期。
② 彭华民：《中国组合式普惠型社会福利制度的构建》，载《学术月刊》2011年第10期。
③ 陈良谨：《社会保障教程》，知识出版社，1990年版。
④ 刘继同：《社会福利制度战略升级与构建中国特色福利社会》，载《东岳论丛》2009年第1期。
⑤ 尚晓援：《"社会福利"与"社会保障"再认识》，载《东岳论丛》2001年第3期。
⑥ 我国在近年来主要党政重要报告中对社会保障问题的阐释一般的顺序为：社会保障基本原则、养老保险、医疗保险、其他社会保险、社会救助、社会福利、公益慈善等。
⑦ 以2017年财政部公布数据为例，社会福利制度的总财政支出金额为680亿元，社会救助制度中城乡低保的支出约为1476亿元，基本养老保险制度和基本医疗保险制度的补助则分别为7449亿元和5024亿元。

第七章 流动儿童关爱保护的制度反思

及人员编制安排①来看，我国包含儿童福利在内的社会福利制度也明显弱于居于主体地位的社会保险，处于三大基础性社会保障制度的最边缘，这种制度保障形式也与我国多种社会保障形态均衡发展、同步共进的长期愿景并不相符。尽管实践中这种制度设计能够节省部分育儿领域的公共福利开支，并可集中精力用于扶贫开发、养老保险、医疗保险等更加急迫的社会保障事务，但却是以遏制国家推动社会福利普惠性发展的动力为代价的，这不但压抑了对后工业社会日益增长的福利服务需要，而且使得民众福利服务缺失的不良后果及由此造成的隐性财政负担被放任。例如，有证据就显示仅2010年我国因儿童保护性服务不足而造成的长期经济负担就达到了1031亿美元②。

今天我国儿童福利组合的结构失衡及儿童福利体系的脆弱性，可以在制度上归结于社会福利的认知与建设长期被边缘化，这一边缘地位的获得或许具有历史合理性，但是随着我国经济发展、社会矛盾、思想共识和学理认知等四个时空背景的转换已经亟须进行改革。或者说，我国儿童福利体系的脆弱性看似是单纯的儿童福利建设与发展问题，但是其背后却深刻关系到我国社会保障架构能否真正抑制"儿童照顾赤字"转变为"儿童照顾危机"③，以及其能否真正发挥社会保障在后工业时代的重要功效，深刻关系到当前社会保障体系设计的合理性。尽管我国近年来社会保障制度取得了快速的进步，但是民众对于各项社会福利服务

---

① 在2019年党和国家机构改革前，我国社会保险主要的管理部门为人社部养老保险司、医疗保险司（后被调整至医疗保障局）、工伤保险司、失业保险司、农村社会保险司等，社会救助管理部门主要有民政部社会救助司和救灾司（后被调整至应急管理部）等，而社会福利的管理部门仅为民政部社会福利与慈善促进司和社会事务司一部分（改革后分为儿童福利司、老年服务司和社会福利与慈善促进司一部分）。

② Fang, X.M., Fry, D.A, Ji, K., Finkelhor, D., Chen, J., Lannen, P. & Dunne, M.P. (2015). The burden of child maltreatment in China: a systematic review. *Bulin of World Health Organization*, 93 (3): 176–185.

③ 岳经纶等：《中国儿童的照顾政策体系：回顾、反思与重构》，载《中国社会科学》2018年第9期。

191

质量及其均等化的要求也在不断提高①，尤其是针对弱势群体的普惠型服务不足，已经极大地限制了当前社会保障功能的完全发挥，对于民众获得高质量的福祉并由此产生充裕的福利获得感相当不利。因此，彻底破解流动儿童等特定儿童的困局，必须增强针对儿童的社会投资，必须着力降低现有福利服务体系中对家庭尤其是核心家庭的过度依赖，必须扭转国家对社会福利事宜的长期边缘化认知，并勉力夯实社会福利转型升级过程中的政策落地能力，必须将社会福利服务放置在与社会保险、社会救助同等重要的基础性地位，这样才可能在社会福利资源投入及其可实现途径方面有所作为。总体来看，流动儿童问题的解决需要放置在儿童福利制度的改革中进行，我国儿童福利迫切需要解决"历史欠账"问题的深层次制度意涵，乃是重塑社会福利在社会保障大格局中的制度定位，而推动现阶段社会福利整体地位的提升，不但是完善社会保障制度"织密兜牢"属性及增强其对经济社会发展适应性的关键步骤，也是实现我国基本公共服务均等化和促进共享发展的重要举措。

---

① 关信平：《当前我国社会政策的目标及总体福利水平分析》，载《中国社会科学》2017年第6期。

第八章 结论与建议

一、研究结论

（一）流动儿童个体与家庭的新特征与新变化

在对十个城市流动儿童进行问卷调查及对百余名流动儿童利益相关人进行深度访谈后，研究首先观察到流动儿童个体与家庭的一些典型特征。从个体状况来看，六个方面的典型特征值得重点关注：一是流动男童和流动女童的数量大致均衡，这与传统上女童通常更容易被滞留在家乡的结论有所差异，反映出疫情前后移民人口在将子女带到身边的选择上可能出现了新的变化，该变化需要在政策予以持续监控。二是本次流动儿童中跨省流动的比重约为40.7%，同比联合国儿基会最新公布的20.6%的数据有较大提升[1]，与浙江、广东和江苏流动儿童中的跨省流动儿童占比分别达到了51.2%、40.0%和35.3%[2]的比重接近，显示在本次调查的国家或区域中心城市中，跨省流动儿童的占比会显著上升。三是约有26.6%的被访者出生在流入地，超过52.8%的被访者在幼儿园前已经来到流入地，而约四分之三的流动儿童在小学前来到流入地，这展现出建立自婴幼儿起的全过程流动儿童保护机制异常必要。四是目前流动儿童转学率约为23.8%，但三次转学率约为2.6%，说明随着各地义务教育政策陆续落地，流动儿童本身也呈现出"流动的稳定性"或是"稳定

---

[1] 联合国儿基会等：《2020年中国儿童人口状况：事实与数据》，联合国儿基会驻华办事处官方网站 https://www.unicef.cn/reports/population-status-children-china-2020-census。

[2] 联合国儿基会等：《2020年中国儿童人口状况：事实与数据》，联合国儿基会驻华办事处官方网站 https://www.unicef.cn/reports/population-status-children-china-2020-census。

迈向中国式现代化：建构新时代中国流动儿童关爱保护体系

的流动"。五是流动儿童的残疾率仅为0.2%，显示父母在流动过程中是否携带子女与其自身的身体状况密不可分，流动儿童的选择过程也是一个家庭未来子女投资的理性抉择过程。六是非农业户口和农业户口的相对比例虽然接近一比八，反映出绝大多数流动儿童均为农村人口，但超过61.3%的被访者却希望留在大城市，仅有2.7%的被访者愿意返回农村，这说明在政策上应当充分考虑流动儿童长期居留及生活在现有城市尤其是大城市的特征，儿童成年后的一系列医疗、就业、育儿、兜底保障等相关配套政策需要在流入地逐步落地，大城市的持续民生投资需要增强。

从家庭状况来看，也有六个方面的典型特征值得在政策上加以注意。一是流动儿童整体的监护情况同比农村留守儿童更好，约有86.2%的被访者与父母同时居住，全部测量人口仅有一人独自生活，显示亲子分离现象并不严重，这一情况有利于利用较少的财政投资，来管控流动儿童的整体监护风险。二是流动家庭通常奉行传统的"男主外、女主内"家庭文化，超过72.6%的被访者由母亲承担首要照顾责任，且约有17.3%的母亲为此不能工作，远高于0.9%的父亲居家照顾比例，但研究同时发现母亲具有较强的工作意愿，相当比例的母亲会在儿童初中后进入劳动力市场，因而在政策为有就业需要的流动儿童母亲提供就业促进政策及构建灵活性更强的社会保险制度颇为必要。三是多子女共同生活构成了流动家庭的常态，调查中仅有26.4%的被访者没有和兄弟姐妹生活，接近六成的流动家庭为两个子女共同生活，三孩以上的比重约为一成五，反映出流动家庭的育儿压力明显高于城市户籍儿童，在未来的生育支持政策设计过程中应当充分考虑为流动家庭舒压解困。四是多代共同居住的比重约为31.4%，小学阶段儿童的多代共同居住比例远高于初中阶段儿童，反映出育儿而非养老可能是现有多代共同居住家庭形成的主要原因。五是父母的整体学历偏低，超过五成五的父母为初中以下学历，故他们中绝大多数人口主要从事灵活性强的工种，实际进入体制内的人口占比低于10.0%，因而需要在政策上高度关注经济波动对其家庭灵活就业及居民基本保险缴纳的不利影响。六是部分流动家庭已经出现了功能障碍风险，被访儿童中父母分居率、离婚率和丧亲率分别为8.1%、5.1%和0.8%，流动儿童父母在童年期经常遭受家庭暴力的比例均超过了5.5%，高亲子疏离度的家庭占比约为5.5%，故在政策上持续关注并降低流动家庭的功能障碍对其子女的长期影响势在必行。研究总体上观察到，"父母有限的教育经历、父亲灵活就业、母亲主要照顾、父系亲属辅助照顾、养育两三个子女"构成了流动家庭的基本形态，多数流动家庭尚有能力维持基本的育儿质量，且同比农村留守儿童的育儿质量普遍更好，但着力在政策上密切关注及干预生活在具有功能障碍家庭中的流动儿童是当前的当务之急。

(二) 流动儿童面临的突出社会风险

基于十个城市的实证调查，本研究还发现流动儿童在家庭内部伤害、家庭外部伤害、心理与行为问题、婴幼儿监护照料、非义务阶段均等教育权等多个方面存在较大风险，这些方面构成了未来流动儿童关爱保护政策需予以覆盖的关键领域。首先，从家庭内部伤害风险来看，流动儿童的躯体暴力、情感暴力及忽视问题均需得到高度重视。调查证实，约有26.6%的被访者在过去一年遭受过躯体暴力，其中5.2%的被访者经常遭受躯体暴力，显示躯体暴力对流动儿童的威胁整体上较高；在情感暴力方面，受到惩罚式教育及虎式育儿传统的影响，情感暴力的流行率约为46.0%，经常遭受情感暴力的占比也达到了10.2%；另有躯体忽视和情感忽视的流行率分别达到了54.7%和80.9%，其中经常出现饮食忽视和医疗忽视的比例分别为3.2%和11.5%，经常出现监护忽视、医疗忽视、身体忽视等其他忽视类型的占比范畴为4.4%~7.1%，显示相当比例的流动儿童会遭遇到家庭忽视行为。研究整体上观察到，流动儿童面临的躯体暴力、情感暴力及忽视情况均较为严峻，并构成了流动儿童关爱保护的重大挑战。质性调查发现，尽管成人多反映出儿童暴力并不严重，但被访儿童仍然部分坦诚父母的殴打经历，以"爱"为名义、以惩罚式教育为表现的家庭内部暴力呈现出了高度隐形化的状态；另有少量流动

迈向中国式现代化：建构新时代中国流动儿童关爱保护体系

儿童还会出现时间较短的独居情况，这一状况虽然同比农村留守儿童3.1%的独居率更低，但也展现出了家庭忽视问题的存在。进一步的研究结果显示，不良亲子关系和暴力循环因素是形成流动家庭内部儿童暴力的主要影响因素，而不良的亲子关系是形成流动家庭忽视问题的主要诱因，因而如何有效地通过家庭教育指导政策，来切实强化亲子互动意识、改善亲子互动技巧，并最终增进亲子之间的情感关联，乃是未来非常重要的政策取向。

其次，从家庭外部伤害风险来看，网络欺凌、三类意外伤害事件以及伤害求助问题最需要引起政策上的警惕。研究发现，流动儿童遭受校园欺凌的比例约为四成，其中经常遭受校园欺凌的占比在4.1%左右，并通常以遭受言语欺凌和低烈度的暴力为主，这一情况明显好于缺乏有效监管的农村留守儿童。另有高同辈排斥的比例仅约为2.3%，整体的同辈排斥情况也不是特别严重。但三个问题仍然值得政策上的高度注意：一是网络欺凌的报告率约为21.1%，这一比例已经高于15.0%左右的国际平均值，且较为严重的"录播不雅行为"及"暴力胁迫录像拍照"的选择率也均超过了1.0%，展现出因网络时代的到来，网络欺凌问题已经日益演变为一个影响流动儿童发展的重要问题，因而积极贯彻2023年9月20日颁布的《未成年人网络保护条例》极为必要。二是在意外伤害的统计中，意外伤害情况在教育系统及家庭高度重视的前提下已经有明显改善，但"烧伤烫伤""动物扑咬"和"吸入异物"的报告率均超过了一成，反映出上述领域应当成为下一阶段儿童意外伤害预防的关键环节。三是流动儿童的伤害求助通常以同一性别家庭成员为主，但仍有超过1.9%的流动儿童在遭受伤害后无人求助，该类儿童构成了目前儿童家外伤害领域最可能的受害者。研究整体上认为，未来的流动儿童关爱保护政策应当系统性的解决经常性校园欺凌问题、网络欺凌问题以及三类意外伤害问题，重点增强流动儿童受到伤害后无人求助的问题，积极降低家庭外部伤害的巨大威胁。

第三，从心理与行为问题来看，部分青春期流动儿童面临着较为严峻的抑郁、焦虑等心理问题。流动儿童当前罹患重度抑郁症的比例可能已经高达2.1%，这一比例不但与2019年Haung等人在《柳叶刀》杂志上发表的"中国2.1%的成人具有重度抑郁症"数据持平[①]，而且与本调研团队2019年针对八个县域所做的2.0%的重度抑郁症结果相比也要略高，展现出了流动儿童群体突出的抑郁风险。定量研究还发现，焦虑风险同比抑郁风险的平均得分率高89.8%，没有任何焦虑的流动儿童占比仅为16.1%，展现出焦虑问题同比抑郁问题更为严重。从数据上看，未来青少年的抑郁干预需要重点围绕其"生活乐趣""入睡质量""失败感""疲劳感"和"注意力"等五个关键问题来做出妥善安排，而未来焦虑问题的干预重点是"担忧未来""感到紧张"和"感到会发生糟糕的事情"等三类问题。统计结果观察到，焦虑与抑郁等心理问题的产生主要与严重的儿童伤害、不良的亲子关系及抗逆力低下等三个指标有关，有效控制儿童伤害、改善亲子关系并适度增强抗逆力教育可以有效预防心理问题。而行为问题的严重性有所下降，主要以辱骂等言语行为以及低烈度的暴力行为为主。有关流动家庭的质性调查也反映出，进入青春期的流动儿童会表现出同比以往明显的性格变化，部分儿童会以沉迷网络来寻求亲密依恋关系的重建，部分儿童甚至会罹患需要医学诊治的精神障碍疾病。研究进一步发现，流动儿童更羸弱的心理健康问题可能与三方面因素有关：一是受到学业成绩不良及建筑其上的家庭惩戒与校园欺凌风险增高等多重压力的不利影响，童年逆境的增多尤其是男童多重逆境的增长显著提升了流动儿童的精神伤害水平；二是社会融入的有限性降低了流动儿童的求助意愿，社会支持的不足则削弱了流动儿童面对困境的主动报告能力；三是流动儿童缺乏正确的情绪调节策略，其回避性的情绪处理方式加剧了儿童的精神伤害可能性。

第四，从婴幼儿监护照料来看，目前流动儿童的早期监护照料面临

---

① Huang, Y., Wang, Y., Wang, H., and etc. (2019). Prevalence of mental disorders in China: A cross-sectional epidemiological study. *The Lancet*, 6: 211-224.

着沉重的压力。调查显示，0周岁、0~2周岁和3~5周岁来到流入地的占比分别大致为四分之一，显示超过四分之三的流动儿童在小学阶段前就会进入到流动地，流动婴幼儿面临着较高的监护照料压力。尤其是考虑到约四分之三的流动家庭均具有两个以上共同居住的子女，流动家庭中的女性群体尤其是母亲所承担的养育压力极大，相当比例的流动儿童母亲只能够被迫居家照顾或从事简单的灵活就业；另有约三分之一的家庭会由老人协助养老，这种多代共同居住的情况可部分程度的释放女性就业压力并增加流动家庭的收入，但其所占比例仍然较低。质性研究的结果进一步反映出，这种传统的"男主外、女主内"的家庭劳务分工带来了两个潜在后果：一是严重影响了女性进入劳动力市场并加剧了家庭中的性别矛盾，不但有被访母亲明确表示希望国家通过公共托育服务来缓解她们的养育压力，并促进她们家庭地位的提高，而且有访谈者将流动婴幼儿的养育过程概括为"丧偶式育儿"以表达不满。二是沉重的照顾负担严重挫伤了流动家庭中母亲的生育意愿，绝大多数被访母亲认同，婴幼儿照顾负担阻碍了她们继续生育的动机，因而流动家庭的婴幼儿照料负担，有可能改变现有的以多胎为主的流动家庭生育格局，并加剧国家生育赤字。研究认为未来政策不但有必要通过普惠性公共托育的建设，来降低女性在婴幼儿照顾中的过重负担，而且在家庭教育领域也应积极改善男性家庭成员的育儿习惯，并引导其参与到婴幼儿照料过程中。

最后，从均等教育权获得来看，流动儿童目前主要面临着非义务教育阶段的教育不公平。调查发现，在国家"两为主"政策的引领下，各地义务阶段的流动儿童入学政策，虽然存在"积分入学制"和"材料准入制"的差别，但现有政策的整体落地情况较好，多数被访家庭均能够顺利进入到公办义务教育体系中。同时，除少数超大城市因材料审核资格较高而难以落地外，多数城市通过"公办"或"民办公助"学校，均可有效解决流动儿童义务教育入学问题，故困扰我国多年的义务教育阶段流动儿童的入学机会平等问题，已经得到较大缓解。当然，在学校教育质量、师资稳定性和儿童转学频繁度等方面，流动儿童集中学校仍可优化，因而我国未来义务教育阶段的工作重心，应从入学资格的均等化向教育获得的均等化转型。在非义务教育阶段，国家仍然需要投入更大精力来破解三项教育平权难题：一是由于我国公办幼儿园的普惠程度不高，目前多数流动儿童尚无资格进入到公办学前教育体系，这与流动家庭的普遍期待差距较大。二是我国"双减"政策的实施及教育培训改革的推动，有力的降低了流动家庭的育儿成本，但目前部分地区对于该政策的落实情况不佳，因而流动家庭普遍担心在教育培训领域形成新的不公平。三是由于"普职分流"政策的逐步施行及高考政策的省份差异，目前跨省流动儿童在享有均等化高中阶段教育资格方面仍然面临着较大的压力，部分省份对于流动儿童的均等入学权利仍有诸多限制。研究认为，我国下一阶段流动儿童的教育保障政策，应当在夯实义务教育阶段教育平权宝贵成果，并持续增强教育质量均等性的基础上，重点解决普惠性学前教育、教育培训和后义务教育阶段均等入学资格等三项问题。

（三）流动儿童内部的群体差异

在既有研究中，研究团队还发现流动儿童内部存在着一定的群体差异。就性别异质性来看，主要体现在七个方面：一是虽然传统上认为的流动人口会"将男童优先带入城市来享有良好教育、将女童滞留在农村"的趋势有所减弱，但流动男童同比流动女童仍然更容易跨省流动，这显示出基于优质教育机会的男性偏好仍然客观上存在，男童同比女童仍然会获得流动家庭更高的教育期待，及更多改善教育状况的机会。二是流动女童同比流动男童会更早地来到流入地，流动男童的迁移时间则更偏重于小学和初中的入学点，这可能与流动男童因跨省比例更高而具有更大的迁移难度有关。三是流动女童具有共同居住兄弟姐妹的比例明显高于流动男童，流动家庭基于男性偏好通常会在生育女童后继续生育儿子，而在拥有儿子后的生育意愿会有所降低。四是流动男童的家庭通常具有更低的家庭功能障碍，尤其是其分居率和离婚率均明显低于流动女童家庭，这导致与父母关系疏离的流动女童占比明显高于流动男童，流动女童家庭子女数量更多及性别偏好，可能是导致家庭功能障碍上升的潜在

199

诱因。五是流动男童遭受到了更多的童年躯体暴力和躯体忽视，而流动女童则在情感暴力和情感忽视领域具有显著领先，该结论与国际主流趋势相类似，反映出"男童因期望值更高及社会容忍度更高而面临更多暴力风险，以及女童因情绪识别能力更强而具有更高情感伤害风险"的普遍结论在流动儿童群体中亦能够得到证实。六是尽管在同辈排斥领域的性别差异不大，但流动男童同比流动女童遭受到了更多的校园欺凌、网络欺凌和意外风险，且同一性别的家庭成员最可能成为流动儿童的求助对象，流动男童在家庭外部伤害领域面临更为严峻的风险。七是流动女童同比流动男童往往会展现出更多的焦虑、抑郁情绪，但流动男童具有不良行为的报告率明显高于流动女童，这可能是由于"男童更倾向于选择外化的情绪处理方式，而女童更容易选择内化的情绪处置方式"所导致的。

此外，不同年龄流动儿童也展现出了多个层面的群体差异，其整体的年龄异质性甚至要高于性别异质性。研究发现年龄异质性的主要表现为七个方面：一是初中阶段跨省流动儿童的数量急剧减少，其比重从小学时期的 50.8% 迅速下降到了 28.2%，其背后的原因可能与部分城市的中考政策，不允许外地学生考试而导致的教育回流现象有关。二是初中阶段多代同居家庭的占比明显下降，其比例从小学阶段的 36.8% 下降至 24.8%，这可能与流动小学生自主照顾能力的缺失以及初中阶段住校生的增长有关，也侧面彰显出流动家庭的多代同居主要解决的是育儿问题而非养老问题。三是部分流动儿童的母亲会在子女入读初中后进入劳动力市场，但囿于其学历水平及工作经历的匮乏，只能够进入到灵活就业市场，这部分展现出在家务劳动领域的性别不平等。四是随着儿童年龄的增长，流动家庭出现功能障碍的比例从 10.4% 提升至 20.6%，显示初中阶段的流动儿童所面临的家庭功能障碍会明显上扬，并促使大龄流动儿童面临着愈加紧张的亲子关系。五是流动小学生因其反抗能力较弱遭受到了更多的童年暴力，初中阶段流动儿童则在情感识别能力增强的前提下，感受到了更多的家庭忽视，这与世界范围内的主流研究结论也保持高度的雷同。六是随着年龄的增长，流动儿童感受到的社会支持呈现出下降趋势，初中生遭受同辈排斥、网络欺凌的情况同样要更为严重，且其无人求助的比例会显著上升，大龄流动儿童更可能面临严峻的家庭外部伤害风险。七是初中流动儿童无论在抑郁、焦虑等心理症状，抑或是不良行为等行为问题上，都要同比小学阶段流动儿童具有更高风险，随着年龄的增长，流动儿童因面临的多重压力源增加而导致其问题心理及行为有明显增加。上述基于性别和年龄的群体差异提醒在进行政策设计时，要高度重视对于不同类型儿童的技术性处置，尤其应当重点关注在家庭功能障碍、家庭内部伤害、家庭外部伤害以及情绪行为问题等四个领域的群体异质性。

二、研究建议

（一）流动儿童关爱保护体系的整体布局

如上的研究结果，不但展现出流动儿童当前面临的突出社会风险，而且反映出不同类别儿童所存在的独有困境，这对于我国未来有效部署流动儿童关爱保护工作具有积极的意义。必须意识到，流动儿童工作既关系到上千万城乡务工家庭的基本福祉，也是深入落实国家基本公共服务均等化和"兜牢织密"社会保障网的必然要求，是各级政府尤其是各级民政部门必须聚精会神解决的重点民生保障事务，因而通过合理的制度举措来实现有效的政策布局，乃是坚定维护国家底线公平及促进基本公共服务充裕均衡发展的关键手段。结合相关调研，未来国家在构建流动儿童关爱保护体系中应高度关注三点：

首先，做好流动儿童关爱保护体系的顶层设计。具体有四点建议：一是尽快出台流动儿童的专项关爱保护政策。考虑到流动儿童的庞大规模及其主要风险与农村留守儿童相近的事实，建议民政部推动国务院参照《关于加强农村留守儿童关爱保护工作的意见》（国发〔2016〕13号）之文件规格尽快出台《加强流动儿童关爱保护工作方案》，以"居住地与户籍所在地不一致且离开户籍所在城市半年以上的十六周岁以下未成年

迈向中国式现代化：建构新时代中国流动儿童关爱保护体系

人"为标准来将流动儿童纳入到官方关爱保护体系中。同时应当在政策文件颁布后尽快开展政策宣讲工作，围绕该政策的使命意义、瞄准重点、策略方法等凝聚共识，降低各地在政策落实过程中的抵触及畏难情绪。二是重塑儿童福利事业新格局。建议民政部将儿童福利工作统筹布局为"三类儿童兜底保障"（孤弃儿童、事实无人抚养儿童和困境儿童）、"两类儿童关爱保护"（农村留守儿童和城镇流动儿童）和"一类儿童临时救助"（流浪儿童）的新格局，实现高风险儿童的分层分类管理，突出不同制度工具对特定对象的适用性。三是管控好流动儿童面临的四个突出风险。构建自婴儿起至十六周岁止的流动儿童全过程关爱保护体系，实行流动儿童建档立卡，重点革除流动儿童在伤害预防、青春期心理健康、早期监护照料及非义务教育阶段均等教育权保障等四领域的关键障碍。四是提升流入地社会保障和基本公共服务的共享程度。建议国家规范流入地设置基本育儿服务清单，适度降低积分落户或资格准入门槛，在流入地探索建立以居住证为审核条件的临时救助制度，提升流动家庭的急难救助及支出型贫困救助力度，提高城乡居民基本医疗保险制度对在保流动儿童的倾向性支持，便捷流动儿童的异地就医结算，通过家庭育儿个税抵扣及普惠型公共托育补贴等形式缓解多子女家庭的经济压力。同时，国家应鼓励流入地政府为流动家庭提供流动人口孕产期服务、普惠性公共托育服务、普惠性学前教育、校园心理干预服务、受侵害流动儿童发现报告和临时庇护服务、家庭教育指导服务和儿童友好社区建设等一揽子基本公共服务，以12345热线电话为平台，开设流入地基本公共服务查询系统，推动区域内重要民生保障资源的均衡配置和充分使用。

其次，要夯实流动儿童关爱保护工作的基层服务能力。具体建议有四个：一是严格落实家庭在育儿过程中的首要责任。以现行法律法规为依托，流出地政府应当依法督促监护人对长期滞留或回流家乡的未随迁子女做好委托照护，流入地政府则应扎实履行社区走访、信息统计、发现报告和临时庇护等职能，并建设好家长学校、婴幼儿早期照料机构、其他家庭教育服务站点和公益性网络家长课堂，鼓励男性家庭成员参与

第八章 结论与建议

流动儿童监护照料、伤害求助和心理纾解。二是做好儿童福利服务的标准化建设。依法制订《流动儿童机构与社区关爱保护服务手册》，稳固流动儿童关爱保护的监督、指导和考核标准，将其纳入对基层儿童服务机构、社区、城市儿童福利从业者的综合评价体系，鼓励各地实现一线儿童服务人员的长期化和稳定化。各地公益彩票金优先用于购买流动婴幼儿监护照料、受暴流动儿童临时监护、青春期流动儿童心理慰藉、流动家庭教育指导等一线社工服务。三是深化民政部门"两个机构改革"和"一支队伍建设"的宝贵经验。抓紧完成基层儿童福利机构和未保中心，从传统孤弃儿童养育、流浪儿童救助业务向基层临时庇护中心、信息转介中心和业务培训中心转型，做实基层民政服务站，充分利用闲置的儿童福利场地及设施，全面夯实城市社区儿童督导员和城市儿童主任队伍，以"城市民政服务站+儿童福利从业者"形式，推动基层部门在儿童服务领域的优化提质。四是强化多元力量的协同共治。培育流动儿童托育、课后照料、假期看护等服务市场，重点提升市场化育儿服务质量，严格市场服务准入资格，规范育儿服务市场价格，扩大育儿服务市场内需。各级政府应牢固把握国家有关第三次分配改革的重大战略构想，积极引导、鼓励和推动社群互助、志愿服务、慈善捐赠和非营利育儿服务等社会力量，广泛参与流动儿童关爱保护事业，加大财政资金、彩票公益金、公益慈善资金用于政府购买儿童福利服务。

最后，要加强流动儿童关爱保护工作的配套政策建设。具体做法有四个：一是做好多部门的统筹协调。建议民政、教育、卫生健康、公安、司法、医疗保障等相关职能部门做好政策对接和信息共享，健全定期会商制度，妥善处置多部门协作事宜。二是增强流动儿童的信息监管能力。建议国家通过摸底排查尽快建立统一的"流动儿童基础信息数据库"，细化规范不同部门的统计口径及报送标准，有条件地区可与低收入家庭信息数据库进行整合，对刚性支出较大的流动家庭开放临时救助申请端口，依法为流动儿童及其家庭的信息汇集、动态监管、兜底保障、风险预警和服务介入提供智能化指引，社区可根据上述信息数据库来实现对流动

迈向中国式现代化：建构新时代中国流动儿童关爱保护体系

儿童的日常寻访、发现报告、资源链接、活动组织和公益慈善引导。三是持续推进儿童友好城市的建设。民政部门应当深入落实《关于推进儿童友好城市建设的指导意见》，各级民政部门应支持地方政府对流动儿童较为集中的老旧小区增设、扩建或改建儿童活动场地与设施，积极开展公共空间的适儿化改造，为流动家庭组织和开展亲子活动提供空间。四是优化家庭正确履行育儿责任的舆论环境。以典型案例为依托，突出对流动家庭婚姻和睦、性别平等、孝亲慈幼和亲情关爱的舆论倡导，摒除育儿领域的"躺平"思想，准确研判新一代流动人口婚姻观、家庭观和育儿观的重大变化，引导社会舆论普遍形成儿童友好、婚姻友好、家庭友好的社会环境。

在拟定良好政策的基础上，作为主管部门的民政部还需要在落实政策的过程中优先注意做好九项工作：一是做好多部门的统筹协调工作。在统筹协调过程中，与国务院妇儿工委、教育部、公安部、国家卫健委、人社部、国家数据局、全国妇联等机构进行政策协同、信息共享及资源链接。二是优化既有的配套保障制度。如可研究针对流动家庭的临时救助和支出型贫困救助，以便为流入地的流动家庭因陷入疾病、车祸或火灾等临时重大灾害事故提供临时帮扶，另可研究低收入家庭信息核对系统向流动人口开放端口，增加其家庭重大风险后的智能化识别能力。此外可以向公安部、人社部、国家医保局、教育部、国家卫健委、国家数据局和全国妇联等部门，分别提出有关依法处置监护不当流动家庭、促进流动妇女再就业及灵活参保、强化城镇居民医疗保险儿童友好性、夯实青春期流动儿童校园心理干预机制、改善孕产妇产前筛查与流动婴幼儿健康管理、落实流动儿童网络保护、做好家庭教育指导的性别平衡等相关建议，推进不同部门在重点业务领域中的协同共进。三是切实夯实基层民政服务能力。持续通过"两个机构改革"和"一支队伍建设"的转型来增强基层民政服务能力，抓紧完成基层儿童福利机构和未保中心从传统孤弃儿童养育、流浪儿童救助业务向基层临时庇护中心、信息转介中心和人员培训中心转型，着力增强其在问题流动家庭发现报告、临时监护、转介安置、临时心理干预和社区儿童主任培训方等面的能力，同时在城市社区夯实城市儿童督导员和儿童主任岗位，以"城市民政服务站+政府购买服务"形式，推动基层社区在儿童服务功能上的优化提质。四是强化实务型儿童保护类事务的政府购买服务。持续增加儿童福利类事务的政府购买服务，尤其应当重点鼓励各地购买流动婴幼儿社区监护照料、儿童暴力社区监护、青春期流动儿童社区/机构心理慰藉、社区家庭教育指导及社区儿童公益活动类的一线社工服务，增强流动儿童关爱保护行动的标准化。五是加强儿童友好型社区与城市的建设。对流动儿童较为集中的老旧小区增设或改建儿童活动场地与设施，合理构建流动儿童的安全社区环境，为流动儿童组织和参与活动提供基础的社区空间和安全的社区设施。六是积极引导发挥公益慈善力量对流动儿童的帮扶。牢牢把握国家有关促进第三次分配发展的重大战略构想，结合自身主管社会组织、志愿服务和公益慈善的有利地位，积极引导和鼓励社群（邻里）互助、志愿服务、慈善捐赠和非营利育儿服务等力量广泛参与流动儿童关爱保护，形成流动儿童关爱保护的良好舆论氛围，提升社会认同、社会参与、社会融入和社会约束等四种机制在流动儿童关爱保护领域中的地位。七是掌握现代信息化建设主动权。通过摸底排查尽快建立各部门通用的"流动儿童基本信息数据库"，从而为流动儿童等特殊困难儿童的信息汇集、动态监管和服务介入提供智能化指引。八是做好机构和社区儿童服务的标准化建设。建议民政部依法制订《流动儿童机构与社区关爱保护服务手册》，在总结各地经验的基础上做好特定流动家庭问题评估、服务指导和定期巡查的案例总结，稳固流动儿童关爱保护监督、指导和考核标准，纳入对未保中心、基层儿童福利机构、社区、儿童督导员和儿童主任的综合评价体系。九是打造儿童福利事业舆论高地。建设好流动儿童研究智库团队，支持儿童专业服务人才建设基地，加强实务和理论工作者的协作互动，讲好中国经验与中国故事，打造中国流动儿童人权保障工作的舆论桥头堡。

(二) 儿童福利制度的转型升级

如上的制度分析已经显示，流动儿童面临诸多社会风险根本上与现有的儿童福利制度具有较强的"补缺型"并难以解决"家庭照顾赤字"这一顽疾有关。因此从中长期来看，包含流动儿童在内的儿童保护体系的良性发展，必须建筑于儿童福利制度的转型升级，即中国儿童福利制度必须实现从工业主义范式向公民权利范式的转变[①]。流动儿童关爱保护体系的构建，不但意味着是当前儿童福利制度的拓面增容，也预示着未来儿童福利制度需要以此为基点，来开展更加系统的改革，才有可能适应中国式现代化的战略要求。具体而言，新时代儿童福利制度的转型升级应当主要体现在四个层面：一是新时代儿童福利制度的本质属性是国家对家庭提供的低费与免费相结合、津贴与服务相结合的儿童福利综合方案，它是一种基于公民资格即可获取的普惠型福利组合形式，是切实改变当前社会保障架构重资金而轻服务、重保险而轻福利、重效率而轻公平的制度变革。二是新时代儿童福利制度的主要目标是应对转变中的全球社会保障共识，它是中国主动迎合当前全球化进程中特定家庭风险，并塑造新型"国家-家庭"福利关联及实现性别平权的全面思想转型，是国家对于现代社会家庭功能、国家与家庭权责边界以及性别角色的重新思考。三是新时代儿童福利制度的主导策略是强化家庭的育儿能力，降低育儿领域的不平等，在充分考虑家庭互济能力的前提下预防、识别和控制家庭累积风险，它是国家引导多元主体应对家庭功能性障碍的制度防范手段。四是新时代儿童福利制度的核心任务是提高儿童福利服务的落地能力，它是一场全面优化儿童福利项目设计的制度进步，是国家解决基层儿童服务能力羸弱这一顽疾的重大举措。

具体而言，新时代儿童福利制度的转型升级应当坚持在四个方面有所作为：首先，我国应当积极构建以公民资格为基础的普惠型儿童福利

---

① 彭华民：《中国政府社会福利责任：理论范式演变与制度转型创新》，载《天津社会科学》2012 年第 6 期。

第八章 结论与建议

制度,并根本性扭转其在社会保障大格局中的边缘地位。长期以来,以劳动关系为基础、以社会保险为主要形式的既有社会保障架构,突出强调了社会保障的管理和运行效率,但也客观上造成了"强者恒强、弱者恒弱"的再分配效应[1],其在降低第二次分配效率的同时,也使得我国社会保障的可获得性较低。针对多个地区的实证调查显示我国民众对于育儿等重要社会保障项目的满意度仍然不高[2],中低收入者的福利获得感尤其堪忧[3],社会保障的高投入似乎并未完全转化为国民的高获得感,而其深层原因是社会保障体系内部出现了严重的结构性失衡。然而考虑到现代社会福利思想的重大变革乃是公民权利的确立[4],我国在实现中国式现代化的过程中,也必须或必然要解决社会保障结构性失衡而带来的分配理念的问题。为此,我国应当在四个方面做出制度革新,以提升社会保障的再分配能力:一是应当显著增强依据公民资格而非劳动贡献来实现福利分配的形式,在维护社会保障高效运行的同时,更应当注重底线公平的维护,应牢固把握第二次分配注重保障社会公平的基本要义,切实降低因福利分配城乡和区域碎片化而导致的育儿压力,根本性扭转儿童福利建设与经济发展不协调的局面。二是应当主动克服建设高质量社会福利制度就是实行福利国家高福利的"自惧式"思维[5],推动儿童福利的目标人群从"标准的小众"向"精准的大众"进行转型[6],认清我国在儿童福利建设领域与已有现代化国家仍有较大差距,持续强化构建以

---

[1] 万国威:《我国社会福利制度的理论反思与战略转型》,载《中国行政管理》2016年第1期。
[2] 万国威:《中国大陆弱势群体社会福利态度研究》,载《公共管理学报》2015年第1期。
[3] 岳经纶、尤泽锋:《挤压当前还是保障未来:中低收入阶层养老保险幸福效应研究》,载《华中师范大学学报(社会科学版)》2018年第6期。
[4] 钱宁:《从人道主义到公民权利——现代社会福利政治道德观念的历史演变》,载《社会学研究》2024年第1期。
[5] 王思斌:《我国社会政策的实践特征与社会政策体系建设》,载《学海》2019年第3期。
[6] 顾严:《儿童福利:从"标准的小众"到"精准的大众"》,载《中国民政》2018年第3期。

迈向中国式现代化：建构新时代中国流动儿童关爱保护体系

"去商品化"为特征、以公民资格为基础、以普惠型福利服务为主要形式的儿童福利制度，利用制度红利来舒缓家庭尤其是功能障碍家庭的育儿困境。三是考虑到20世纪90年代以来已有现代化国家逐步增强社会服务及减少现金给付的改革经验[1]，我国应当尽快扩大儿童福利的财政投资规模，在稳步提升社会保障总体支出规模的前提下，注重调整其内部财政支出结构，降低社会保险"一家独大"及碎片化严重的制度风险，以抑制部分人群过高的养老、医疗保险费用为重点来为育儿服务等其他社会保障项目腾取资金，增强儿童福利制度在社会保障财政投资中的占比，以及中央财政在总体财政投资中的占比，逐步提升流动儿童等新增儿童福利覆盖人群的关爱保护标准，切实提高社会福利服务在社会保障框架体系中的地位。四是应当深刻认识到少子化对国家全局工作的负面影响，增强"儿童投资型国家"的建设理念，将儿童与家庭的干预作为社会政策的主要切入点[2]，以公共问题取向来将流动人口、非正规就业者和农业劳动者的育儿问题纳入国家统合政策中，保障儿童福利递送的主体是公益性单位而非营利性单位，确保公共部门在儿童福利服务领域发挥引领性作用并主导儿童福利投资。

其次，我国应当主动迎合全球社会保障新共识，并自觉调整国家和家庭、男性和女性在育儿领域的权责边界。当前，全球范围内的社会保障新共识正在日益打破各国福利制度的坚冰，国家福利角色的回归和家庭平权的呼吁，深刻影响着各国社会保障制度的统筹布局。一个典型的例证是，近年来以生产主义福利特征著称且长期奉行儒教育儿传统的日本与韩国，也在少子老龄化时代增加了针对家庭的国民福祉，自母婴保健到大学教育的全周期育儿支持体系逐步成型。日韩等东亚国家逐步意识到，既往作为经济政策附属品的社会政策，越来越表现出压抑民众福

---

[1] 林闽钢、梁誉：《社会服务国家：何以可能与何以可为》，载《公共行政评论》2016年第5期。

[2] 林闽钢：《中国社会福利发展战略：从消极走向积极》，载《国家行政学院学报》2015年第2期。

利需要及诱发严重社会矛盾的制度桎梏,而主动寻求民众福利需要的满足并构筑更为充裕、更为均衡的儿童福利,乃是有效提高国民素质和国家生产力的必要路径。同时欧美国家的普遍经验也不断证实,高福利模式并不必然阻碍经济发展,在技术密集型经济中还可能是促进经济增长的动力①,这为我国在高质量发展过程中寻求社会福利建设领域的进步,提供了重要启示。囿于我国社会保障建设规律与日韩殊途同归,长期以来也体现出了浓厚的"生产主义"属性②,因此在迎合全球社会保障转型的基础上,自觉进行四个方面的调整极为必要:一是应当正视全球化过程中,资方同比劳方在福利协商过程中的优势地位,重视利用公共政策手段来补偿劳动者及其家庭的福利损失,以家庭支持政策重塑国家和家庭在育儿领域的福利责任,在严格落实照顾者首要责任并施与适度惩罚监管的同时,更应当注重为家庭提供正确履职的观念指导、技能培训和辅助支持,通过建立育儿津贴、保障育儿假期及丰富儿童福利服务等形式,来降低家庭的综合育儿成本,持续推进中国社会福利制度从照顾弱者走向普惠全民③。二是应当依据国际经验,避免过度将现金转移支付和市场为本的生育假作为政策设计的主轴,国家应重点拓展针对家庭0~17周岁的全周期基本育儿服务,将孕产期服务、公共托育服务、普惠性学前教育、心理健康咨询服务、儿童侵害防控服务、困境儿童社区监护服务、困境儿童临时和长期庇护服务、残疾儿童早期筛查和康复服务、家庭教育指导服务、儿童友好城市及社区建设等10项重要的福利项目涵盖至国民基本福祉中。三是国家应规范各地区公布基本育儿服务清单,颁布含各地政府对家庭辅育法定承诺、项目类别和资源链接渠道的通行指导手册,建设好残疾儿童早期筛查与康复服务、公共托育服务、儿童友

---

① 关信平:《当前我国社会政策的目标及总体福利水平分析》,载《中国社会科学》2017年第6期。
② 埋桥孝文:《再论东亚社会政策》,载《社会保障研究》2006年第12期。
③ 郑功成:《中国社会福利改革与发展战略:从照顾弱者到普惠全民》,载《中国人民大学学报》2011年第2期。

迈向中国式现代化：建构新时代中国流动儿童关爱保护体系

好城市及社区、儿童侵害处置等重要儿童服务标准，在民众普遍关心的生育、养育和教育等重大问题上，要加强适龄生育人口调查的代表性、统计分析的准确性和科学决策的前瞻性。四是应当高度重视回应儿童照顾领域中的性别平权问题，推进育儿假的性别中立化，倡导不同性别家庭成员参与儿童抚育和家庭照料，对承担多子女、残障子女育儿任务并因此退出劳动力市场的家庭成员，应提供社区辐射型的居家服务及适度经济补偿。

第三，我国应当以夯实家庭育儿能力为重点，构筑儿童福利体系并引导多元力量为家庭提供系统支持。尽管部分学者认为有必要学习西方发达国家为非婚生育人群提供更高的文化容忍度[1]，但考虑到西方国家由此造成的儿童发展问题及修复上述问题所形成的高昂社会代价[2]，以家庭为单元来实现福利递送，仍然是当前中国的最优选择。实践中，目前我国以儿童的特殊性而非家庭的脆弱性而构建起来的福利传输机制，虽然能够比较好地通过生理性指标识别有待帮扶的人群，但这一方式却是以容易引发儿童福利对象的瞄准偏差、定位局限及缺乏节点性保护为代价的，因此在未来的制度改革中需要予以积极调整。未来的儿童福利改革需要注意四个方面：一是应当以家庭功能障碍而非儿童困境作为儿童福利提供的识别标准，除现有政策保障范围内的孤弃儿童、事实无人抚养儿童以外，单亲、丧亲、留守等潜在的功能障碍家庭也应纳入到政策关注视野，国家可利用"横向到边、纵向到底"的大数据核对系统，来为功能障碍家庭提供识别、监管及福利递送。二是应当依靠福利多元主体搭建合理的家庭支持网络，鼓励企事业单位发展集中托育机构、公办幼儿园和拓展家庭教育指导服务，督促社区履行好儿童监护寻访、主动发

---

[1] 陈友华、孙永健：《生育政策及其配套支持措施：认知偏误与政策偏差》，载《广州大学学报》2022年第4期。

[2] 按照Peterson等人2018年基于DALY法的估测，美国2015年因儿童虐待而造成的长期经济负担约为4280亿美元，其中绝大多数儿童虐待事件发生在同居、离异、再婚等功能障碍家庭。

现、强制报告与案件转介责任，引导儿童类社会组织在健康科普、课后服务、家庭教育指导、寒暑假特别关爱等环节发挥作用，出台严格的商业家庭服务行业标准、准入资质和监管方案，以实现市场化育儿服务、公益性社会育儿服务和国家基本育儿服务的兼容。三是应当高度重视拓展儿童福利场地与设施，在人口密集区域应当依循常住人口标准而非户籍人口标准配备资源，依法为儿童提供年龄导向而非身高导向的公共福利优惠，引导儿童友好型社会的建设。四是应当合理部署特定人口的专属福利政策，为流动人口提供婴幼儿监护照料、学前教育和公共托育等项目的同城化待遇，切实提高农村留守家庭的基本育儿服务享有水平，为有残障儿童的家庭提供可及性强的家庭咨询、早期介入和康复治理服务，为财政力量不足地区的基本育儿服务提供国家专项补贴。

最后，我国应当逐步夯实儿童福利服务的落地能力，并实现从生育过程的瞄准向养育过程瞄准的转向。当前我国育儿领域公共服务落地能力的欠缺，既与我国作为发展中国家的经济社会基础及城乡间、区域间不平衡发展现状有关，也与我国过去五年对于相关政策的不当理解有关，即过度将生育支持政策理解为人口促进政策，而未能够将其视为增进长期人力资本的社会投资政策。实践中，真正实现一国儿童福利普惠化的核心，乃是夯实基层机构的育儿服务能力，而这也恰恰是近年来已有现代化国家在儿童福利建设领域的重点，也理应成为破解我国儿童福利递送"最后一公里"的重点方向。为此，我国下一阶段应当通过四方面的制度优化来实现这一政策转向：一是应当抓紧拟定《儿童福利法》，全面夯实儿童福利服务的供应链，稳固基层未成年人保护中心、乡镇社会工作站及城乡社区的岗位编制和儿童服务到岗率，培育孵化儿童服务类县域社会组织承接和实施项目的能力，增强基层儿童督导员和儿童主任的待遇保障和技能培训，通过服务技能的标准化及全流程监管提高儿童福利服务的可及性和有效性。二是国家在育儿领域的服务重点，应当从儿童成长的最前端延伸至全流程，从保障母婴健康和进行生育刺激转变为保障儿童的长期发展，一揽子增强儿童监护、缩小教育资源差距、促进心理健康和优化残疾康复的重点政策,需要尽快纳入育儿服务环节。三是以中央社会工作部的成立为契机,通过机构改革来带动儿童服务人才队伍的建设,利用民政部"两个机构转型"的有利改革,将基层儿童福利机构和未保机构转型升级为区域性信息转介中心、人员培训中心和临时庇护中心,利用"一支队伍建设"的改革机遇实现儿童督导员和儿童主任的赋权增能,在机构和人员两个层面为普惠型育儿服务提供支点,显著提高育儿福利服务的基层执行水准。四是应当积极鼓励科研机构服务基层研发兼具理论性和实操性的本土育儿服务标准,强化院外儿童福利服务标准化技术的政策转化,督促高校增强康复学、心理学和社会工作等专业毕业生的实务操作能力,努力提升儿童福利服务的专业性、现代性和组织性。